섬진강

따라 짚어가는

우리 역사

청소년을 위한
역사 체험여행 3

섬진강

따라 짚어가는

우리 역사

신정일 지음

판미동

| 차례 |

| 저자 서문 |

그 맑고 푸른
섬진강을 따라서

돌이켜 보면 부모님과 떨어져 보낸 어린 시절 몇 년은 외로 웠지만 한편으로 행복한 시절이었다. 그 무렵 나는 외롭거 나 슬플 때 가족보다 고향의 온갖 자연에 마음을 열고 다가 갔다. 그다지 넓은 편은 아니었으나 돌담으로 둘러싸인 집 안에는 갖가지 과일나무가 있었다. 봄이면 까만 오디가, 가 을이면 장독대 옆으로 드리운 가지에 대추와 호두, 감이 주 렁주렁 열려 어린 마음을 풍성하게 해 주었다.

집을 나서면 우람하게 버티고 선 덕태산 밑의 여러 골짜 기가 나를 유혹했다. 골짜기에 가면 사시사철 다른 모습으 로 흐르는 냇물과 그 물에 가지를 드리운 나무, 주변에 가 득한 풀이 나의 친근한 동무가 되어 주었다. 산이 깊어서 맑고 깨끗한 물에만 사는 가재와 중고기가 많았고, 서로 잡고 잡히는 숨바꼭질을 하다 보면 하루해가 금세 지나갔다. 어린 시절을 혼자 보내면서도 부족함이나 외로움을 모르고 자랄 수 있었던 것은 자연 속에 침잠해 지냈기 때문일 것이다.

초등학교를 졸업하던 해, 첫 번째 가출을 감행했을 때 간 곳도 섬진강 부근이었다. 밤을 틈타 대운이재를 넘고 산길을 따라가다 보니 임실군 산서면이었다. 그곳에서 남원을 거쳐 곡성을 지나고, 압록에서 석곡으로 거슬러 올라가는 섬진강의 가장 큰 지류인 보성강에 접어들었다. 거기서도 한참을 걸어 도착한 곳은 보성강 하류인 곡성군 석곡면 부근이었다.

돈을 벌거나 출세하기 위해 가출을 했다면 서울 같은 대도시로 가야 했을 것인데 어째서 지도에서도 찾기 힘든 구석진 곳에 있는 보성강으로 갔는지 지금도 알 수 없는 일이다.

그 시절 우리나라 지도나 세계 지도를 볼 때면 항상 산보다 강을 우선시했다. 언제쯤 강의 진면목을 볼 수 있을까? 어떻게 하면 유장하게 흘러가는 강과 바라만 보아도 통하는 교감을 나눌 수 있을까? 수없이 생각을 거듭한 끝에 선택한 것이 강을 주제로 한 답사였고, 그것으로도 성에 차지 않아 시작한 것이 강을 따라 걷는 도보답사였다.

섬진강은 내 고향 근처인 전라북도 진안군 백운면 신암리의 상초막골 데미샘에서 시작된다. 개발의 중심부에 있는 한강이나 금강, 낙동강과 달리 국토의 변두리에 숨어 있어 한없이 여려 보이는, 본래의 자연이 그대로 남아 있는 강이다.

"섬진강은 우리 민족에게 어떠한 의미인가?", "섬진강을 떠올리면 무슨 생각이 드는가?" 하고 물으면 사람들은 "어머니 품 같다."고도 하고 "언제나 고운 눈웃음 짓고 달려오는 어린 누이를 연상케 한다."고도 한다. 다른 강에 비해 길지도 넓지도 않은 섬진강을 두고 김용택 시인은 "실핏줄 같은 개울물들이 끊기지 않고 모여 흐르며 …… 섬진강물이 어디 몇 놈이 달려들어 퍼낸다고 마를 강물이더냐고." 라고 하였다.

섬진강은 진안의 마령과 임실 관촌을 지나 운암댐에 이르고 회문산 자락에 자리 잡은 덕치와 순창의 동계·적성을 거쳐 남원시 대강면을 지난다. 요천을 받아들인 섬진강은 곡성의 압록에서 보성강을 받아들인다. 구례와 오산을 지나 지리산과 백운산 사이로 흘러든 강은 경상남도 하동군과 전라남도 광양시의 경계에서 매화꽃, 산수유꽃이 흐드러진 물길을 따라가다가 전라남도 광양시 진월면 망덕포구에서 남해로 들어간다.

530리 물길이 흘러 바다에 닿는 동안 전주에서 임실, 남원을 거쳐 곡성, 구례, 하동에 이르는 강길 또한 지나게 된다. 강길을 따라 걷다 보면 지리산과 백운산을 만난다. 산과 산 사이로 난 섬진강길을 꽃피는 봄날 가 본 사람은 알 것이다. 얼마나 많은 꽃들이 서로 시새움하지 않고 피어 산과 강을 빛내고 있는지를.

푸른 물빛이 구름 한 점 없는 가을 하늘처럼 빛나던 섬진
강도 세월의 흐름과 개발에 맞물려 변모하고 오염되기 시
작했다. 그러한 상황을 직시한 섬진강 유역의 지방자치단
체는 섬진강환경행정협의회를 결성하여 섬진강의 수질과
생태계 보전을 위하여 여러 형태의 사업을 전개하고 있다.

그중 하나가 섬진강 도보답사이다. 함께 걸어가며 보고
느끼는 체험을 통하여 섬진강의 역사, 문화, 환경을 재인식
하기 위해 모임을 결성했다. 섬진강을 따라 걷는 사람들도
많이 늘어났고, 섬진강을 사랑하는 사람들의 모임도 많이
결성되는 등 작은 결실을 거두고 있지만 아직 해야 할 일이
많다.

지금도 섬진강의 하류인 광양, 구례, 하동, 곡성에서는
섬진강댐의 물을 더 내려 보내 달라고 아우성이다. 한쪽에
서는 대형 댐을 만들기 위해, 한쪽에서는 댐 건설을 반대하
기 위해 숨죽이며 칼날을 세우고 있는 형국이다.

섬진강은 남한에 있는 강 중에서 네 번째로 길고, 사람의
손때가 덜 묻은 강이다. 오염되지 않은 강이라고 알려져 있
는 섬진강이 언제까지 대한민국 사람들의 '마음의 고향'
같은 강으로 남아 있을지는 모르는 일이다.

은어가 뛰어놀고, 재첩과 민물참게가 저희들 세상인 듯
우글거리며, 흰모래와 푸른 소나무가 물빛과 햇빛을 받아
영롱하게 빛나는 섬진강, 그 섬진강을 아름답게 보존하고
가꾸는 일은 국가나 자치단체의 일만은 아닐 것이다.

이리 주고 저리 주고도 불평도 않고 흐르는 강, 길이가

영산강보다 더 길지만 4대 강(한강, 낙동강, 금강, 영산강)에 빠지고도 서운한 내색 않고 흐르는 섬진강을 따라 걸어 보면 알게 된다. 어째서 눈물 날 정도로 아름답다고 하는지, 어째서 우리 민족에게 소중한 강인지를.

정해년 시월

신정일

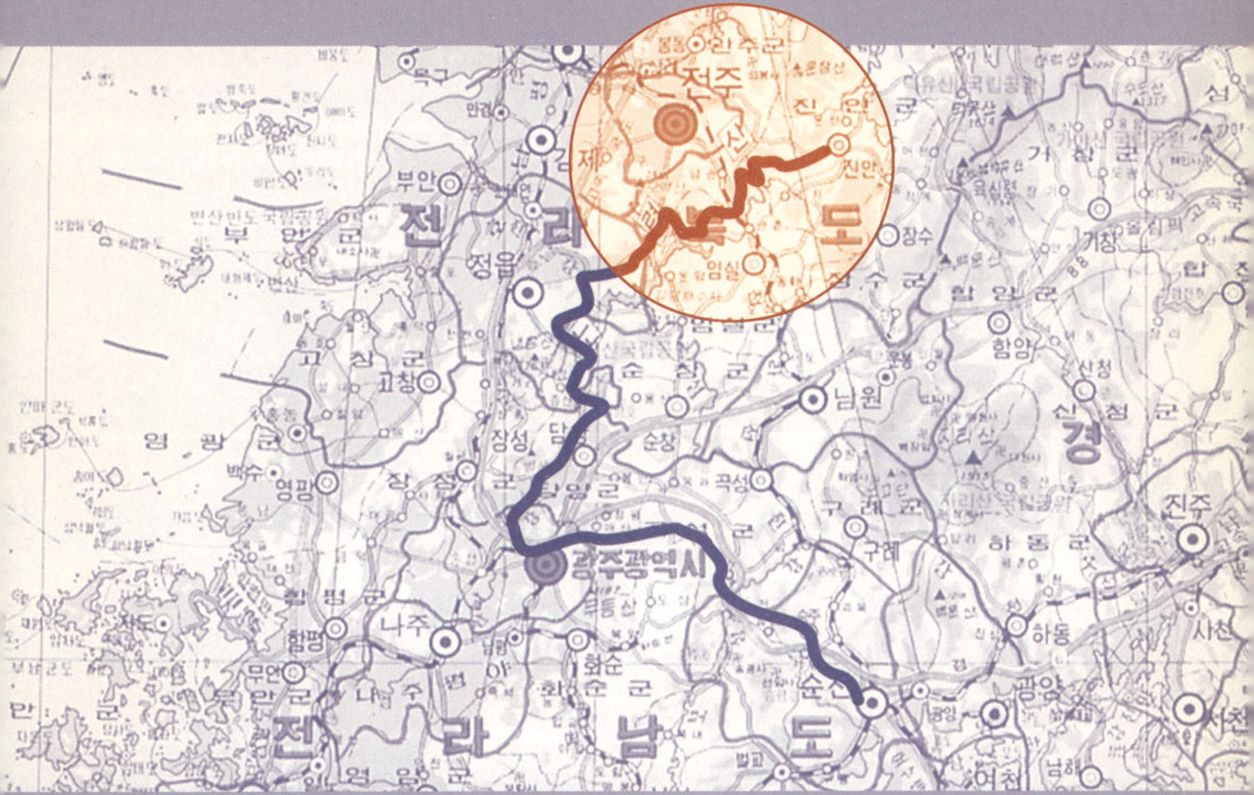

1구간

데미샘에서
옥정호까지

밤낮을 가리지 않고 흘러나오는 저 샘물
마음을 솎아 내는 강의 가락
닿을 수 없는 그곳엔 물결만 출렁이고

밤낮을 가리지 않고
흘러나오는 저 샘물

『슬픈 열대』

프랑스의 문화인류학자 레비스트로스가 저술한 기행문으로 1955년 발간되었다. 기록문학의 걸작으로서 전 세계 14개 국어로 번역되어 호평을 받았다. 9부로 되어 있는데, 학문적 자기형성을 서술한 부분, 1930년대 브라질의 열대 및 오지의 실태에 대한 기록, 특히 카듀베오족 · 보로로족 · 낭비크왈라족 · 투피카와이브족의 민족지적 기술, 아시아 여행의 인상 등이 밀도 높게 서술되어 있다. 기록으로서뿐만 아니라, 저자의 장대한 페시미즘(염세주의)에 채색된 독자적인 문명론을 이루고 있다. 또, 브라질에서의 체험의 파악과 기술 가운데에는 저자가 그 후 전개한 구조주의 방법의 원형이 엿보인다.

섬진강의 발원지를 찾아가는 길

여행이나 답사라는 것이 그렇다. 언제 갈 것인가 미리 떠날 날짜를 정하면서 막연히 '날씨가 맑았으면 좋겠다.' 바랄 수밖에 없는데, 어디 우주만물의 이치가 사람들 뜻대로만 되는가. 금강사랑운동본부와 '금강따라 천 리 길'을 한 걸음 한 걸음 걸어가던 첫날도 그랬다. 당시 태풍이 나라의 절반쯤을 휩쓸고 있던 터라 비가 계속 쏟아졌다. 우리는 잠시 비가 멎은 사이 뜬봉샘에서 하늘에 올리는 제사를 지낼 수밖에 없었다. 이번 여정에선 레비스트로스가 『슬픈 열대』에서 말한 대로 '꿈같은 약속이 든 마법의 상자'만 기다리고 있는 것이 아니라 '온갖 고난과 슬픔도 함께할 것이다.' 라고 생각하고 가리라.

아침비는 여자가 팔 걷어붙이는 꼴이라는데

일기예보에 비가 온다고 하여 우산을 준비하기는 했지

만 일정하게 내리는 빗줄기를 보면 오늘 날이 쉽사리 갤 것 같지가 않다. 그러나 "아침 비는 여자가 팔 걷어붙이는 꼴"이라는 속담도 있지 않은가. 설령 겨울비라 해도 곧 그치지 않겠는가?

구리에서 내려오신 최병선 선생님, 공주에서 온 이대원 국장과 네 명의 남학생, KBS 아나운서 박준열 부장과 김현주, 신영주 씨를 비롯한 열네 명이 차 두 대에 나눠 타고 전주를 떠난다. 예정보다 40여 분쯤 늦은 시간이다.

내리던 비는 눈으로 바뀌고 차는 눈 내리는 슬치재를 지난다. 백두산에서부터 뻗어 내려온 백두대간은 설악산, 속리산, 덕유산을 거쳐 지리산으로 내려가다가 장수의 영취산에서 금남호남정맥이라는 이름을 가지고 서쪽으로 뻗어 내린다. 이어 금강의 발원지가 있는 신무산과 팔공산, 성수산, 마이산을 지난 뒤 모래재 근처 주화산에서 호남정맥과 금남정맥으로 나뉘고 만덕산을 지나 이곳 슬치재로 이어진다. 경각산을 거쳐 백운산까지 이어질 호남정맥이 지나는 슬치재에서 전주로 흘러가는 물은 만경강이 되고 관촌으로 흐르는 물은 섬진강이 된다. 우리가 오늘부터 아흐레 동안 따라가야 할 섬진강 530리 길이 눈 내리는 이 슬치재에서 눈송이로 떨어진다 생각하니 사뭇 가슴이 설렌다.

길은 사선대를 지나 고덕산高德山에 이른다. 고덕산은 관촌면 소재지에서 약 8킬로미터 떨어진 곳에 있는 험한 석산石山이다. 이웃 진안의 내동산과 경계를 이루어 양쪽 산에서 내려오는 맑은 물이 거울과 같다. 계곡을 덮은 숲은

고덕산에 대한 옛 문헌의 기록

고달산高達山은 임진왜란 후에 고덕산이라 개칭하였는데 이 산은 임실읍의 동북방에 위치하여 마치 강한 지세를 진압하는 듯한 형세를 이루고 있다.
—정인지, 『운수지』

고덕산 | 조선 초의 학자 정인지가 강한 지세를 진압하는 형세라고 했던 고덕산에는 사라진 산삼에 관한 이야기가 숨어 있다.

섬진강 발원지에 대한 기록

광양光陽의 섬진강蟾津江은 근원이 진안鎭安의 중대中臺 마이산馬耳山에서 나와서 합하여 임실任實의 오원천烏原川이 되고, 서쪽으로 꺾어져 남쪽으로 흘러 운암雲巖 가단可端을 지나서 태인泰仁의 운주산雲住山 물과 합하여 순창淳昌의 적성진赤城津이 되는데 이것을 '화연花淵'이라고도 한다. 이 물은 또 저탄猪灘이 되고, 또 동쪽으로 흘러서 남원南原의 연탄鳶灘이 되며, 또 순자진鶉子津이 된다. 다시 옥과玉果에 이르러 방제천方梯川이 되며, 곡성谷城에 들어가서 압록진鴨綠津이 되고, 구례求禮에 이르러 잔수진潺水津과 합하였다. 잔수진은 근원이 동복同福 서석瑞石 동쪽에서 나와 현縣 남쪽 달천達川이 되고, 남쪽으로 흘러 보성寶城 북쪽에 이르러서 죽천竹川이 되는데, 이것을 또 '정자천亭子川'이라고도 한다. 다시 동북으로 흘러 순천順天의 낙수진洛水津이 되며, 잔수진에 이르러 순자강과 합하여 남쪽으로 흐르다가 화개花開 소쪽 경계에 이르러 용왕연龍王淵이 되는데, 여기는 조수潮水가 들어오는 곳이다. 또 광양光陽 남쪽 60리에 이르러 섬진강이 되는데, 그 동쪽 언덕은 곧 하동河東의 악양岳陽으로서 동남쪽으로 흘러 바다로 들어간다. 고려 때에는 이 물이 배류背流한 삼대강三大江의 하나라 하였고, 이름을 '두치강斗峙江'이라 하였다.

-이긍익, 『연려실기술』「지리전고」

가을이면 타는 듯한 단풍이 마치 금강산을 옮겨 놓은 듯 수려한 경치를 이룬다.

『임실군지』에는 "산세가 수려하고 동삼이 나 이곳에 예부터 심마니들이 들끓었다."라고 기록되어 있는데 그 내용은 아래와 같다.

옛날 연북리에 있는 어느 집 머슴이 봄풀을 베러 가 풀을 한짐 짊어지고 집으로 돌아왔다. 마당에 풀을 내려놓는데 그 풀이 모두 산삼 싹이 아닌가. 집주인이 그 머슴을 데리고 풀을 베었던 곳을 다 찾아보아도 산삼 밭은 찾을 수가 없었다. 그 일이 있은 뒤로 산삼을 캐고자 하는 심마니들이 줄을 이어 찾아다녔지만 아무도 찾지 못했다. 그러나 이후로도 심마니들이 끊이지 않고 찾아오고 있다고 한다.

고덕산은 전주와 인접하고 있어 사철 많은 등산객이 붐비는 곳이다. 특히 여름철에는 계곡마다 피서객이 붐벼 더욱 장관을 이룬다는데 지금은 늦은 겨울이라 잔설만 남아 있을 뿐이다.

길은 진안 백운으로 이어진다. 후덕하게 펼쳐진 덕태산이 백운들과 내동산을 바라보며 서 있다. 그 옆으로 망바우를 지나 선각산을 돌면 봉황산이 있고, 그 아래 데미샘에서 530리 섬진강물이 시작된다.

나라 안에서 그 경치가 빼어날 뿐만 아니라 아름답고 슬픈 사연이 많기로 소문난 섬진강의 발원지는 어디일까?

『신증 동국여지승람』은 섬진강의 발원지를 중대산 또는 마이산으로 보고 있으며 『택리지』와 『연려실기술』「지리전고」에도 역시 마이산으로 실려 있다.

1918년 일제가 만든『조선지지자료』는 "전북 진안군 우
곡리 부귀산에서 발원하여 경남 하동 갈도까지 본류 길이
를 212.3킬로미터"로 기록하고 있다. 여기서 부귀산(806.4
미터)은 진안읍 북서쪽 정곡리 뒷산이다. 이후 건설부에서
만든『하천편람』이나 수자원 공사에서 만든『전국하천조
사서』도 이 발원지 개념을 그대로 쓰고 있다.

하지만 발원지를 팔공산으로 보는 사람도 많다. 그러나
여러 각도로 계측한 결과 팔공산보다는 봉황산이 길이가
긴 것으로 추정되었다. 따라서 섬진강의 상초막골 데미샘
에 '섬진강 발원지'라는 표지석이 세워진 것이다. 이곳에
서 시작된 섬진강은 남쪽으로 방향을 잡아 68개의 제1지
류와 129개의 제2지류 그리고 53개의 제3지류 및 15개의
제4지류를 받아들여 흐르다가 광양만에 이르러 남해로 흘
러 들어간다.

비 내리는 데미샘에서 천제를 지내고

원신암 마을을 거쳐 데미샘에 도착한다. 마을 사람들은
이곳을 상초막이골이라 부른다. 옛날 이 지역에 초막을 짓
고 살던 사람들이 위쪽에 지은 초막을 상초막, 아래쪽에
지은 초막을 아랫초막이라고 불렀기 때문에 생긴 이름이
라고 한다.

사시사철 아무리 가물어도 물이 그치지 않고 나온다는
데미샘을 바라보며 맹자의 말 한마디가 떠오른다. 맹자의

제자 서벽이 "공자께서 자주 물을 찬양하여 '물이여 물이여'라고 하시었는데 무엇을 물에서 취하신 것입니까?"라고 질문하자 맹자는 "근원이 풍부한 샘물이 밤낮을 가리지 않고 흘러나온다."라고 말한 후 이것이 공자께서 물을 찬미하신 까닭이라고 하였다. 이 샘물 역시 끊이지 않고 새록새록 흘러나와 모든 사람을 이롭게 하며 낮은 곳으로만 흐르고 흘러 남해로 들어갈 것이다.

눈이 채 녹지 않은 데미샘에 비가 내린다. 그래도 어찌겠는가. 약식으로 상을 차리고 제를 올린다.

"유세차 신사년 이 월 스무사흘 전라북도 진안군 백운면 신암리 상초막이골 데미샘에서 황토현문화연구소와 전북환경운동연합 그리고 우리나라 여러 지역에서 온 뜻 있는 사람들이 지극 정성 모아 하늘에 고합니다. ……

한울님이시여, 오늘 이 자리에 모인 우리를 굽어 살피시고 봄꽃 피는 섬진강 530리 길을 따라가는 여정을 무사히 마치도록 도와주시옵소서. 그리하여 오원강, 적성강, 순자강, 보성강 등을 비롯한 여러 지류들이 모여 섬진강이 되고 그 강이 남해로 흘러가듯이 철벽 같이 굳게 닫힌 마음의 벽을 허무시고 사람이 자연을 사랑하고 그 자연과 하나가 되도록 일깨워 주소서. 그리하여 낮은 곳으로만 흐르는 강물을 보며 자연과 사람이, 사람과 자연이 서로 섬기고 경외하는 그러한 시간을 허락하여 주소서. 상향."

주용기 사무처장의 고천문이 울려 퍼지고 다 함께 절을 올린 뒤 우산을 든 채 음복을 한다. 아직도 따끈따끈한 시루떡을 나눠 먹으며 섬진강을 따라 걷는 530리 길이 무사하길 빌어 본다.

데미샘에서 원신암 마을까지 3.8킬로미터. 길에는 얼마 안 있어 포장을 하려는지 자갈이 깔려 있다. 박준열 부장은 빗속에서 내게 말을 건넨다.

"얼마 전에 장수한 사람들을 취재해 보니 대다수가 일찍 자고 일찍 일어난다고 하던데요. 아홉 시쯤 잠이 든 후 네 시쯤 일어난다고 해요. 또 수돗물을 먹지 않고 자연적으로 흐르는 물을 먹는다고 해요."

그러나 요 근래 들어 자연적으로 흐르는 물을 그대로 먹을 사람이 얼마나 있겠는가?

선각산 | 선각산에서 바라본 신암리 일대. 건너편에 보이는 산이 팔공산이다.

봄나물 내음 가득한 선각산을 지나며

흐르는 시냇물을 따라 원신암 마을에 도착하니 눈앞에 선각산이 우뚝 서 있다. 어린 시절 가파른 저 산길을 올라 지천으로 깔려 있는 나물들을 캐는 재미에 시간 가는 줄 몰랐었다. 해발 1,034미터인 정상 아래 씨알이 쭉쭉 뻗은 더덕, 이른 봄에 먼저 나오는 고비나물, 가시가 거의 없는 오동통한 참두릅, 요즘 여러 지역에서 재배하는 곰취까지 없는 게 없었다. 하나 캐고 또 눈을 들어 보면 윤기가 번지르르한 더덕 덩굴이 가득했다.

신암리 임하 마을 슈퍼에서 최병선 선생님이 여러 번 찾아 뵈었다는 최만근(68세) 선생을 만난다. 비가 내리는데 어떻게 먼 길을 나섰느냐고 어서 들어오라며 불을 피운다.

소설 『남부군』

한국 전쟁 중 남한 빨치산을 대표하던
'남부군'을 주제로 한 체험적 수기로
저자는 실존 빨치산이었던 이태이다.
남부군은 남한 최초의 조직적 좌익 게
릴라 부대였고 유일한 순수 유격 부대
였으며 남한 빨치산의 전설적인 총수
이현상의 직속 부대였다. 남부군의 일
원이었고 신문기자라는 전직 때문에 전
사戰史편찬을 담당했던 이태는 이 부대
가 궤멸하는 과정을 직접 보고 겪으면
서 꼼꼼하게 기록했다. 이태는 북한정
권에게마저 버림받은 채 남한의 산중에
서 소멸되어 간 비극적 영혼들의 메아
리 없는 절규를 담아냈으며 극한 상황
에 처한 인간의 벌거벗은 모습을 적나
라하게 보여주고 있다.

이런 풍경이 고향 풍경이고 변하지 않는 우리 민족의 고운 심성일 것이다. 더러는 우산을 받쳐 들고 더러는 들어가서 초코파이 한 개씩을 나누어 먹으며 이 지역 얘기에 귀를 기울인다.

"저 저수지 안에 절이 있었다는 흔적이 남아 있어요. 골짝 골짝 암자 터가 많이 남아 있는디 명칭이 다 있어요. 데미샘 가는디 때맛골에도 절터가 있었고 바랑골 안에도 절터가 있었어요. 시어 보면 예닐곱 개 될 거예요."

최만근 선생의 말처럼 불개미 때문에 망했다는 절, 빈대가 많아서 절을 불태웠다는 빈대절터, 쌀뜨물이 십 리를 흘러갔다는 이야기가 전해 오는 충남 보령의 성주사터 등 우리나라는 절과 관련된 전설이 유난히 많으니 그럴 법도 하다.

각시가 빠져 죽었다고 해서 각시소, 바람이 심해서 강신이 났다고 강신만골, 옛날 옛적 주위에 느릅나무가 많았다는 나랏골, 할머니가 혼자 살았다는 할머니 집터 등의 지명도 저마다 다양한 유래를 품고 있다.

신암리에는 고개 또한 많다. 고직한 남쪽에서 장수군 장수읍 대성리 필덕으로 넘어가는 고개는 백제 때 한 장군의 말이 죽어 묻힌 후 3년 동안 밤마다 말 우는 소리가 들렸다는 마령재이고 신암리 동쪽에서 장수군 천천면 와룡리로 넘어가는 고개는 팔공산 줄기 사이의 다섯 골짜기에서 이 고개를 향하여 내가 흐른다고 해서 오계치五溪峙라고도 부르는 윈기재이다.

남부군의 흔적이 서린 팔공산과 성수산

뒤돌아보니 팔공산(1,150미터)이 구름 속에 숨어 있다. 대구 팔공산에 가려 이름은 없지만 이 산을 중심으로 동쪽에는 금강 발원지인 뜬봉샘이 있고 서쪽에는 섬진강 발원지인 데미샘이 있다. 성수면 성수리에 위치한 성수산(聖壽山, 876미터)은 임실읍의 동쪽 성수면과 진안군 백운면의 경계에 위치하고 있다. 성수산은 팔공산에서 뻗어온 줄기에 속하는데 다시 남으로 줄기를 이어 남원군 보절면 천황봉으로 이어진다.

한국 전쟁 당시 회문산에서 팔공산으로 후퇴했던 남부군전북도당사령부의 일원이었던 이태는 그의 저서 『남부군』에서 교전 뒤의 상황을 생생하게 기록하고 있다. 이태가 머물던 곳이 사근이골이고 사근이골 동쪽에 있는 암자가 상이암이다.

공기 맑고 물 맑아 예부터 신선이 노니는 곳이라고 불리던 이 상이암에는 '삼청동三淸洞'이라고 쓴 태조 이성계의 친필이 새겨진 비각과 어필각이 있다. 태조 이성계가 이곳에서 나라를 건국하기 위해 백일기도를 드렸는데 신선이 내려와 "성수 만세"라고 외치는 소리가 들렸다고 한다. 또세 번에 걸쳐 "왕에 등극할 것이다."라는 응답을 받았다 해서 삼청동이라 부르게 되었다고 한다. 그 뒤로도 동학농민운동 당시 남원 대접주였던 김개남이 이 상이암에 들어와 기도를 드렸고 1905년 을사보호조약이 맺어지자 이 지역의 의병장 이석용 장군이 동학의 조직인 포를 중심으로 봉

삼청동에 얽힌 또 다른 설화

태조 왕건이 신라 말에 장차 건국의 웅지를 품었을 때 먼저 명산대천을 두루 돌아 기도를 올렸다. 그때 도선의 권유로 성수산에서 기도를 올렸는데 백일을 기도해도 아무런 징조가 없었다. 3일을 더 기도하면서 매일 골짜기에 흐르는 맑은 물에 목욕재계하자 마침내 관음의 계시를 얻었다 한다. 이로써 왕건이 세 번 목욕하였다는 뜻으로 이곳을 삼청동이라 부르고 암자를 세워 도선암이라 하였다.

– 『당 일행 선사기』

기하였다고 한다. 상이암의 모든 건물은 1951년 진안 경찰서에서 불태운 후 1957년 임실군수를 비롯한 기관장들이 울력으로 다시 세웠다.

산세가 중첩하여 기암괴석이 많고 물이 맑아 인근에 있는 많은 사람이 이 산을 찾는다. 우리보다 먼저 올라가는 택시 안에 스님이 앉아 계셨는데 그 뒷모습이 틀림없이 주지스님이라 생각했더니 예감은 틀리지 않았다.

미친다는 것은 근본에 가까이 다가가는 것

오래 전에 쌓은 듯한 두 개의 돌탑이 서 있는 호젓한 옛길을 걸어 올라가는 스님의 모습이 마치 봄의 고요 속으로 성큼성큼 들어가는 것 같다. 보궐선거 투표를 하고 오는 길이라고 하며 동효 스님이 자근자근 말문을 여신다.

"이 절은 신라 헌강왕 원년에 도선 국사가 창건한 절이라는데 확실하지는 않지요. 여러 차례 중수를 거치다 한국전쟁 때 모조리 불타 버리고 남아 있는 것은 요사채 뒤편에 있는 유형문화재 제150호로 지정된 부도와 몇몇 부도들밖에 없지요."

스님은 임실의 주산이 성수산이고 성수산의 상이암은 풍수의 교과서 격인 곳이며 구룡쟁주형의 명혈이라고 알려 주신다. 풍수지리연구가 최명우 선생에 따르면 상이암은 제비집 모양인 연소 형국의 명당으로 우리나라 최고의 기도터라고 한다.

성수산 정상에서 뻗어 내린 봉우리들이 이곳 상이암의

삼청각 뒤편에 우뚝 솟은 여의 주봉을 향해 내려온다. 그래서 이곳을 천옥, 즉 하늘이 만든 감옥이라고 한다.

비는 계속 추적추적 내리고 냇가에는 그새 버들강아지가 피어 물 위에 하늘거린다. 유동을 지나 한밭 마을에 이른다. 대전(한밭)광역시와 이름이 같은 한밭 마을을 지나며 강폭은 더욱 넓어진다. 나무숲이 그윽하게 펼쳐진 저곳이 반송리 마을이다.

상이암으로 올라가는 동효 스님 | 산길을 올라가는 스님의 뒷모습이 한가롭다.

본래는 진안군 남면 지역으로 400여 년 된 반송이 있어 반송리라 불리다가 1914년 백운면에 편입된 반송리에는 동갑계원들이 세운 학남정이라는 정자와 구남각이라는 비각이 있다. 그 아래로 섬진강의 본류가 흐르는데 이 일대 사람들은 이 물줄기를 '제룡왕'이라고 부른다. 개인정 동남쪽에 서 있는 이 비각은 포은 정몽주의 생질이었던 최양이 대제학으로 있던 시절 태조 이성계가 조선을 건국하자 벼슬을 버리고 한때 이곳에 머물렀던 것을 기념하기 위해 세웠다고 하며 신암리에 살고 있는 최만근 선생이 그 후손이다. 최 선생 말에 따르면 두문동 72인 중 한 사람인 최양 선생은 의암사 스님이 식량을 대 주어 살았다고 한다. 최양 선생의 비각 옆에 반남정이 서 있고 나무숲 우거진 골

두문동 72인

이성계의 조선 건국에 반대한 고려의 유신 신규申珪 등 72인은 개성 남동쪽에 있는 이른바 '부조현不朝峴'에 조복朝服을 벗어 던지고, 두문동에 들어가 끝까지 신왕조에 나아가지 않았다. 이에 이성계는 두문동을 포위하고 72명의 고려 충신들을 몰살하였다. 후일 정조 때, 그 자리에 표절사表節祠를 세워 그들의 충절을 기렸다.

짜기를 흐르는 물소리는 잔잔하다.

지금은 폐교가 되어 수련원으로 쓰이고 있는 반송초등학교에선 내 어린 시절 가을마다 콩쿠르가 열렸다. 나는 흰바위에서 닭실재를 넘어와 대회에 참가한 가수 후보생(?)들의 박수 부대로 동원되기도 했다. 상품으로 밥솥이나 주전자, 고무 다라이를 주기도 했고 그곳에서 일등을 한 사람은 전국노래자랑에서 일등을 하는 것보다 더 큰 영광으로 알았다. 콩쿠르도 끝나고 컴컴한 어둠 속에 닭실재를 넘어 집으로 돌아가던 추억들은 비 내리는 반송초등학교 그 어디에도 남아 있지 않다.

예부터 밭에 돌이 많아 석전이라 불리던 마을을 지나 점심을 먹기 위해 동창에 있는 청산가든으로 향한다. 한국 전쟁 당시만 해도 면소재지가 있었던 동창은 면소재지를 원촌으로 옮기고 난 후 한적한 마을이 되어 버렸다. 정성스럽게 차린 점심을 먹고 다시 빗속에서 오후 여정을 시작한다.

섬진강은 남계리 앞 제방에서 제법 넓어진다. 남쪽에 내가 있어 남계리라는 명박골에는 가레재가 있다. 명박골에서 시못골로 넘어가는 이 고개는 과거에 급제해서 금의환향하는 선비를 온 마을 사람들이 환영하던 곳이라 한다. 그 옆에는 용이 우물 속에서 하늘로 올라갔다고 전해지는 용정골이 있다. 다섯 개의 샘이 있었다는 오정리에는 동학 농민운동을 주도했던 사람들이 살았다고 한다. 이용엽 선생은 전봉준이 오정에 여러 번 들렀다고 하지만 확실하지는 않다. 그 오정의 서쪽에 있는 백정골은 말 그대로 옛날

백정들이 모여 살았다고 한다. 다리를 건너 덕현리에 접어들며 아스라한 옛 기억 속으로 빠져든다.

지극한 슬픔으로 빛나는 아스라한 옛 기억

몇 년 전 봄, 할머니의 산소를 이장하기 위해 오랜만에 고향에 갔다. 백운 소재지 원촌에서 어린 시절 몇 년을 보낸 나에게 원촌은 갈 때마다 새로운 상념을 불러일으켰다. 옛 생각을 더듬으며 이리저리 둘러보던 차에 '임실 17킬로미터'라고 적힌 이정표가 섬광처럼 눈에 띄었다. 그 순간 오랫동안 기억 속에서 까마득히 사라졌던 한 시절이, 활동사진처럼 스치고 지나갔다.

내가 가장 먼 길을 걸었던 때는 아마도 초등학교를 졸업한 해였을 것이다. 당시 중학교에 진학하지 못한 나에게 제일 부러웠던 것은 친구들이 입고 있던 중학교 교복이었다. 마치 딴 세상에 사는 것처럼 중학교에 간 아이들은 활기에 차 있었고 중학교에 진학하지 못한 아이들은 그들의 까만 교복만 보고도 괜히 주눅이 들어 그들을 피하곤 하던 시절이었다.

그 무렵 우리 집안 형편은 말이 아니었다. 평생 동안 실패만 거듭했던 아버지를 믿지 못한 어머니는 옷을 떼어다 파는 행상을 시작했고, 버스 값을 아끼려고 외상값 대신 받아 온 쌀, 콩, 보리, 서숙이라 부르는 조 등을 백운에서 임실까지 예닐곱 말씩 이고 가서 팔고는 했다. 나도 어머니의 길동무 또는 짐꾼이 되어 백운 소재지인 원촌에서 임실읍까지 17킬로미터를 몇 번씩 오고 가게 되었다.

감수성이 한창 예민하던 나이에 친구들은 중학교에 가는데 곡식 너댓 말을 무겁게 등에다 지고 그 먼 길을 가야 하는 것도 그렇지만 아침 일찍 무거운 짐을 지고 떠난다는 중압감에 잠이 제대로 오지 않았다. 이리저리 보채다 보면 새벽은 어김없이 찾아오고 어머니의 목소리가 들렸다.

"애야. 어서 일어나야지. 벌써 새벽닭이 울었단다."

무심한 새벽닭은 '어서 일어나라' 꼬리를 물며 울어대고 그래도 못 들은 척 누워 있으면 다시 나를 깨우는 어머니 목소리. 가만히 문을 열고 나서면 하늘에는 별무리가 반짝이고 있었다. 주섬주섬 옷을 챙겨 입고 어머니가 차려 놓은 밥을 몇 수저 뜨는 둥 마는 둥 하다가 너 말쯤 되는 곡식을 멜빵을 해서 메면 어깨가 무지근했다. 유난히 작았던 열 서너 살짜리 소년이 너댓 말 되는 곡식을 등에 메고 허리를 구부린 채 걸어가는 모습을 상상해 보라.

진안군 백운면 남계리 오정 마을과 임실군 성수면 태평리 대운 마을 사이에 자리 잡은 대운이 고개는 이리저리로 구부러졌다. 나보다 두세 말은 더 되게 머리에 이고 가는 어머니의 숨소리가 자꾸 가빠졌지만 그때는 나도 너무 힘들어 뭐라 말할 수조차 없었다. 고갯마루를 넘어 한참을 내려가다 보면 지대가 높아 구름 위에 올라앉은 것 같다 하는 대운 마을에 닿았다.

대운이 아래 자락에 있는 매바우 마을을 지나 수철리에 이르면 어머니는 보리개떡을 내놓고 지난했던 시집살이

얘기를 늘어놓았다. 나는 겉으론 그 말에 귀 기울이는 척
했지만 현실의 괴로움을 잊기 위해 전날 밤에 읽다 만 소
설 속 이야기들을 떠올렸다. 수철리를 지나 성수리에 이르
면 날이 희뿌옇게 밝아 왔다. 그곳에서도 임실읍까지는 제
법 멀었다. 그때쯤이면 내 또래의 아이들은 중학교 교복을
입고 버스 정류장에서 버스를 기다릴 터였다. 이방인처럼
어깨가 빠지게 짐을 메고 어머니의 뒤를 따라 장에 가고
있는 나는 부끄러움에 몸 둘 바를 모른 채 어머니 등 뒤에
바짝 붙어 고개를 숙이고 걸어갔다. 서낭댕이 고개를 넘어
갈마리를 지나 임실장에 닿으면 해는 중천에 뜨고 등짐을
지고 사십 리가 넘는 길을 걸어온 나의 몸은 이미 파김치
가 되어 있었다. 그런 나를 바라보는 어머니의 마음은 얼
마나 쓰라렸을까? 어머니가 사 주는 국밥 한 그릇을 먹고
국밥집을 나설 때 눈부시게 떠 있던 해, 그 햇살이 얼마나
찬연한 눈부심이고 지극한 슬픔이었는지.

그해 그렇게 여러 번 넘었던 그 고개에 대한 기억이 기
억의 공간 속에서 까마득히 지워지고 없다가 섬광처럼 한
순간에 살아났다. 진실로 깊은 절망이나 지극한 슬픔은 망
각의 늪 속에 깊숙이 침잠했다가 다시 살아날 수 있다는
것을 깨닫는 순간이었다.

맞으면 약이 되는 약수암 폭포

봉서촌, 내동리, 윤기리, 동산리로 이루어진 덕현리는 내
동산 아래 있는 큰 고개와 언덕으로 둘러싸여 있으므로 덕

약수암 폭포 | 내동산 중턱에 있는 약수암의 폭포. 이 폭포의 물을 맞으면 땀띠가 낫는다고 한다.

고개 '덕현'이라 부른다. 덕현리에서 성수면 도통리로 넘어가는 고개가 덕고개이다. 넓게 펼쳐진 백운들 위로 우뚝 솟은 내동산에는 산밤나무가 많았다. 밤나무가 그리 흔하지 않았던 어린 시절, 가을만 되면 밤을 따러 내동산을 오르내리곤 했다. 밤을 한아름 안고 산을 내려오는 길, 어스름 짙게 깔린 내동산 폭포는 더없이 아름다웠다.

내동산 중턱에 자리 잡고 있는 약수암은 백운면 소재지를 한눈에 내려다볼 수 있는 요지에 있다. 봄에는 진달래꽃이 만발하며 여름에는 시원한 녹음과 푸른 벌판이 조화를 이룬다. 가을에는 황금물결이 일렁이는 들판이 한눈에 들어오며 특히 천길단애의 틈 사이사이에 불붙는 단풍이 기관奇觀을 이룬다. 겨울엔 몇 아름씩이나 되는 큰 고드름이 목화송이처럼 피어나 이곳을 찾는 이로 하여금 감탄을 금치 못하게 한다.

약수암 폭포에서 물을 맞으면 약이 된다고 하여 매년 많은 사람이 몰려들고 있다. 1910년, 마이산에 살던 신씨 부인은 이곳에서 신병이 완쾌되자 움막을 짓고 15년간 살았다고 한다. 그 뒤 오상용이란 사람이 움막을 인계받아 30년간 살다가 법당을 지었고, 여러 사람을 거쳐 지금은 서울에서 요양차 내려온 최학철(64) 씨가 살고 있다.

대한불교 불업종 백마사라는 이름이 붙은 이 약수암의 현판 글씨는 덕현리에서 영필로 이름 높은 최관석 씨가 쓴 것이다. 이 암자의 부지는 덕현리 윤기 부락의 공동 재산으로 되어 있다.

약수암 폭포에서 땀띠 정도
는 물 한 차례만 맞으면 그냥 시
든다. 아무리 가물어도 억수로
쏟아지는 소나기 정도의 물이
항상 흐르기 때문이다. 폭포 위
에는 근원이 되는 물구멍 두 개
가 있는데 오른쪽이 음수, 왼쪽
이 양수라 하여 동양철학에서
말하는 음양상향의 이치로 봐
도 효과가 있다고 한다. 이 약수

덕태산 | 필자의 고향 마을 뒷산으로,
백운동 폭포를 품고 있다.

를 맞기 전 3일 동안 비린 것을 먹지 않고 궂은일에도 참석
하지 말아야 약효가 난다고 한다. 이와 같은 금기를 어기
고 물을 맞으면 뱀이 보인다든가 큰 뱀이 목을 감는다든가
하여 약이 되기는커녕 오히려 몸이 무겁고 병이 든다는 전
설이 있어 지금도 궂은일을 본 사람은 하탕에서 목욕하는
것을 볼 수 있다.

약수암 바로 뒤에 있는 절벽에서는 아무 구멍도 없는데
마치 땀이 배듯 물이 새어 나온다. 하루에 1리터 정도씩 떨
어지는 이 물을 장군수將軍水라고 한다. 절벽 아래에는 그릇
이 놓여 있어 이곳을 찾는 이들이 목을 축이곤 한다.

푸른 꿈이 서린 덕태산 아래 내 고향

느티나무가 그늘을 드리우고 있는 윤기 마을에 이르자
구름에 싸인 내 고향 덕태산이 한눈에 들어온다.

어린 시절을 가난과 어려움 속에 보낸 나는 내 고향을 아름답다거나 자랑스럽다고 느끼지 못했다. 고향이 내게 새로운 느낌으로 다시 다가온 것은 한 권의 책을 접한 뒤였다. 풍수지리학자 최창조 선생은 『한국의 풍수지리』라는 저서에서 이곳을 이렇게 평했다.

"벌써 20년 이상 풍수를 공부해 오면서도 필자는 아직까지 어떠한 종류의 풍수적 이상향도 제시하지를 못했다. 그것은 영원히 이룰 수 없는 그야말로 이상의 세계에서나 있을 수 있는 어떤 것인지도 모르겠다. 그래도 우리는 끊임없이 그 이상향을 꿈꾼다. 필자는 풍수적 삶터의 이상적인 모형으로 인간관계에서는 대동적 공동체를, 조화로운 어울림을 표방하여 왔다. 그러나 불행히도 그런 터전을 현실 속에서는 아직 찾아내지 못하고 있는 것이다. 불행 중 다행이랄까. 이번 여름에 그에 상당히 근접하는 좋은 마을들을 한꺼번에 접할 수 있었던 것은 행운이다. 그곳은 바로 전북 진안군 일대였다."

덕태산 아래 내 고향에는 골짜기와 봉우리가 많았다. 좁고 길어서 가는골, 시암('샘'의 방언)이 있어서 시암골, 백운동 동쪽에 망태골, 망태골 북쪽 선각산 아래에 열두덜이 있었다. 선각산 아래 봉우리는 장군의 투구 같은 바위가 있어서 감투봉이라 불렀다. 그 감투봉 북동쪽으로 바위 하나가 우뚝 서 있는데 마치 진을 치고 있는 듯 보여 독진바위라 불렀다. 독진바위 북동쪽으로 감투봉에 있는 장군을 보호하기 위하여 망을 보고 있다는 망바위가 있었다. 능선으로 이어진 길을 가다 보면 장자골이 나오고 더 돌아가면 시루봉이 서 있었다. 시루를 엎어 놓은 것 같은 시루봉 아래에 홍두깨재가 있고 그 너머가 장수군 천천면이었다. 되돌아오면 전진바위 폭포 물줄기가 시원하게 떨어지고 있었다.

초등학교 3학년을 마치기 전까지 가는골과 큰시암골, 작은시암골에서 할머니와 단둘이 살았다. 내가 학교에 갈 때쯤이면 할머니는 이렇게 말하곤 했다.

"너 오늘 핵교 갔다가 가는골로 와라."

그러면 그날은 학교가 끝나기 무섭게 집으로 돌아와서 살강에 얹어 둔 보리밥 한 그릇을 먹고 따르르 가는골로 갔다. 할머니는 밭을 매고 나는 가는골 그 맑은 물에서 가재를 잡는 게 일과였다. 조그만 돌을 떠들 때마다 엉금엉금 기어가는 가재를 잡아 조팝나무 가지에 꿰웠다. 그러다 해가 뉘엿뉘엿해지고 "인자 집에 가자." 하고 할머니가 말할 때쯤이면 나는 가재를 세 뀌엄지는 족히 잡고는 했다. 이른 봄의 가재는 몸통 아래 부챗살에 이쁘디 이쁜 알을 가득 달고 있었고 조금 지나면 그 부챗살에 갓 깨어난 어린 가재 수십여 마리가 다닥다닥 붙어 있었다. 몇십 마리쯤 잡아 들고 할머니 뒤를 따라 집에 돌아가면 어둠이 서리서리 내렸다. 할머니가 지금도 눈에 선한 쭈그러진 새카만 양은 냄비에다 간장만 부어 조려 주었던 가재조림은 요즘에야 맛보는 참게보다도 더 맛있었다. 지금은 가는골이고 시암골이고 그 많던 가재를 찾아볼 수 없다고 하니……. 가버린 세월이 한스러울 따름이다.

이청준 『매잡이』

1968년 《신동아》에 발표된 중편소설. 시류에 물들지 않고 우직하다고 할 만큼 자기의 것을 지키려는 장인 정신의 소유자인 매잡이 '곽돌'의 삶과 죽음, 그리고 그 진정한 가치를 알고 그것을 담아 보려는 '민태준'의 소설 쓰기를 통하여 현대를 살아가는 우리들에게 삶의 참된 가치를 이야기하고 있다.

도르메 방앗간 | 백운면 내에서 이름 높던 전영태 씨의 도르메 방앗간에는 녹슨 열쇠가 채워져 있다.

어린 시절만 해도 제법 큰 마을이었던 내동 마을에도 빈집이 여러 채 보인다. 정월대보름이 다가오면 원촌에 살고 있던 우리는 범바우 아이들까지 몰고 와서 돌과 횃불을 던지면서 정월대보름 놀이를 즐겼다.

다리를 건너자 도르메 마을이다. 그 시절 백운면 내에서도 이름 높던 전영태 씨의 도르메 방앗간에는 녹슨 열쇠가 채워져 있다. 오래전 면장을 지내서 전 면장 또는 도르메 방앗간 주인으로 알려져 있던 전영태 씨가 유명해진 것은 한겨레신문 최성민 기자가 취재했던 전국 유일의 매 사냥꾼이라는 기사 때문이었다. 조선 시대에는 '내응방'이라는 관청을 두고 군역 대신 매를 잡게 했다. 일제 때는 허가제도로 맥을 이어왔던 매사냥이 자취를 감춘 것은 1960년대부터였다. 산업화에 따른 이농 현상과 무분별한 개발로 매의 숫자가 급격히 줄었기 때문이다. 전영태 씨는 20대 무렵부터 지금까지 매사냥을 이어 왔다고 한다. 소설가 이청준 씨의 '매잡이'에나 남아 있는 매사냥을 지금도 볼 수 있다니 얼마나 다행스러운 일인가.

"강은 움직이며 흘러가는 길이다. 가고 싶은 곳으로 데려다 주는 길이다."라고 파스칼이 『팡세』에서 이야기했던 대로 여정은 강을 따라 흐른다. 상원산 마을과 하원산 마을 사이 들판에 아름다운 산 하나가 서 있다. 둥근 모양의 독뫼라는 이름의 산인데 경기도 이천군 설성면 수산리에 있는 앵산과 흡사하다. 해월 최시형이 숨어 지냈던 앵산을 닮은 독뫼를 지나며 강은 더욱 넓어진다. 노촌리 상류 성수산에서부터 발원한 노촌천이 섬진강과 합류되는 이 지점에서 우리는 물이 불어 돌아가야 한다.

이 냇물을 거슬러 오르다 보면 두 개의 마을을 지난다. 갈우손이 마을은 갈마음수형의 명당이 있다고 하여 갈우손이로, 술무지 마을은 뒷산에 있는 샘의 물이 좋아 술과 꿀의 맛이 난다고 하여 술무지 또는 주천酒泉이라 부른다.

돌아가는 길 옆에서 아름다운 정자를 만난다. 전 씨들이 세웠다는 모운정은 모양부터가 다르다. 다른 정자에서는 찾아볼 수 없는 용이 천정에 매달려 있고 용인 듯 귀면화인 듯한 그림이 창틀에 매달려 있다. 정자 아래에 자연석으로 쌓아 올린 두 개의 돌탑이 화순 운주사의 실꾸러미 탑을 연상시킨다.

삼의당 김씨의 체취가 남아 있는 방화 마을

송가정이 다리를 지나 강 아래 건너편 산기슭에 보이는 정자가 삼의당 정자다. 삼의당 김씨 또는 삼의당 부인이라고 전해지는 조선조의 여류시인 삼의당은 영조 43년인 1769년 남원 교룡산성 서남쪽 기슭에 있는 서봉방에서 태어났다. 삼의당은 열여덟 살 때 하립과 결혼하였는데 두 사람은 나이뿐만 아니라 생일과 생시까지 같았다. 정종엽이 편찬한 『삼의당기화』에서는 "두 부부의 문장이 서로 어슷비슷하고 생일, 생시까지 똑같아 말 그대로 하늘이 정해 준 배필이었다."라고 하였다. 그들은 첫날밤부터 서로 시를 주고받았는데 그 한 편은 이렇다.

혼인하는 날 밤에
열여덟 신선낭군 열여덟 신선낭자
동방화촉 밝히니 좋고 좋은 인연
같은 해, 같은 달, 같은 동네 살았으니
이 밤에 만남이 어찌 우연이리요.

삼의당의 평생소원은 남편이 과거에 급제하는 것이었다. 그녀는 남편에게 독서와 서울 관광을 권하였다.

스물일곱의 고운 이 스물일곱의 고운 낭군
몇 해나 긴 이별을 일삼았던가.
올 봄에도 장안을 향하여 가니
양 살쩍에 오히려 두 줄기 눈물 더하네.

삼의당이 15년 동안 머리털을 자르고 비녀를 팔면서 뒷바라지를 했지만 남편은 과거에 급제하지 못하고 생활은 어렵기만 했다. 그녀는 서른둘이 되던 해 낙향한 남편과 함께 선산이 있는 진안군 마령면 방화 마을로 이사하여 살다가 1823년에 죽어 진안군 백운면 덕현리에 남편과 함께 묻혔다.

삼의당의 문집으로는 『삼의당고』가 있으며 특히 둘째 딸과 셋째 딸이 죽었을 때 지었다는 「제시」와 그의 자서전 「예성야기화」는 훌륭한 문학작품으로 알려져 있다. 또한 큰 딸이 죽은 뒤에 쓴 「제장녀문祭長女文」이 남아서 사람들의 심금을 울리고 있다. 방화 마을에는 삼의당 내외가 살았다는 집이 남아 있으며 그의 후손으로 알려진 하씨들이 집성촌을 이루며 살고 있다.

삼의당 김씨의 체취가 남아 있는 방화 마을 앞 냇가에는 내 어린 시절의 추억이 서려 있다. 아버지는 봄부터 가을까지 여러 번 동네 아이들과 밤고기를 잡으러 가자고 했다. 아버지는 솜으로 횃불을 만들었고 나는 방앗간 집에 가서 폐유를 얻어 왔다. 열 시쯤 되면 원촌에서 이곳 송가정이까지 걸어왔다. 술도가 집 딸내미 행자, 희자와 지금은 이름이 기억나지 않는 용곤이네 동생들까지 10여 명이 함께 걷는 밤길은 약간은 무서웠지만 설렘 가득한 길이었다.

오늘 밤 나는 어떤 고기를 잡을 수 있을까? 몇 마리나 잡을까? 송가정이 아래에서 도레미까지 횃불을 밝히고 밤고기를 잡을라치면 우리가 불무테기라고 불렀던 덩치가 제법 큰 고기는 인기척을 느끼지 못했는지 가만히 있곤 했다. 살며시 다가가 손으로 몸통을 움켜쥐면 그때서야 몸을 부르르 떠는 그 고기를 우리들은 멍쳉이라고 불렀다. 모래무지나 과라지 또는 빠가사리, 징겜이라고 불렀던 큰 새우에다 재수 좋은 날은 어린아이 팔뚝만한 메기까지 수대가 넘치게 잡아 온 그 다음날에는 매운탕을 끓이거나 조림을 해서 며칠간 반찬거리로 삼기도 했다.

그뿐인가. 어린 시절 아는 사람들의 집에서 책이란 책은 다 빌려다 읽은 나는 용돈을 한 푼 두 푼 모아 마령에 가곤 했다. 책 몇 권을 사 가지고 오는 길에 읽기 시작해 송가정

송가정이 | 백운과 마령 사이 강가에 서 있는 송가정을 '송가정이'라고 부른다.

이 부근을 지날 때쯤 다 읽어 버리고는 서운해 하며 터벅터벅 돌아오던 그 목마름의 날들이여.

회상에 젖은 채 비를 맞으며 걷다 보니 송가정이 위쪽으로 난 길가에서 산 아래 자락으로 불법 쓰레기들이 산더미처럼 쌓여 있다.

강줄기를 따라 마을에서 마을로

비 내린 강변을 따라 걷다 보니 어느새 계남 마을에 이른다. 뒷산이 제비집 같고 지형이 제비가 나는 것 같다고 해서 세비산이라 부르는 이곳 계남리는 우리 할머니의 고향이기도 하다.

계남리 모정에서 산신제를 지내고 남은 떡과 과일을 나누어 먹는다. 비 때문에 날이 추워 그런지 온기가 남은 떡은 금세 팔려 나간다. 앞으로 한 시간만 걸으면 오늘 일정이 마무리될 것 같다.

강 건너 멀지 않은 곳에 마령이 보인다. 마령은 백제 때 마돌현 또는 마진, 마동량으로 불리다가 신라 경덕왕 16년에 지금의 이름이 되었다. 임실군에 딸렸다가 고려 초 전주로 이속되었고 조선 태종 13년에 진안에 귀속되며 폐현이 되었다.

마령초등학교 운동장에는 6월이면 흰 쌀밥 같은 꽃들을 구름처럼 피워 내는 이팝나무 일곱 그루가 서 있다. 이 나무에는 슬픈 사연이 깃들어 있다. 과거 어려웠던 시절, 이곳 주민들은 키우던 자식이 굶주리다 못해 죽으면 자식을 묻고 나서 그 자리에 이팝나무 한 그루를 심었다고 한다. 소복한 하얀 꽃을 쌀밥이라 여겨 하늘나라에서는 굶지 않기를 기원했던 것이다. 슬픔과 한을 담은 이 나무는 '아기사리'라고도 부르며 현재 천연기념물 제214호로 지정되어 있다.

독다리가 있었다는 석교 마을을 지나 강정리로 접어든다. 강가에 정자가 있어 강정리라

이팝나무 | 마령초등학교에 있는 이팝나무. 하얀 꽃이 쌀밥 같다고 해서 이팝(이밥)이라는 이름이 붙었다. 천연기념물로 지정하여 보호하고 있다.

이름 지은 이 마을은 '작은 거인'으로 널리 알려진 역도 선수 전병관의 고향이다. 박찬호나 박세리, 황영조만은 못해도 이곳에서 당시 전병관의 인기는 하늘을 찌를 듯 높았다. 마을의 터가 반달처럼 생겼다는 월운리로 가는 길 용바우 모랭이를 돌아 만나는 쌍벽루는 산과 내가 아울러 푸르다 해서 쌍벽이라고 부른다.

진안-관촌 간 다리를 위한 공사가 한창인 강가에서 섬진강 530리 길을 따라가는 첫날의 일정이 마무리된다. 날은 어두워지고 바람이 들고일어나 추위를 더한다. 돌아가야지. 가서 하루 종일 비 맞으며 걸었던 피곤한 몸을 풀어 줘야지. 그러나 예상대로 되는 것은 없다. 우여곡절 끝에 민박집에 여정을 풀고 자리에 누운 것은 10시가 넘어서였다.

마음을 숡아 내는 강의 가락

눈 쌓인 마이산 탐사를 향해

밤새 내리던 비가 멎고 방은 따뜻하다. 어제의 추위를 녹이는 온기는 따뜻함이란 것이 사람에게 얼마나 유용한 것인가를 새삼 깨닫게 한다.

박준열 씨가 제일 먼저 일어나고 뒤이어 최병선 선생이 일어난다. "아직도 비가 내리는 듯한데요." 하면서 최 선생이 창문을 열자 길이며 지붕이며 모든 것에 눈이 살포시 내려앉아 있다.

아침을 먹고 공주팀을 배려한다고 마이산 탐사로 향한다. 그리스의 역사학자 투키티데스는 "일은 사람의 마음과 마찬가지로 이치에 맞지 않는 방향으로 진행되는 경우가 있다. 그럴 경우에는 모든 것을 운에 맡기는 것이 편하다." 라고 했고, 가이벨은 "운명보다 강한 것이 있다면 그것은 동요하지 않고 그 운명을 짊어지는 용기이다."라고 말하지 않았던가? 우리가 오늘 걷는 이 길도 역시 정해진 운명의

마이산 | 암마이산, 숫마이산이라고 부르는 두 개의 봉우리가 말의 귀처럼 생겼다고 해서 마이산이라고 부른다.

수순에 의한 것인지도 모른다.

"운명은 우리를 행복하게 만들지도 않고 불행하게 만들지도 않는다. 다만 그 재료와 씨앗을 우리에게 제공해 줄 따름이다."라고 한 몽테뉴의 말을 기억한다면 오늘 일진이 아무리 예측불허일지라도 그렇게 우려할 만한 일은 일어나지 않으리라.

진안군 마령면 동촌리와 진안읍 단양리에 걸쳐 있는 마이산馬耳山은 흙이 하나도 없는 콘크리트 지질의 커다란 역암 덩어리 두 개로 이루어진 산이다. 그 모양이 흡사 말의 귀같이 생겼다고 하여 마이산이라고 부르게 되었다. 흙 한 줌 없는 이 산을 본 어떤 미국인이 "산을 쌓은 기술은 물론이고 그 엄청난 양의 시멘트를 어떻게 충당했는지 신기할 따름이다." 하며 혀를 내둘렀다는 에피소드가 전해 온다.

동쪽에 솟아 있는 높이 667미터의 봉우리를 숫마이산이라 부르며 서쪽의 높이 673미터의 봉우리는 암마이산이라 부른다. 1억여 년 전 마이산은 산 어귀의 호숫가 즉 선상지였다고 하는데 4천만여 년에 걸친 지각변동으로 다른 지역보다 600미터 이상 솟아올라 산이 되었다고 한다. 산 전체가 수성암水成巖으로 이루어진 마이산은 부부봉 또는 부부산으로도 불리는데 여기에는 다음과 같은 전설이 얽혀 있다.

아득한 옛날, 아들딸 낳고 살던 부부산이 있었다. 부부산은 밤마다 키를 키우면서 한양으로 올라가고 있었는데 도착할 때까지 절대로 사람 눈에 띄어서는 안 되었다.

가는 길에 진안에서 새벽을 맞게 되었다. 남산男山은 사람

산

이운룡

내 가슴속에는 언제나
바위산 하나가 하늘에 솟아 있다.
온 세상을 내려다볼 수 있는 산,
보고 싶거나 오르고 싶을 때에는
거울을 꺼내보듯 들여다보면서
까마득한 정상에 올라가
아랫세상을 아름다이 굽어보고 싶었다.

내 가슴 바깥에도 언제나
이런 바위산이 고향 하늘에 솟아 있다.
두 말귀처럼 솟구친 자웅의 마이산馬耳山이
세상 팔방에 제 모습을 드러내 놓고
우리 집 문지방의 정면을 가리는 산

보고 싶고 오르고 싶을 때에는
아무나 올라오는 천왕문 고갯마루에서
낯선 사투리나 구경하다가
내 용기 의지 기력에 자신이 없어
꿈 같은 정복을 몇 번이나 포기하고
하산해 버리는 이 부질없는 되풀이

지나친 과찬이지만 나는 이 산의 정기로
세상에 나온 사람이라고들 말한다.
요즘도 어머니는 이 산에 자식을 맡기고
공들여 앞날을 빌어 마지않는 것은
산과 나와의 비밀한 내통으로 해서 산은
나의 전부를 차지하고 있었기 때문이다.

그러나 내가 집에 당도하였을 때
가슴속에서 가슴 밖에서 언제나
나를 일깨워 준 산은 주저앉고
잿더미 풀풀 날리는 벌판에
홀로 내가 서 있음을 보았다.

마이산에 대한 옛 문헌의 기록

현의 남쪽 7리에 돌산이 하나 있는데 봉우리 두 개가 높이 솟아 있기 때문에 용출봉涌出峯이라 이름 하였다. 높이 솟은 봉우리 중에서 동쪽을 아버지, 서쪽을 어머니라 하는데 서로 마주 대하고 있는 것이 마치 깎아서 만든 것 같다. 그 높이는 천 길이나 되고 꼭대기에는 수목이 울창하고 사면이 준절峻絶하여 사람들이 오를 수 없고 오직 모봉母峯의 북쪽 언덕으로만 오를 수가 있다. 전하는 이야기에, 동봉東峯 위에는 작은 못이 있고, 서봉西峯의 정상은 평평하고 샘이 있어서 적병을 피할 수 있고, 날이 가물어 비를 빌면 감응이 있다고 한다. 신라 시대에는 서다산西多山이라고 불렀는데 소사小祀에 실었다. 본조 태종太宗이 남행南幸하여 산 아래에 이르러서 관원을 보내어 제사를 드리고 그 모양이 말의 귀와 같다 하여 마이산馬耳山이라는 이름을 지어 주었다.
— 「신증동국여지승람」

들이 잠들어 있는 사이 어서 커서 빨리 한양으로 가자고 했다. 그러나 여산女山은 애들도 피로하니 한숨 자고 새벽에 크자고 졸랐다. 여산의 속셈은 따로 있었으니 인심 좋고 산수 좋아 구름도 쉬어가는 진안에 눌러앉고 싶었던 것이다.

남산은 아내를 사랑하는 마음에 그 말을 따르기로 했다. 부지런한 아낙네들이 옹달샘에 물 길러 나오기 전에 어서 크자고 식구들을 두들겨 깨운 남산은 눈 비비며 투덜거리는 새끼들을 달랬다. 여산은 아무래도 진안이 좋아서 게으름을 피웠다.

우화산 너머 우주산에서 먼동이 트기 시작하였다. 그들은 다급한 마음에 서둘러 키를 키웠다. 그러나 여산이 게으름을 피우다가 그만 아낙네들에게 들키고 말았다. 구름을 뚫고 하늘에 닿을 듯 솟아올랐던 부부산은 그 자리에 주저앉았다.

화가 잔뜩 난 남산은 여산에게서 두 아이를 빼앗고 보기 싫다고 여산을 발로 차 버렸다. 여산은 그대로 돌아앉아서 고개를 떨어뜨리고 말았다. 밤이면 산비둘기가 구구구 노래하며 부부산의 마음을 달래 주려 하건만, 억겁이 흘러도 굳어 버린 두 봉우리는 화합할 줄을 모르게 되었다.

세월이 변함에 따라 마이산의 명칭도 여러 가지로 변해 왔다. 옛 신라 때에는 서다산西多山, 고려 시대에는 용출산涌出山, 이조 초기에 이르러서는 속금산束金山이라 부르다가 태종 때에 이르러 마이산이라 부르게 되었다. 계절에 따라서는 조선 시대 『태조악가』에 실린 「몽금척요夢金尺謠」에

"돌로 우뚝 솟아 돛대와 같다."
는 구절이 있어 봄에는 돛대봉,
여름철에는 녹음 속에 우뚝 솟
아나 용의 뿔인 양 돋보인다 해
서 용각봉龍角峯, 가을에는 빨갛
게 타오르는 단풍이 멀리서 보
면 마치 천리마 색깔 같아 마이
산, 겨울에는 하얀 눈으로 덮인
두 봉우리가 두 자루의 붓끝과
같아 저절로 시구가 우러나온
다 하여 문필봉文筆峯이라 부른다.

마이산 탑사 | 98세로 별세한 이갑룡
처사가 쌓았다는 마이산의 탑사에 수많
은 돌탑들이 세워져 있다.

　등천하는 용의 발자국과 꼬리의 흔적이 뚜렷이 남아 용
암동문이라 새긴 암벽 사이를 들어서면 기암괴석이 뒤엉
켜 기기묘묘한 형상을 연출한다.

　숫마이봉 중턱에는 화엄굴이 있는데 이 굴 속에서 솟아
오르는 약수를 마시면 옥동자를 잉태한다는 전설이 있다.

　암마이봉 절벽 아래에는 백여 기의 돌로 쌓은 유명한 마
이산 탑사가 자리 잡고 있다. 이 탑사는 90여 년 전에 이 고
장의 이갑룡이라는 처사가 발원하여 전국 명산의 돌을 몇
개씩 날라다 이곳의 작은 바윗돌과 함께 쌓아 만든 것이라
고 한다.

　이갑룡 처사는 임실 둔덕 태생으로 어릴 때부터 효성이
지극하였으며 부모의 상을 당하자 묘 옆에 움막을 치고 3
년간 시묘했다고 한다. 그 후 전국의 명산을 전전하다 스

속금산 명칭의 유래

야사에 따르면 이씨 조선을 세운 태조 이성계가 젊었을 때 명산 대천을 찾아다니며 수양하고 기도를 드렸다고 한다. 하루는 꿈에 말의 귀와 같은 영봉에서 한 선인이 금척金尺을 가지고 삼한三韓의 강토를 재는 것을 보았다.

그 후 고려 말에 전라도 서해안에서 노략질을 해 오던 왜구들을 운봉 갈재에서 맞아 싸우게 되었다. 왜장 아지발도를 한 대의 화살로 떨어뜨리고 승리하여 완산주를 두루 살피던 중 명산으로 이름난 마이산에 올랐다.

그런데 마이산의 형태가 지난날 자기가 꿈속에서 본 산과 흡사하게 닮은 것을 보고 '속금산束金山'이라는 이름을 내렸다. 그때부터 새 나라를 세울 뜻을 확실히 작정하고 천지신명께 백일기도를 드렸다 한다.

그 후 태조는 건국의 뜻을 세운 마이산이 명산영봉임을 잊지 않고 태자인 정안군(태종임금)을 시켜 속금산에 제를 지냈다는 기록이 남아 있다.

물일곱에 마이산에 들어와 솔잎을 주식으로 생식하며 수도하던 중 "억조창생을 구제하고 만민의 죄를 속죄하는 석탑을 쌓으라."는 신의 계시를 받아 탑을 쌓기 시작했다. 만불탑萬佛塔 단석으로 쌓아 올린 것, 기단을 원추형으로 하여 단석으로 쌓아 올린 것 등 위치와 모양이 제각각이지만 각기 음양오행의 이치에 따라 소우주를 형성하고 우주 순행 원리를 담고 있다. 원추형으로 두른 위에 단석을 15개 내지 20개로 쌓은 것도 있는데 이 탑들은 거센 폭풍우에도 넘어가는 일이 없다. 석질에 순인력이 있기 때문이라고 한다. 낮에는 돌을 나르고 밤에는 탑을 쌓았다고 하지만, 여러 가지 상황으로 미루어 혼자 쌓은 것이 아니라 여럿이 함께 쌓은 것이라는 설이 더 유력하다. 어느 때 쌓았는지조차 분명하지 않지만 하나하나 공들여 쌓아 올린 탑들은 볼 때마다 그 섬세한 솜씨와 강인한 끈기가 경이로울 따름이다. 탑을 쌓은 이갑룡 처사는 98세에 세상을 떠났다.

또 하나의 신비는 역고드름인데 단 위에 놓여 있는 정화 그릇은 겨울에 물을 갈고 기도를 드리면 그릇 표면으로부터 10~15센티미터의 고드름이 솟아 오른다고 한다.

숫마이봉 남쪽 기슭에는 은수사가 자리 잡고 있고 맞은편에는 마이산과 비슷한 소마이산이 서 있다.

박준열 부장은 방송 관계로 전주로 향하고 우리들의 하루 여정은 빗속에서 시작된다. 아직 완성되지 않은 다리 아래로 강물은 어제와 다름없이 흐르고 그 위로 다시 눈이 내린다. 한 송이 한 송이 떨어지는 그 위에 내 마음도 하얌

없이 내려 쌓인다.

눈 속으로 휘감아 도는 강물은 더없이 아름답다. 강변을 수놓은 갈대밭에선 뭇 새들이 날아오르고 길 안쪽의 수선루는 평온하고 고아하다.

강은 이제 마령면에서 성수면으로 접어든다. 여기서 길은 두 갈래로 나뉜다. 주용기 씨와 신영주 씨는 아랫길로 가고 우리들은 제방을 따라간다. 버들강아지가 하얗게 피어난 강가에는 수많은 비닐봉지들도 덩달아 꽃으로 피어난다. 큰 보 밑에는 누가 버렸는지 모르는 냉장고가 입을 딱 벌린 채 흐르는 강물을 맞고 있다.

강길이 끊어지며 벼랑을 만난다. 어쩔 수 없이 산 위로 난 고개를 넘는다. 예스러운 고갯길에는 솔잎과 참나무 잎들이 수북하게 쌓여 있다.

국기재를 넘어서자 샘물이 좋다고 소문이 자자한 산수동 마을이다. 이 마을도 다른 마을과 다를 바 없이 여러 집이 비어 있다. 완좌개(내좌) 마을을 지나며 길옆에 있는 샘하나를 만난다. 한 시절 전만 해도 사람이 살았던 집터였던 듯싶은데 지금은 밭으로 변해 있다. 물은 여전히 가득 고여 있지만 맑디 맑던 그 샘물이 아니다.

다시 제방으로 들어서며 강을 만난다. 강가에는 포클레인 한 대가 서 있고 그 뒤편에 느티나무가 강물에 제 그림자를 드리우고 있다. 다리를 가운데 두고 양옆에 물 그늘을 드리운 나무도 나무지만 그 뒤편에 후덕한 산 그림자는 한 폭의 그림같다.

수선루 아래 | 강이 휘돌아 가는 곳에 있는 수선루 아래로 섬진강이 그림처럼 흘러간다.

좌포에서 바라보면 봉황의 알처럼 생긴 알미산이 보이고 봉촌 뒤쪽으로 봉황의 모습을 한 봉황산(378미터)이 보인다. 1969년 12월에 완성된 좌포다리의 표지석은 넘어져서 나뒹굴고 있다. 좌포 떡방앗간을 지나 노루목재를 넘는다. 길이 뚫리기 전만 해도 어슷한 재가 놓여 있었을 것인데 지금은 포장도로가 되어 있다.

다리를 건너자 냉천, 중길리, 만덕산 표지판이 나타난다. 원불교 성지가 있는 만덕산 기슭에 완주군 소양면에서 부귀면으로 넘어가는 까마귀 머리처럼 생긴 모두재가 있다. 중길리에서 상관면 마치로 넘어가는 마치재는 옛날 이 지역 사람들이 전주로 넘어가던 지름길이었다고 한다. 이곳에서 멀지 않은 성수면 중길리에 전라좌도 진안 중평굿이 전해 온다.

마음을 솎아내는 가락, 진안 중평굿

전라도 민속놀이 중 으뜸을 꼽으라면 단연 풍물굿이다. 이 지역의 풍물굿이 널리 알려진 이유는 이곳이 농경문화의 중심지이자 맛과 멋을 중시하는 풍류의 고장이기 때문이다. 정월대보름이나 5월 단오, 7월 백중 등의 연중행사와 마을의 크고 작은 경사가 있을 때마다 반드시 풍물굿이 울려 퍼지는 이 지역은 오랜 역사를 통해 빼어난 명창과 명인들을 배출한 말 그대로 국악의 본고장이다. 특히 전라북도 각 지역의 풍물굿은 그 전통이나 수준이 우리나라를 대표할 만큼 빼어나다.

전라도에서 형성된 풍물굿은 일반적으로 전라 우도굿과

전라 좌도굿으로 나뉜다. 지리상으로는 서울에서 내려다 보기에 전라도의 좌측, 즉 동부 산간지역에서 형성된 것을 좌도굿이라 이르며 우측 지역인 평야 곡창지대를 따라 형성된 것을 우도굿이라 한다. 두 가지 형태의 굿은 이러한 지리적 조건의 차이에 따라 각기 다른 형식과 내용을 가지고 형성되어 현재의 모습에 이르고 있다.

지역적으로는 좌도굿이 주로 전라도 동부 산간지대에 분포되어 있으며, 우도굿은 정읍, 고창, 영광, 김제 등 곡창지대에 널리 퍼져 있다.

좌도굿은 동부 내에서도 진안, 무주, 장수, 금산 등의 북부 지역과 전주, 임실, 진안, 남원, 순창, 곡성, 구례와 같은 중부 지역, 화순, 곡성과 같은 남부 지역으로 나뉘며 지역마다 각기 다른 전승 계보와 형태를 보인다. 현재는 진안, 금산(현재는 충청도로 분류됨), 남원, 임실에서 유지되고 있으며 지역마다 조금씩 차이가 있다.

좌도굿과 우도굿은 서로 확연한 차이를 보인다. 좌도굿은 굿패가 머리에 전립을 쓰고 복색은 대체로 간소하게 갖추는 데 비해 우도굿의 굿패는 머리에 고깔을 쓰고 복색을 화려하게 꾸민다. 농악 합주에서는 좌도굿이 빠른 가락이 많으며 몸짓이 빠르고 단체 연기에 중점을 두는 데 비해 우도굿은 비교적 느린 가락을 많이 쓰며 몸짓이 다양하고 개인 놀이가 발달하였다. 또한 좌도굿은 윗놀이에 치중되고 밑놀이 굿 가락은 담백하나 우도굿은 윗놀이에 치중되지 않고 밑놀이 굿 가락이 다채롭고 멋이 있다.

김봉열 선생

1914년 전북 진안군 성수면 도통리 중평 마을에서 태어나 진안 중평굿의 두렁쇠로 이름을 떨쳤다. '전라좌도 진안 중평굿 보존회'를 결성하여 회장을 역임하였으며 매년 자체 공연을 통해 중평굿을 알리는 데 힘썼다. 한평생 좌도굿의 원형을 지키며 굿의 참된 의미를 몸소 실천하고 가르치다가 1995년 8월, 82세의 나이로 타계하였다.

좌도굿은 투박하고 빠르며 자주 맺는 형식을 보이고 흐름에 있어서 늦추고 쥠을 반복하는 형태로 가락이 구성되어 있다. 특히 외마치, 일곱마치, 열두마치 등의 독특한 가락과 길굿, 호허굿 등의 남성적 가락 그리고 영산가락은 가히 좌도굿의 정수라고 할 만큼 음악적 기교가 매우 훌륭하다.

또한 전체 판의 짜임이 제의적이며 의식적이다. 좌도굿이 형성되어 오는 과정에서 군악의 영향을 많이 받았다고는 하지만 그 본질은 제의적이며 의식적인 것이다. 이는 마을굿에서만이 아니라 연예, 예능 형태로 발전된 판굿에도 잘 나타나 있다.

진안군 성수면 도통리 중평中坪 마을의 중평굿은 임실의 필봉筆峰굿과 더불어 좌도굿의 대표적인 굿으로 손꼽힌다. 중평굿은 중평 마을에 살던 상쇠 김봉열 선생의 노력으로 좌도굿의 원형과 특징이 온전히 유지되어 왔다. 중평굿을 치는 치배로는 마을 공동체 안에서 굿을 치는 두렁쇠와 전문성을 띠고 수시로 사찰 등의 기금 마련을 위해 걸립乞粒을 도는 걸궁패 혹은 뜬쇠가 있다. 뜬쇠는 기량이 빼어나지 않고서는 다른 지역의 걸궁패로 갈 수 없었지만 진안, 장수, 임실의 뜬쇠들 만큼은 전국적으로 이름이 알려져 자유롭게 다른 지역으로 갈 수가 있었다.

진안 중평굿의 흐름에서 갖은 열두치부터 시작되어 아홉마치로 끝나는 마치굿은 치배들이 원을 돌면서 오행을 행하는 의식적 절차이다. 이 굿은 품앗이에서 영산에 이르는 통과 의례적인 절차를 통해 인간과 인간, 그리고 인간과 신 간의 정신적, 육체적인 합일을 이루어내기 위한 과정을 보여 준다.

"굿은 마음을 솎아내는 굿이 그 바탕이며, 지가 지 가락에 미치지 않으면 그 굿은 죽은 굿이여."라는 김봉열 선생의 말은 굿을 행하는 치배들의 마음 자세가 중요함을 강조한다.

지금은 이승철 씨가 진안 중평굿 보존회장으로 중평굿의 보존과 전승을 위해 노력하고 있지만 우리 것이 너무 사라져 버린 뒤고 자치단체들마저 외면하고 있는 실정이어서 지켜 나가는 것조차 쉽지 않을 듯싶다.

삼복더위도 잠재우는 풍혈 냉천

길은 풍혈 냉천과 만덕산 성지로 가는 두 갈래로 나뉜다. 원불교를 창시한 박중빈의 자취가 서린 만덕산을 뒤로하고 풍혈 냉천 쪽으로 향한다.

양화 마을 건너편에는 크진 않지만 생김새가 제법 그럴듯한 소나무가 강물을 내려다보고 서 있다. 양화 마을 회관 옆에는 500여 년은 되었음직한 느티나무에 새끼줄이 감겨 있다. 나뭇잎을 모두 떨군 채 늠름하게 혹은 의연하게 서서 오랜 세월 동안 수많은 사람들의 정신적 은신처로, 믿음으로 남아 있는 느티나무를 바라보며 나무가 풍경을 길들인다는 것의 의미를 깨닫는다. 마을 주민의 말에 따르면 한때는 65호가 살았다는데 지금은 50여 호가 살고 있을 뿐이란다. 그래도 정월대보름이면 마을의 안녕과 풍요를 비는 정월대보름 놀이의 명맥이 끊어지지 않아 이번 보름날에도

양화 마을의 느티나무 | 진안군 성수면 좌포리 양화 마을의 느티나무. 이곳에서 매년 정월대보름에 제를 지낸다.

마을 사람들이 모여 풍물굿을 치고 제사를 지냈다고 한다.

풍혈 냉천은 양화 마을 앞산인 대두산(459미터) 아래에 있다. 조선 시대부터 널리 알려져 사람들이 즐겨 찾는 곳이다. 풍혈은 바위 사이에서 찬바람이 나오는 구멍이며 냉천은 삼복 더위에도 손을 넣고 1분을 견디기 힘들 정도로 차가운 물이 솟아나는 샘이다.

이 풍혈과 냉천이 발견된 것은 1780년께로 자연적인 지질 변화로 한쪽에는 사람 체온보다 높은 온천이 두 군데 솟아나고 다른 한쪽에는 찬바람이 나오는 구멍 2개와 삼복에도 찬물이 나오는 냉천이 생겨났다고 한다.

그 당시 '성수면 양화리 대두산 기슭에서 나온 온천물은 성분이 좋아서 피부병에 특효가 있다'는 소문이 널리 퍼져 나병 환자들이 떼를 지어 찾아와 완치를 보았다고 전해진다. 그러나 그들이 목욕을 하고 간 뒤에 급격히 수질이 나빠졌다. 힘센 장사 한 사람이 이곳을 지나다가 불결한 온천이라고 흥분하여 큰 바위를 들어 온천을 매몰시켜 버렸다. 주위에 있던 버드나무와 음식을 해먹던 솥 및 기타 기물도 다 파괴하여 그 뒤로 온천은 땅속으로 자취를 감추어 버렸다. 이 온천을 찾아내어 일확천금을 벌어 보겠다는 사람이 간간이 드나들었으나 도저히 찾을 수가 없었다.

그러던 중 1943년 3월 전주에 사는 박성근이라는 사람이 온천을 다시 발굴하겠다는 큰 꿈을 품고 인부 3백여 명을 동원하고 많은 경비를 들여 탐색하였다. 하지만 사람의 입에서 입으로 전해 오는 장소를 찾아내기란 여간 힘든 일이 아니었다. 그들은 근처의 땅을 모조리 들추어 파헤치다시피 하여 온천이었던 곳으로 추측되는 부근에서 물길의 자취와 버드나무 숲 등을 발견하였다. 이제 온천을 막아버린 바윗덩이만 찾아 들어내면 온천이 나올 것으로 기대하고 막바지 작업을 진행했으나 갑자기 박성근 씨가 원인 모를 병에 걸려 그해 세상을 뜨게 되고 온천발굴사업은 또다시 중단되고 말았다.

그 뒤 찬바람이 나왔던 2개의 냉혈 밑에서 2개의 냉천을 발견하였으나 지금은 지형이 변화되어 1개 소는 없어지고 찬바람 나오는 풍혈 1개 소와 찬물 나오는 냉천 1개 소만 남아 있다.

풍혈은 삼복더위라 할지라도 온도가 6℃ 이하를 유지하고 있으며 자유당 때 굴이 무너지기 전만 하더라도 한여름에 고드름이 매달린 것을 볼 수 있었다고 한다. 2차 대전 막바지에는 일본이 여기에 대규모 한천공장을 세웠으며 잠종저장소로도 사용되었다고 전해진다.

냉천은 석간수로 3℃의 온도를 항상 유지하고 있으며 물에 함유된 성분 또한 여러 가지라 위장병에도 좋고 피부병에 효과가 크다고 한다. 특히 난치병으로 알려진 '무좀'도 치료가 된다 하여 사람들이 줄을 잇고 있다.

어떻게 사는 것이 바른 삶인가

풍혈 냉천 북쪽에는 바위의 그림자를 보고 시간을 알 수 있다는 시계바위가 있고 양화 마을 북쪽에는 가파르게 내려오는 골짜기라 이름 붙은 내리박골이 있다. 양화 마을 서남쪽에서 임실군 관촌면 회봉리 하회로 넘어가는 고개는 말구름재다. 말이 구를 정도로 고개가 하도 험하고 비탈져 생긴 이름이라고 한다. 그러나 이 고개도 지금은 소용이 없게 되었다. 회봉온천 개발로 길이 생기고 터널이 뚫리기 때문이다.

지방자치제도가 실시되면서 온천 개발과 골프장 건설이 유행처럼 번지고 있다. 나라는 주먹만 한데 지역 유지들이나 자치단체장들을 만나기만 하면 미국의 무슨 주는 골프장이 2천 개가 넘는다느니 일본만 해도 우리나라보다 골프장이 몇 배나 많다느니 하면서 골프장 건설에 혈안이 되어 있다. 또 "온천은 무슨 온천, 순전히 물 타 가지고 온천이라는 말만 붙이고 있으면서"라는 비아냥을 들으면서도 온천만 만들어 놓으면 황금알을 낳는 것처럼 설치고 있으니. 일 년이 가도 온천 한 번 가 보지 않고 골프채도 잡아 보지 않은 나 같은 사람만 있으면 온천이고 골프장이고 다 망하고 말 것인데…….

어떻게 사는 것이 바르게 사는 것인가? 아무리 생각해도 해답이 없는 삶, 그 삶이 나쁜만은 아닐 것이다. 뒤를 돌아보자 우산을 받치고 오는 주용기 씨는 자꾸만 뒤처져 저만치 따라온다.

물이 맑으면 물 무게가 무겁다

강은 흙탕물이 된 채 거센 소리를 내며 흐르고 그 흐린 물을 바라보며 율곡 선생을 떠올린다.

조선 선조 때 오대산의 고승 일학이 젊어서 율곡을 따라 산놀이를 했다고 한다. 한 곳을 지나다가 돌구멍에서 나오는 샘물이 있어 한 모금 마시더니 "이 물은 둘도 없는 맛이다."라고 칭찬했으나 여러 사람들은 그 특별함을 몰랐다. 이에 율곡은 "물은 맑은 것이 좋은데 물이 맑으면 물 무게가 무겁다. 흐린 물은 비록 모래와 잔흙이 섞였더라도 무게는 맑은 물에 따르지 못한다."고 말하였다. 일행들이 그 무게를 재 보니 다른 물의 두 배나 무거웠다고 한다. 조선시대 황희, 김수동과 같이 오래 살았던 재상들은 한결같이 물 무게를 재 무거운 물임을 확인하고 마셨다는데 우리가 지금 바라보고 있는 저 물은 얼마나 무거울까?

성수산 아래 용포리에 접어든다. 옛 다리와 새로 놓은 다리가 마을로 이어져 있는 한적한 풍경 속으로 비가 내려 날이 희미하다. 반룡 마을 앞을 흐르는 강은 넓디 넓다. 운증반룡, 초중반사의 명당이 있었다고 전해지는 반룡 마을 앞에서 섬진강은 휘감아 돈다.

성수산 자락에는 서산터지라는 절터와 은선암이라는 암자가 있다. 반룡리의 서남쪽에는 옛날 도적이 많았다는 작은 저골이 있고 용아가리 앞에는 개구리 같이 생겼다는 구적바우가 있다.

아침부터 걸어온 길이 13킬로미터쯤 되었는가. 예정했던만큼 걸은 듯싶어 점심을 먹기로 하고 관촌을 향한다. 점심을 먹고 되돌아가는 길은 멀고도 멀다. 다시 걸어야

율곡 이이李珥, 1536~1584
조선 중기의 학자 겸 정치가로 강원도 강릉 출신이며 어머니는 사임당 신씨이다. 호조·이조·형조·병조 판서 등을 두루 지냈다. 선조에게 '시무육조'를 지어 바치고, '십만양병설' 등 개혁안을 주장했다. 붕당 간의 대립이 격해지자 동인·서인 간의 갈등 해소에 노력을 기울였다. 저서로는 『성학집요』, 『격몽요결』, 『기자실기』 등이 있다.

물에 관한 속담

• 물에 빠지면 지푸라기라도 잡는다 –
사람이 위급한 일을 당하면 보잘것없는
사람에게라도 의지한다.

• 물은 트는 대로 흐른다 – 사람은 가
르치는 대로 교화되고 일은 사람이 주
선하는 대로 된다.

• 물이 깊을수록 소리가 없다 – 덕이
높고 생각이 깊은 사람일수록 잘난 체
하거나 아는 체하지 않는다.

• 물은 건너 보아야 알고 사람은 지내
보아야 안다 – 사람은 겉으로만 보아
서 그 속을 잘 알 수 없으므로 실제로
겪어 보아야 안다.

• 물이 깊어야 고기가 모인다 – 자기
덕이 커야 사람이 많이 따른다.

• 물이 아니면 건너지 말고 인정이 아
니면 사귀지 말라 – 사람을 사귈 때는
인정으로 사귀지 잇속이나 다른 목적으
로 사귀어서는 안 된다.

• 물은 흘러도 여울은 여울대로 있다 –
세상 모든 것이 변하여도 개중에는 변
하지 않는 것이 있다.

• 정수리에 부은 물이 발뒤꿈치까지 흐
른다 – 어떤 일이든 가장 중요하고 어
려운 부분을 해결하면 나머지는 자연스
럽게 해결된다.

• 윗물이 맑아야 아랫물이 맑다 – 윗사
람의 행실이 깨끗해야 아랫사람의 행실
도 거기에 따라 깨끗해진다.

할 길 앞에서 사람들은 지레 겁부터 먹지만 사람이 하는 일에 못할 것이 어디 있겠는가.

용포리에서 으뜸가는 마을인 포동 마을을 지난다. 포동교 아래에서 회봉천을 받아들인 섬진강은 흙탕져 흐른다. 새로 만든 다리를 건너 제방길을 걸어간다.

먼저 간 김현주 선생과 최병선 선생은 건너편 산기슭으로 가고 나머지는 이쪽 길로 걸어간다. 살다 보면 길이 여러 갈래로 나뉜다. 제각기 가는 길에 만나게 되면 서로 마음을 나누고 헤어지는 것이 인생일 것이다. 그래서 주자는 "문을 나서자마자 천 갈래 만 갈래니 만일 자기 자신에게 주재主宰하는 마음이 없다면 어떻게 올바른 길을 찾아갈 수 있겠는가."라고 말했을 것이다.

문득 바람결에 눈을 느껴 바라보니 강 건너 산골짜기에 제법 굵은 폭포가 물줄기를 내려 보내고 있다. 물이 흐르는 소리, 차가 지나가는 소리에 들릴 듯싶은 폭포 소리는 들리지 않는다. 아쉬움을 뒤로하고 걷는 사이 어느새 임실군 관촌면 방수리에 닿는다. 눈을 들어 보니 임실의 산들이 우뚝우뚝 서 있다. 높은 산이 유달리 많은 임실을 『신증동국여지승람』「임실현」'형승' 편에서는 "여러 산이 줄지어 있고 물 한 줄기 둘러 흐른다."라고 했으며 정창손은 그의 시에 "사방으로 돌아보매 봉만이 만첩 병풍일세."라고 노래했다. 방미산 밑에 자리 잡은 신막동 마을을 지나 구막동 마을에서 다시 다리를 건넌다.

휴전선의 시인 박봉우

방수리에서 제일 큰 마을인 방골 앞 섬진강변에는 나무숲이 울창하다. 1986년 저 나무숲 그늘에서 '황토현문화연구소'가 생긴 이래 첫 번째 여름 시인 캠프가 '전라도여 전라도여'라는 이름으로 개최되었다. 그 당시는 제5공화국이 그 자리를 굳건하게 지키고 있던 터라 모임을 만드는 것이 쉽지 않은 상황이었다. 그렇지만 문화운동을 통해 새로운 돌파구를 마련해 보자는 생각으로 문학과 역사, 전통문화를 접목한 여름 행사를 마련했었다.

임실 덕치초등학교에 근무하고 있던 김용택 시인을 초대하여 제1회 '시인과의 대화'를 마련하고 영암 신북중학교에 근무하던 김준태 시인과 안도현 시인 등을 초대하여 그 여세를 몰아갔지만 '시인과의 대화'만으로는 성에 차지 않았다. 그래서 전북대학교 독서모임이던 '초롱불'과 함께 어렵사리 제1회 '여름 시인 캠프'를 개최하게 된 것이다. 휴전선의 시인 박봉우 선생과 안도현, 백학기, 박남준 시인 등이 초대되었고 전통문화 재현으로 상여놀이가 예정되어 있었다.

그러나 구막동 마을에서 빌려주기로 했던 상여틀을 ○○경찰서의 저지로 빌려줄 수 없다는 통보를 받게 되었다. 어쩔 수 없이 쳐 놓았던 천막을 거두어 상여틀을 만들어야만 했던 그 오랜 추억이 물안개처럼 피어오른다. 시대 상황 때문에 목이 터지게 불렀던 민중 노래들도 노래들이지만 휴전선의 시인 박봉우 선생님의 모습이 지금도 선하게

박봉우朴鳳宇, 1934~1990

광주 출생으로 호는 추풍령秋風嶺이다. 전남대학교 문리대에서 수학하였으며 1956년《조선일보》신춘문예에 시「휴전선」이 당선되어 등단했다. 그 뒤「나비와 철조망」(1956), 「눈길 속의 카츄사」(1957), 「과목果木과 수난」(1957) 등을 발표하여 시단의 주목을 받았고, 첫 시집 『휴전선』(1957)에 이어 『겨울에도 피는 꽃나무』(1959), 『4월의 화요일』(1962)을 간행하였다. 1962년 이후에는《신춘시新春詩》동인으로 활약했으며, 1962년에《현대문학》신인상을 수상했다. 선적禪的인 동양정신을 바탕으로 한 새로운 서정세계를 추구했으며, 그 서정을 통하여 문명비평을 시도한 것이 특징이다. 마지막 작품집으로 『황지荒地의 풀잎』이 있다.

진달래도 피면 무엇하리
박봉우

4월의 피바람도 지나간
수난의 도심都心은
아무렇지도 않은
표정을 짓고 있구나.

진달래도 피면 무엇하리.
갈라진 가슴팍엔
살고 싶은 무기武器도 빼앗겨 버렸구나.

아아 저녁이 되면
자살을 못하기 때문에
술집이 가득 넘치는 도심都心

약보다도
이 고달픈 이야기들을 들으라.
멍들어 가는 얼굴들을 보라.

어린 4월의 피바람에
모두들 위대한
훈장을 달고
혁명革命을 모독하는구나.
이젠 진달래도 피면 무엇하리.

가야 할 곳은
여기도,
저기도, 병실病室

모든 자살의 집단 멍든 기族를 올려라.
나의 병病든 〈데모〉는 이렇게도
슬프구나.

떠올랐기 때문이다. 그 뒤로도 나는 박 선생님을 여러 차례 만났었다. 만나기만 하면 "어 이천 원만 빌려 줘." 하시고는 빌린 돈은 막걸리 값으로 쓰곤 하셨다. 마지막으로 뵈었던 것이 전주시청 앞에서였을 것이다. 그 후 박 선생님의 부음을 전해 듣게 되었다. 가톨릭 센터 앞 골목 작은 집에서 몇 사람이 오늘처럼 비가 내리는 가운데 효자동 공원 묘지에까지 가서 치렀던 장례식 풍경이 오랜 세월이 흘렀음에도 왜 이리 쓸쓸함으로 다가오는지…….

선녀가 절경에 취해 노닐던 관촌

"관촌허면 담배농사지요. 또 청양 고추가 좋다고 하지만 여기 관촌 고추도 일품이지요."

관촌 상월리가 고향인 최 선생님은 관촌 자랑에 신바람이 난다. 최 선생님의 고향 관촌면 상월리에 있는 신흥사는 전라북도에서 가장 오래된 절이다. 백제 성왕 7년인 529년에 세워진 이 절의 대웅전 기둥은 둘레가 한 아름이 훨씬 넘는 싸리나무이며 대웅전 안에는 이 절을 세울 때 조각된 것으로 보이는 목조불상이 서른세 개 놓여 있다.

관촌면 방현리와 덕천리 사이에 걸쳐 있는 성미산에는 군량미를 쌓아 두었던 옛 성터가 남아 있다. 또한 몽득사라는 절이 있는데 이 절을 지을 때 여승의 꿈에 산신이 나타나 3일 동안에 걸쳐 지으라는 현몽을 했다고 전한다. 우리가 지나고 있는 이 주천 앞은 배가 드나들었기 때문에 배나들이가 되었고 배나들이에서 피난민촌(만선동)으로 넘어가는 고개는 큰 홍수 때 물이 넘었다 해서 무넘이 고개이다.

이곳 덕천리에 사선대가 있다. 섬진강 상류에 속하는 오원강변에 단애의 절벽을 이루고 있는 사선대에는 1928년에 건립한 운서루라는 정자가 있다. 울창한 숲과 오원강의 맑은 물이 어우러진 천혜의 경관과 영벽정의 인공미가 뛰어난 이곳은 네 명의 선녀가 절경에 취해 내려와 노닐었다는 전설로 인하여 사선대라는 이름이 붙여졌다.

그러나 사선대는 국민관광지로 개발한다는 미명 아래 여러 번 보수를 하면서 오히려 경관을 해쳤다는 입방아에 오르내리고 있다. 가을철이면 사선제를 열어 사선녀도 뽑고 문화행사도 벌이고 있지만 인간과 자연이 하나가 되는 참된 개발이나 축제가 무엇일지는 생각해 볼 일이다. 그래서 장자는 "자연을 보라. 그리고 자연을 닮아 보라. 그리고 인간이여. 자연이 되어라."라고 나직하게 충고했을 것이다.

겨울이라 유람선은 강변에 매여 있고 그 위로 겨울비가 하염없이 떨어진다. 강 건너 관촌은 빗속에 묻혀 있다.

임실군 상북면으로 삼례 도찰방에 딸린 오원역이 있던 관촌은 가을이면 산더미처럼 밀려오는 고추더미 속에 파묻히지만 지금은 겨울이라선지 생기가 없다.

최 선생님이 푸념처럼 한마디 한다.

"오다가 본께 나 있을 때만 해도 보지도 못한 다리가 수십 개가 생겼어요. 여그 사선대 있는디가 배나들인디 배가 없으면 못 나오니까 섶다리를 놓고 다니다가 여름에 장마가 지면 떠내려가 버리고 가을에 다시 놓고 했대요. 나 어

성미산 | 관촌면에 있는 성미산에는 군량미를 쌓아 두었던 옛 성터가 남아 있다.

사선대 | 섬진강 상류에 속하는 오원강변에 단애의 절벽을 이루고 있는 사선대에는 운서루라는 정자가 있다. 네 명의 선녀가 절경에 취해 내려와 노닐었다는 전설이 있어 사선대라는 이름이 붙여졌다.

릴 때만 해도 그런 다리가 많이 있었는디……."

길은 관촌역에 닿는다. 관촌역 앞에는 홍수 때마다 물이 넘치는 무넘깃다리가 있었다고 한다. 왜정 때인 1936년에 놓았으며 회사물다리 또는 세월교라는 이름으로 불렸다고 한다. 제방 안에 펼쳐진 들은 코들 또는 대리라고 부른다. 개 안에 들, 구레들, 대진래들, 말목들, 삽실들 등으로 이루어져 있으며 이 대리를 감싼 제방은 1944년에 쌓았다.

강 건너 창인리에 있는(옛날에 나라의 창이 있었음) 예원대학교가 한눈에 들어온다. 이곳에는 우리나라 최초의 코미디 학과가 설립되어 있으며 학과장이 전유성 씨라고 한다.

비와 눈은 번갈아 내리고 바람이 갈팡질팡 불어 대어 우산조차 소용이 없다. 손이 곱아서 글씨도 써지지 않는다. 사막 한가운데 내던져진 듯 우리는 악전고투의 길을 가고 있다. 바람이 불어 앞도 제대로 보이지 않아 곁눈질로 흐르는 강물을 바라볼 따름이다. 문득 희랍신화 속의 안티파네스의 말이 떠오른다.

"어떤 도시에서는 추위가 하도 심해서 말하자마자 말이 얼어붙는데 얼마쯤 지나면 그 말이 녹아서 들을 수 있게 된다. 보통 겨울에 말하면 다음 해 여름에 들을 수가 있다."

그 말을 실증하기라도 하듯 거센 바람과 추위 앞에 우리들이 나누는 말은 얼어붙거나 날아가는 것 같다. 안티파네스의 말과 같이 오랜 세월은 아닐지라도 저녁 무렵이나 되어야 제대로 된 의사소통이 가능할 것 같다.

군부대를 지나며 바람은 더욱 드세게 불어 얼굴을 들고

바라볼 수가 없다. 말목들 한복판에 있는 말뫼산에는 군인 아파트가 들어서 있고 '산불조심 임실군'이라 적힌 깃발들이 사정없이 흔들리고 있다.

호암리를 지나 신평면 소재지인 원천리에 닿는다. 샘이 많고 물맛이 좋아 시암내, 삼내 또는 천리, 원천이라고 불렸던 원천리의 물맛은 얼마나 좋을지 궁금하다. 신평교 아래로는 신덕천이 흐르고 덕천교를 지나며 강은 넓게 펼쳐진다. 아직 공주에서 온 청소년들은 도착하지 않았지만 그리 걱정할 일은 아니다. 서울이나 부산의 복잡한 도회지라면 모르지만 강을 따라가는 답사는 하류로만 내려가다 보면 만날 수 있기 때문이다.

북서쪽에는 꽃봉날이라는 아름다운 이름의 산이 있고 시암내 근처는 주막이 있어서 주막거리다. 신평면 오궁리 장재에서 발원하여 원천리에서 섬진강으로 합류하는 내를 작은내라 한다. 시암내 동쪽에 있는 들이 웃건매들이며 웃건매들 서쪽에 있는 들은 아랫건매들이다.

신평에서 2킬로미터쯤 걸어갔을까. 최 선생님은 더 이상 못가겠다고 주저앉고 주용기 사무차장도 동의를 표한다. 여기서 중기사지까지는 지척이지만 어쩔 수 없다. 너무 과하면 동티가 나지. 오늘 걸어온 길이 28킬로미터쯤이니까 족히 70리 길은 된다. 여기까지만 걷고 차에 오르기로 결정한다.

아직 그치지 않은 비를 담으며 강은 넓고도 깊게 흐른다. 노자의 말처럼 강은 어느 것 하나 구속하지 않는다. "현자는 행동하지 않고 남을 도우며, 말하지 않고 가르친

다. 그는 모든 존재들로 하여금 스스로 형성하도록 그들을
거스르지 않으며, 스스로 살도록 그들을 독점하지 않으며,
스스로 행동하도록 그들을 경영하지 않고 내버려 둔다."

저 혼자 스스로 흐르는 저 강물은 내일 아침 우리가 이
곳에 다시 왔을 무렵 어디쯤 가고 있을까? 너그러운 강물
에 내 마음을 던져 두고 용암리 북창으로 향한다.

용암리를 환하게 비추는 크고 아름다운 석등

용산바위가 있어서 용암리라고 지어진 용암의 북창 마
을은 옛 시절 창이 있던 곳이다.

이곳 용암리 북창 보건진료소 골목으로 들어가면 광명
등이라는 별명을 가진 용암리 석등이 있다. 높이 5.18미터
로 화엄사 각황전 앞 석등 다음으로 큰 이 석등은 주변 시
골집 지붕보다도 높아서 마을 앞길에서부터 벌써 모습이
보이기 시작한다. 석등에 불을 켜면 산 안쪽에서는 사방이
다 보일 정도다.

이 석등은 지대석과 하대하석, 화사석, 지붕돌이 모두
팔각을 이루는 통일신라 후기 석등의 기본 형태를 유지하
면서 간석을 장구 몸통 모양(고복형鼓腹形)으로 변형하고 화
사석의 8면을 모두 화창히 뚫었으며, 연화하대석과 지붕
돌 모서리에 귀꽃을 세우는 등 전라도 지방의 독특한 석등
양식을 따르고 있다.

아래위에 턱을 만든 하대석의 각 면에는 안상을 하나씩
새겼고, 그 위에 8장의 복판단엽 연꽃잎을 새긴 연화하대

석에는 꽃잎 끝마다 귀꽃을 세웠으며 그 위로 다시 구름문
양이 새겨진 간석 괴임을 놓았다. 간석 중간에 두툼하게 부
푼 부분에는 다시 앙련과 복련을 새겼다. 상대석에는 8장
의 앙련을 새겼고 그 위에는 턱을 뚜렷하게 판 화사석 괴임
이 있다. 화사석은 4면에만 화창을 뚫는 전형 양식과 달리
8면에 모두 화창을 뚫었다. 지붕돌의 모서리에는 귀꽃이
서 있으며 상륜부에는 노반과 앙화만이 남아 있다. 전체적
으로 상대석 위의 각 부분이 간석에 비해 좀 큰 듯하여 약
간 가분수처럼 느껴지지만 불편할 정도는 아니다.

용암리 석등 | 통일신라 말기의 양식을
따른 고려 초의 작품으로 추정된다. 보
물 제267호로 지정되어 있는 이 석등
은 화엄사 각황전 앞 석등, 실상사 보광
전 앞 석등과 함께 이 지역에서만 볼 수
있는 크고 아름다운 석등이다.

이 석등은 통일신라 말기의 양식을 따른 고려 초의 작품
으로 추정된다. 보물 제267호로 지정되어 있으며 화엄사
각황전 앞 석등, 실상사 보광전 앞 석등과 함께 이 지역에
서만 볼 수 있는 크고 아름다운 석등이다.

이곳에는 예전에 중기사라는 절이 있었다고 한다. 신라
때 창건되었다가 임진왜란 때 화재로 폐사가 되었을 것이
라고 추정만 할 뿐이다. 1900년 무렵 지금의 절터에서 30
미터쯤 떨어진 곳에서 석불좌상, 철불좌상, 연화대좌가 발
견되었다.

발굴 중인 중기사 터 위쪽 건물에 모셔져 있던 그 유물
들 중 한 좌대는 상대석과 중대석, 하대석이 모두 8각으로
중대석 각 면에는 합장하고 앉은 불상을, 하대석에는 복련
을 새겼다. 또 다른 좌대의 둥근 상대석 아랫면에 앙련을
조각하였다. 통일신라 시대에 조성된 것으로 추정되는 이
유물들은 전라북도 유형문화재 제82호로 지정되어 있다.

비래방장飛來方丈
비래방장飛來方丈
전라북도 완주군 고대산 경복사에 있던 절이다. 원래는 고구려 반룡산 연복사延輻寺에 있던 것을, 고구려 승려 보덕普德이 왕의 실정에 회의를 느껴 고구려 28대 보장왕 9년(650)에 신통력으로 백제 땅인 이곳으로 날려 보낸 것이라고 한다.

　1구간 이틀이 저물어 간다. 보살님은 부산 결혼식에 가셨다며 황안웅 선생께서 빙어 매운탕을 끓여 놓고 우리를 기다리고 계신다. 전주에 갔던 박준열 부장도 금세 도착했다.

　"그래 매운탕에는 시래기가 최고랑께."

　서로 맛을 자랑하느라 떠들썩한 가운데 저녁을 먹고 둘러앉았다.

　"저 건너 피암리에서 마이산에서 의병창의를 했던 정재 이석용 장군의 부하들이 많이 죽었어요. 이 절을 중기사라고 하는데 저번 발굴 때 진구사라는 기와편이 나온 걸 보아 진구사가 맞을 거예요. 삼국유사에 보면 보덕화상이 전주 고덕산 경복사로 비래방장을 날려 왔다는데 그때 그의 제자들이 지었던 절이 대원사, 연구사, 대승사, 진구사로 열반종 8대 가람에 들어요."

　'세종대왕허고 한문 때문에 산다'는 황안웅 선생의 우스개 말처럼 말은 끝없이 술술 나온다.

　나는 피로가 몰려온다. 바람과 함께 눈비를 하루 종일 맞다 보니 얼굴이 퉁퉁 부었다. 부은 얼굴로 빙어 매운탕을 든든히 먹고 따뜻한 방에 누우니 잠이 스르르 올 것 같다.

　그러나 잠은 쉽사리 오지 않고 그 밤 내내 나는 뒤척이기만 했다.

닿을 수 없는 그곳엔
물결만 출렁이고

북항에서 용암리로, 한가로운 발걸음을 옮기다

햇살이 눈부신데도 날이 차다. 신평으로부터 거슬러 올라가며 지나온 길을 되짚어 바라본다. 강 너머로 내동산과 덕태산, 선각산이 한눈에 들어온다. 그래 저 비 내리던 섬진강 발원지에서 우리의 여정은 시작되었지. 내가 지나온 구불구불한 모든 길이 한 올, 한 올 되살아난다. 햇빛을 가득 담은 강물은 반짝이며 출렁이고 있다.

북항 마을에 들어서자 강가에 자그마한 정자 한 채가 서 있다. 정자를 둘러싼 소나무 숲이 한가롭다. 덕암교 아래로 강물이 흐르는 소리가 어슴푸레 들리고 우짖는 새소리에 내 마음도 포근해진다.

옛 사람들은 저런 곳에 날아갈 듯한 정자를 한 채 짓고 여유와 낭만을 즐겼는데 현대인들은 고작 축사를 몇 동 지어 놓고 돈으로 바꾸는 일을 하고 있으니 한심한 노릇이다.

이곳 용암리 일대에는 재미있는 유래를 가진 바위가 많

다. 거지가 아이를 낳았다는 동냥아치 바우, 장독을 깨뜨려 도랑이 넘쳤다는 장덕 바우가 있고 장수가 방귀를 뀐 자국이 남았다는 장사 바우도 있다.

강진에서 운암면으로 접어든다. 검푸른 이끼가 말라붙은 길 우측 바위 벼랑에 고드름이 열려 있다. 공주고등학교 학생들이 따 가지고 온 고드름을 둘러앉아 나누어 먹는다.

어린 시절에는 우리 집 초가에 매달린 고드름을 따 먹고는 했다. 큰 고드름으로는 칼싸움을 하기도 했고 누구 것이 더 단단한지 시합도 했다. 그러나 시골도 집집마다 기와며 슬레이트로 지붕 개량이 이루어진 뒤에는 고드름을 찾아보기 어렵게 되었다.

섬진강댐을 지나며 얼룩지는 강

강은 학암리에서 섬진강댐으로 합류한다. 섬진강의 수질은 이곳까지는 괜찮다. 관촌면과 신촌면 그리고 운암면 학암리까지는 평균 BOD 1.3 정도의 수질을 유지하고 있다고 한다.

섬진강 상류 그 맑은 물의 대부분이 섬진강 유역권 밖으로 나간다. 두 개의 취수구를 통해 하루 3백만 톤의 물이 김제평야와 계화도 간척지의 관개용수, 전주시의 생활용수로 공급되는 것이다. 정읍시 산외면 종산리에 있는 관개용수로를 통해 내려간 하루 3백만 톤쯤 되는 물이 징게맹경(김제 만경 너른 들) 3만 헥타르 쯤의 곡창지대를 기름지게 하는 것이다. 제대로 흐르지 못한 채 사람을 위해 사람에 의해 전주로, 김제로, 정읍으로 뿔뿔이 흩어지고 정작 섬진강 본류로 흐르는 물(하천유지용수)은 8퍼센트뿐이다. 즉 하루 7만 톤쯤의 물이 직경 30센티미터의 조그만 파이프를 통해 흐르고 그 밑에는 도랑물처럼 많지 않은 강물들이 흘러가고 있을 뿐이다.

댐을 바라보며 박준열 부장이 말을 꺼낸다.

"세계적으로 지진이 많은 것은 댐을 많이 만든 것이 주원인이라고 합니다. 그래서 선진국들은 오래된 댐들을 해체한다고 하지요."

그렇다. 많은 나라가 댐을 작게 만들고 물을 적게 쓰는 운동을 벌이고 있다. 우리나라도 어서 흥청망청 물쓰듯 하는 습관을 버리고 동참해야 할 것이다.

학암리는 1914년 행정구역 개편 당시 학산과 광석의 이름을 따서 학암리라 하였고 운암면에 편입된 학산리는 임실에 둥지를 튼 학들이 먹이를 먹으러 오기 때문에 학산리라고 부른다고 한다. 학처럼 생긴 학산 마을 근처에는 벌집 같다고 벌통재라는 이름이 붙은 산과 취송정, 노송정이라는 정자가 있다. 학산 서쪽으로 시루 모양을 한 시루바위가 있다. 월면리로 가는 시루바위 모퉁이에는 푸른 강물이 철썩거리고 선거다리는 물에 잠길 듯 낮게 깔려 있다.

이른 점심을 먹기 위해 우리들은 학암리를 지나 운암면 소재지가 있는 쌍암리로 향한다. 박준열 부장이 한 번 왔었다는 전주식당에 들어가 메기 매운탕을 시켜 놓고 따뜻한 방에서 몸과 마음을 녹인다.

선거다리에서 본 시루바위 | 시루바위 아래로 푸른 강물이 철썩거린다.

입석리섬 | 섬진강댐 부근 입석리의 섬이 그림같이 떠 있다.

어느 곳에서보다 맛있게 먹은 메기 매운탕에 커피까지 마셨으니 부러울 게 없다. 대장부 살림살이 이만하면 되지 않을까? 만족스러운 마음으로 오후의 여정을 시작한다.

바위가 쌍으로 서 있어 쌍암리가 된 이곳에서 몇 개의 하천이 옥정호로 접어든다. 쌍암리에서 발원한 물은 웃뚜막 도랑, 밤재에서 발원한 물은 다당골 도랑이며 옥녀동천은 신덕면 조월리 옥녀봉에서 발원한 물이 호남정맥을 따라 월성리, 신덕리, 산길리, 사량리를 지나 쌍암리의 우측으로 이어지는 줄기이다. 산 너머에서는 만경강의 상류인 삼천천이 흐르고 있다.

옛날 두언이라는 큰 부자가 살았다는 두언터 마을을 지나 입석리에 이른다. 서 있는 돌이 있어 그것이 그대로 이름이 된 입석리 뒤쪽에 국사봉國士峰이 있다. 운암면 중심부에 있는 국사봉은 예부터 이 지역의 명산으로 이름나 있다.

남북으로 형성된 골짜기에는 옛날 칡을 기둥으로 하여 지었다는 갈홍사가 있었다. 그중 한 골짜기에는 거대한 탑이 서 있었다는 탑성골이 있다. 또 유명한 도사의 암자가 있었다는 암자골, 빈대가 너무 많아 폐쇄되었다는 절터 등이 산 중턱에 자리 잡고 있다. 동쪽 계곡에는 많은 후진을 양성했다는 강당골이 있어 이곳이 아주 이름난 고장이었음을 증명하고 있다.

남쪽으로 뻗어 내린 산은 전북 지역 사람들이 주말마다 즐겨 찾는 오봉산이다. 지금 우리가 서 있는 입석리가 저렇듯 출렁거리는 강물로 가득한 것은 오래지 않은 시간 저편이었다.

아픔을 간직한 섬진강

1928년 동진 수리 조합에서 운암 발전소를 세울 때 만든 섬진강댐(운암댐)은 전라북도의 지세를 잘 이용한 섬진강의 대표적인 댐이었다. 이 댐은 동진강의 상류와 분수를 이루는 왕자산과 성왕산을 뚫어 수계를 바꾸면서 그 물을 동진강으로 유입시켰다. 그때까지만 해도 나라에서 제일 큰 곡창지대였던 호남평야는 비가 내리지 않으면 흉년이 들 수밖에 없는 쓸모없는 땅이 부지기수였다. 동학농민운

유역 변경식 발전소
낙차를 이용하여 전기를 얻는 방법인 유역 변경식 발전은 2개의 접근한 하천이 있을 경우에 그 높낮이의 차이를 이용해서, 높은 쪽 하천의 물의 일부를 낮은 하천으로 끌어들이는 방식이다. 또 같은 하천이라도 굴곡이 심한 기점을 선정하여, 비교적 단거리에서 낙차를 얻는 방법도 있다. 강에 댐을 막은 다음, 경사가 큰 쪽으로 물길을 바꾸어 전기를 일으키는 것이다. 우리나라에서 이와 같이 건설된 발전소는 강릉 발전소 이외에도 부전강, 장진강, 허천강, 섬진강 발전소 등이 있다.

섬진강댐 | 1928년 동진 수리 조합에서 운암 발전소를 세울 때 만든 섬진강댐은 전라북도의 지세를 잘 이용한 섬진강의 대표적인 댐이다. 섬진강 상류에 위치한 콘크리트 중력식인 이 댐은 1961년 8월에 착공하여 1965년 12월에 준공한 우리나라 최초의 다목적 댐이다.

섬진강댐

섬진강 상류에 위치한 콘크리트 중력식 댐인 섬진강댐은 1961년 8월에 착공하여 1965년 12월에 준공한 우리나라 최초의 다목적 댐이다.

댐의 높이 64미터, 제방의 길이 344.2미터, 총 저수용량 4억 6600만 톤이며 만수위 때의 수면면적은 26.51제곱킬로미터, 유역면적은 763제곱킬로미터이고, 시설발전용량은 3만 4800킬로와트이다. 댐의 건설로 전라북도 임실, 정읍 등 2개 군, 5개 면, 28개 리의 총면적 9,371정보가 수몰되었다. 이로 인해 칠보 발전소의 확대를 가져와 발전량이 2만 8800킬로와트로 증가되었으며, 홍수조절량은 2,700만 톤, 용수공급량은 연 3억 5000만 톤이다. 발전에 이용된 유수를 동진강으로 유역변경시킴으로써 동진강 하류지역의 경지 1만 7890정보, 계화도간척지 3,050정보, 부안농지확장지구 5,000정보 등 4만 5700정보에 관개용수를 공급, 연 200만 석의 식량을 증산하고 섬진강 중하류의 홍수피해를 방지하게 되었다.

동의 발발도 물이 절대적으로 모자랐던 호남평야의 사정과 관련이 있다. 동학농민운동 당시 3년여에 걸친 가뭄 때문에 전라도 전 지역 사람들은 살아가기조차 힘든 처지였다. 그럼에도 불구하고 고부군수 조병갑이 만석보를 만들고 과중한 수세를 요구했기 때문에 큰 반발이 일어난 것이다. 임시방편으로 이 운암 일대를 흐르는 섬진강의 물길을 바꿔 정읍, 김제, 부안 등지로 내려 보냈지만 그것만으로는 부족했다. 결국 1940년 신 댐 건설에 착수하였으나 전쟁으로 중단되었다. 그 뒤 1961년 임실군 강진면 용수리와 정읍군 산내면 종성리 사이를 막아 1965년 12월 길이가 344미터이고 높이가 64미터인 섬진강댐을 만들었고 정읍시 산내면 장금리에서 칠보면 시산리까지 6,215미터의 굴(직경 3.40미터)을 뚫어 칠보 발전소를 만들었다.

섬진강 물을 땅 높이가 50미터인 정읍군 칠보 발전소로 내리흐르게 한 것이다. 이것은 낙차 150미터를 이용하여 전기를 만드는 이른바 유역 변경식 발전으로 발전에 이용한 물은 다시 동진강 유역의 농업용수로 쓰도록 하였다. 간선도수로의 총연장은 67킬로미터에 이르고 지선수로만도 69킬로미터에 달한다. 또 이 물을 계화도 간척지로 끌어내어 무주군 전체의 논 넓이와 같은 4,000헥타르쯤의 새로운 논을 만드는 데 사용하였다. 그 후 이들 논에서는 우리나라에서 가장 질이 좋은 쌀에 드는 계화도 쌀을 생산하게 되었다.

그러나 섬진강댐이 만들어지며 정든 고향을 떠나야 했

던 수몰민들의 고통은 이루 말할 수가 없었다. 정읍군 산내면과 임실군 운암면, 강진면 사람들은 물에 잠기는 고향 마을을 두고 경기도와 동진강 일대로 흩어져 갔다. 800만 평 정도의 땅이 물에 잠기자 그에 따른 수몰민 2,700여 세대의 이주 정착을 위해 선정된 지역이 계화도 간척지였다. 1960년대 후반부

터 시작하여 1977년과 1980년 사이에 정읍과 임실 지역의 수몰민 1,700세대가 옮겨 갔다. 하지만 시행 초기에는 문제점투성이였다.

입석리에 살고 있는 박종만(55세) 씨는 "다음해 4월 말에 이주해야 되는데 7월 말에 홍수가 났어요. 아무런 채비도 하지 않았는데 물이 차오르니까 우선 급한 가재도구만 가지고 저 산으로 올라갔어요. 그래서 도청 앞에다 솥까지 걸어 놓고 농성을 했어요. 누워 잘 수 있도록 천막이라도 칠 수 있게 해달라. 그러니까 계화간척지가 완성되지도 않은 상태에서 강제 이주를 시켰지요."라며 울분을 토한다.

이곳 운암에 살다가 현재 계화도에 이주하여 살고 있는 최우필 씨를 1980년대 중반에 만난 적이 있다. 이주했던 사람들 대다수가 밤도망을 갈 수밖에 없었다는 이야기, 농사를 짓고 싶어도 소금물 때문에 그냥 묵힐 수밖에 없었다는

이야기, 그보다도 도랑 논들만 짓다가 번듯하게 한 필지씩 나누어 놓은 바둑판 같은 논에서 아침 일찍 비료를 뿌렸는데 알고보니 남의 논이었다는 이야기를 들으면서 나는 한숨만 쉬었었다. 하지만 그 어느 고통보다도 고향과 선산을 버리고 함께 어울리며 정들었던 친척과 친구를 버리고 온 고통이 더 컸을 것이다. 그 고향 산천이 얼마나 그리웠을까?

물은 입석리를 휘돌아 옥정호로 향하고

겉보기엔 그림 같지만 속내를 들여다보면 실향의 한으로 얼룩진 입석 마을을 뒤로하고 양요정이 있는 강가의 산으로 발길을 옮긴다.

이 정자는 선조 25년 임진왜란 때 이곳으로 낙향했던 충현공 양요당 최응숙이라는 사람이 건립하였다고 한다. "어진 사람은 물을 좋아하고 의로운 사람은 산을 좋아한다."는 『논어』의 말 한마디가 쓰여 있다. 정자는 새로 지어졌는지 고색창연한 맛은 없다. 그러나 호남지방에 있는 대다수 정자와는 달리 농월정이나 거연정처럼 정자 안에 방이 마련되어 있다. 잡목 우거진 산길을 걸어가자 누군가의 무덤 두 기가 멀리 지천리와 월면리를 바라보고 있다.

학암리에서 흘러온 물이 이곳을 돌아 옥정호로 흘러간다. 저 지천리에는 가아명당이란 산과 주마타령이라는 명당이 있는 도마테 마을이 있다. 무덤 옆에선 새들이 지저귀며 날아오르고 있다. 정상에 올라서자 남평 문씨 묘소가 나타난다. 비문에는 1대부터 13대에 이르기까지 이 땅에

입석리에서 바라본 오봉산 | 섬진강을 바라보고 서 있는 오봉산은 호남정맥이 지나는 산으로 산세가 아름다워 등산객이 붐빈다.

살았던 남평 문씨의 이름이 차례로 새겨져 있다.

　박종만 씨의 말에 따르면 운암댐에서는 주로 떡붕어, 잉어, 가물치, 쏘가리, 메기, 뱀장어, 자라, 눈치, 꺽조기, 피라미, 배불러기, 납조리, 초어, 월남붕어, 날치, 배스 등이 잡힌다고 한다. 섬진강 발원지에서 이곳까지 걸어왔다는 우리들을 신기해 하면서 얼마 전 전주에서 이곳까지 네 시간 걸려 걸어온 사람을 만났다는 이야기를 들려준다. 수몰되기 전만 해도 100여 호가 살았다는 입석리에 지금은 남은 집이 세 집밖에 안 된다고 한다. 이런저런 얘기를 나누는 사이 우리를 태우고 갈 임실군청 행정선이 경적을 울리며 다가온다. 임실군청 건설국 개발과에 근무하고 있는 조성수 씨는 일요일이라 남들이 다 쉬는 시간에 나왔음에도 불구하고 너무 친절하다. 배는 입석리를 떠나 월면리로 향한다.

　이곳은 지형이 반달처럼 생겨서 월면리라고 지어졌다는데 월면리 외에도 수몰되면서 사라진 이름이 얼마나 많을까? 월면에서 신평면 용암리 불항으로 넘어가던 산여울재는 사람의 발길이 끊어진 지 오래이고 뒷여울 동쪽에 있던 엔곱 둠벙 역시 사라지고 없다. 뒷여울 남쪽에 있던 주막나들도 사라진 월면리는 2월의 햇살을 받아 평화롭기 이를 데 없다.

　월면 나루터에서 뱃길을 돌린다. 멀리 오봉산 다섯 봉우리는 운암강에 산 그림자를 드리운 채 서 있고 입석 바위는 햇살에 빛나고 있다. 지금은 물이 가득차 바위만 뾰족하지만 물에 잠기기 전에는 40여 미터나 되는 자연석이 우뚝 솟아 있어 운암면 소재지의 입석이라 불렀다고 한다.

섬진강댐 완공 후 만수 시에 한 가닥이 물에 잠기고 유독 돌뿌리만이 우뚝 솟은 경관이 절묘하여 많은 탐방객들의 사랑을 받고 있다.

입석리가 고향인 최우필 씨가 말을 꺼낸다.

"어릴 때 바위를 잘 올라가는 사람들은 꼭대기까지 올라 갔다가 애먹고 그랬어. 밑에서 받쳐 주어야 내려왔당께. 어릴 때 어른들 얘기 들으면 쉬리를 비롯한 물고기들이 많았고 그 댐 만들기 전에는 은어들도 많이 올라왔디야. 붕어, 잉어, 눈치들이 말도 못하게 많았어. …… 보상받은 것이라고 해야 논 너댓 마지기쯤 되었는디 그 돈 가지고 구이 쪽에 가면 한 마지기밖에 살 수가 없었어. 그래서 도청 앞으로 데모하러 갔더니 밤중에 경찰들이 버스에 실어다 도로 보냈어. 그때까지만 혀도 경찰들이 오죽이나 무서워. 그냥 그것으로 끝났지 뭐. 계화도 들어와서 물은 문제가 안 되었어. 그런디 논이 깡깡해가지고 모를 심을라면 사람 숫자가 많이 들어갔어. 지푸락 넣고 해 가지고 지금은 좋아졌지. 그때만 해도 소금기 때문에 문제가 많았지. 지금도 논이 깊은 논들은 소금기가 있는데 흙을 100차, 200차 퍼다가 보토補土를 한 뒤로 좋아졌지."

지금도 그는 일 년에 두 차례씩 고향에 가긴 가도 입석리를 가지 않고 소재지 근처에 있는 큰집만 들러서 온다고 한다.

"집도 없고 친척도 없고 가야 머 밥 한 끼니 얻어먹을 데도 없는 고향이여."

고향 생각만 하면 여름에 냇가에서 목욕하던 것, 겨울이면 썰매를 타고 놀았던 추억이 떠오른다는 수몰민들에게 지금의 고향이라는 것이 어떠한 의미가 있겠는가.

텃골 남동쪽에 펼쳐진 금시내 마을은 사람들이 금을 캐러 몰려들던 시절이 있었다. 그 마을이 전북 은행장인 홍성주 행장의 고향이다.

"지금도 안사람과 차를 몰고 가다 보면 고향으로 가거든. 그러면 왜 아무것도 없이 물결만 출렁이는 그곳으로 가냐고 하는데, 내 마음과 달리 몸이 그쪽으로 가는 걸 어쩌겠어. 수몰민은 실향민보다 더 불행한 것 같아. 실향민은 통일이 되면 갈 고향이라도 있는데 수몰민은 물에 잠겨 갈 데가 없으니까……."

어린 시절을 극소에서 보냈다는 홍성주 행장의 쓸쓸한 표정이 떠오른다.

유유한 강을 따라 종성리로

"이 운암강에 별의별 물고기들이 다 살아요. 절마다 와서 방생을 하기도 하지만 문제는 식량이 모자라니까 고기라도 먹자고 해서 들여온 배스, 블루길 등 외국 물고기예요."

조성수 씨의 쓸쓸한 말을 귓전에 두고 배는 드디어 운암대교를 지난다.

김용택 시인이 근무하고 있는 마암 분교가 보인다. 저곳 미남리에는 지세가 와우형이라는 바위가 있는데 수달피가 많아 수달피 바위로 불렸다. 북소리가 크게 울려 북명당으로 불렸다는 큰북재·작은북재와 팽이대가리산도 나래산

김용택金龍澤, 1951~

김용택은 전북 임실군 덕치면 진메 마을에서 태어나 순창농림고교를 졸업했다. 21인 신작 시집 『꺼지지 않는 횃불로』(창작과 비평사,1982)에 시 「섬진강」을 발표하면서 문단에 나왔으며 '김수영 문학상(1986)'과 '소월시 문학상(1997)'을 수상했다. 현재 덕치초등학교 교사로 재직하고 있다. 김용택의 시작활동과 삶은 섬진강과 떼어 놓고 생각할 수 없다. 그의 시와 산문은 섬진강을 젖줄로 하여 이루어진 그 자신의 삶을 토대로 한 것이다. 주요 작품으로는 시집 『섬진강』, 『그리운 꽃편지』, 『그 여자네 집』, 『나무』와 산문집 『섬진강을 따라가며 보라』, 『그리운 것들은 산 뒤에 있다』, 『섬진강 이야기』 등이 있다.

(520미터) 아래에서는 그저 평온해 보인다.

멀리 하얀 철탑을 둘러쓴 모악산이 보이고 강은 금세 정읍 땅으로 접어든다. 강진면 문방리 수박산 자락에 배살미골이 보이고 지형이 배의 형국이라는 수방리가 펼쳐져 있다. 그러나 정읍시 산내면 두월리로 건너가던 용강천 배나루터는 흔적도 없고 용운동 남쪽에 있던 성황당은 섬처럼 떠 있다.

드디어 회문산 아래 황토리가 보인다. 토질이 황토이며 황씨가 들어와 일구었다는 황토리에서 강은 휘감아 돌고 섬진강댐이 그 위용을 드러낸다. 물길 20킬로미터를 걸어 다섯 시간을 가야 할 길을 배에 실려 한 시간 만에 온 것이다.

옥같이 맑디 맑은 찬 샘이 있다는 옥정리를 지나 용수리에 접어든다. 옥정호에 물이 가득찰 것을 예견했는지 용수리에서 제일 큰 마을 이름은 물골이다. 작은 앗터 동쪽에 있는 골짜기는 물섬바골, 큰터골 동쪽에 있는 골짜기는 산수골이다. 용산리는 산과 물이 맑기 때문에 용산이라고 부른다. 뱃마당에서 섬진강을 건너던 나루가 시여테 나루이고 시여테(용산) 북쪽에 있는 들판은 뱃마당들이다.

선착장이 여의치 않은지 조성수 선장은 배를 댈 데를 찾는 중인데 우리가 배를 대야 할 곳에서 낚시꾼들이 낚시질을 하고 있다. 낚시가 금지된 곳에서 저렇게 겁도 없이 낚시질을 하다니. 붕붕 경적을 울리며 배가 다가가자 낚시꾼들은 서둘러 차를 타고 도망가느라 바쁘다.

배에서 내려 지나온 강물을 돌아본다. 우리를 태우고 온 배를 보내는 마음은 서운함과 고마움뿐이다.

종성리 | 정읍시 산내면 종성리는 의병장 임병찬이 살았던 마을이다. 이곳에서 임병찬의 밀고에 의해 동학농민운동의 지도자인 김개남이 붙잡혔다.

김개남의 한 서린 눈물을 머금은 종성리

한국 전쟁의 아픈 상흔이 남아 있는 회문산 중턱에 아랫
종성과 원종성 마을이 있다. 저곳에서 한말의 명장이라고
알려진 임병찬이 동학농민운동의 3대 접주 중 한 사람이
던 김개남을 고발하여 관군에게 붙잡히게 하였다.

몇 년 전만 해도 비포장 길이던 종성리로 가는 길은 시멘
트 포장이 되어 있다. 이 길을 백여 년 전 김개남은 후일을
도모하며 걸어갔으리라. 모두 다 떠나고 가슴에 가득 고인
한 서린 눈물을 참으며 이 길을 걸어 걸어 올라갔으리라.

행여 또 다른 길이 있을까. 그리운 동지들을 만날 수 있
을까. 회한에 젖은 김개남은 회문산 아래 매부집으로 몸을
숨겼다. 그 마을엔 전부터 알고 지내던 임병찬이 있었다.
그는 아전 출신으로 그 근방의 부호였다. 임병찬은 아랫마
을에 있던 김개남을 자기가 있는 마을로 올라오라고 부른
뒤 전주 감영에 신고했다. 전라감사 이도재는 강화 수비병
의 종군이었던 황헌주와 포교들을 보냈다.

김개남이 숨어 있던 집을 포위한 관군이

"어서 나와 포승줄을 받으라."

하자 김개남은 뒷간에서 변을 보고 있다가

"올 줄 알았다. 똥이나 누고 나가겠다."

하고 껄껄 웃었다고 한다.

그를 잡아갈 때 그가 혹시 도술을 부릴지 모른다고, 열
손가락, 열 발가락, 손끝, 발끝에 대꼬챙이를 박았다고 한
다. 김개남은 전주로 끌려간 뒤 전라관찰사 이도재의 즉결

황현의 『오하기문』 중
김개남의 처형 상황에 대한 기록

적 김개남이 형벌에 복종하여 죽음을
받았다. 심영沁營의 중군 황헌주黃憲周가
개남을 포박하여 전주에 도착하자 감사
이도재가 개남을 신문하였다. 개남은
큰소리로 "우리들이 한 일은 모두 대원
군의 은밀한 지시에 의한 것이다. 지금
일이 실패한 것은 또한 하늘의 뜻일 뿐
인데 어찌 국문한다고 야단이냐."고 하
였다. 도재는 마침내 난을 불러오게 될
까 두려워 감히 묶어서 서울로 보내지
못하고 즉시 목을 베어 죽이고 배를 갈
라 내장을 끄집어냈는데 큰 동이에 가
득하여 보통 사람보다 훨씬 크고 많았
다. 그에게 원한을 가지고 있는 사람들
이 다투어 내장을 씹었고, 그의 고기를
나누어 제사를 지냈으며 그의 머리는
상자에 넣어서 대궐로 보냈다.

심판으로 전주 서교장에서 효수당하여 고난에 찬 생애를 마감했다.

김개남을 밀고한 임병찬은 훗날 면암 최익현과 더불어 의병 활동을 시작하였고 대마도까지 동행했다. 면암 최익현의 순절 후 고향으로 돌아온 그는 다시 체포되었고, 1916년 5월 유배지 거제도에서 단식사하고 말았다. 두 사람은 나라를 위하는 마음은 서로 같았지만 나라를 위하는 방법은 그렇게 달랐다.

내려오는 길 논 가운데에서 수많은 개구리들을 만난다. 일찍 나온 개구리들이 벌써 알을 낳아 알이 우글우글하다. 개구리들은 내가 가까이 가자 소란하던 소리를 뚝 그쳤다.

첫 번째 구간 마지막 날이 이렇게 저물어 간다. 긴긴 겨울을 보내기 위해서였는지 봄비가 주룩주룩 내렸다. 비가 그치면 다시 그 위에 눈이 소복하게 쌓였고, 신평면을 지날 때 불던 바람은 매섭기만 했다. 겨울에서 봄으로 가는 길이 얼마나 변화무쌍한가를 보여 준 '데미샘에서 섬진강 댐까지'의 여정을 마무리 짓는 시간, 햇살은 푸른 물살 위에 찬연하게 내려앉는다.

"여행이란 고생을 겪어야 하고 수많은 갈림길을 지나야 한다. 왜냐하면 인생이란 광야를 지나는 여행이기 때문이다."라는 옛 말을 실감케 했던 첫 번째 여정을 접고 이제 다음 여정에 올라야 할 것이다. 가고 오는 우주순환의 이치를 받아들이는 강물을 바라보며 천천히 귀로에 접어든다.

회문산에서
압록까지

떠나겠지, 누군가 또 떠나겠지
강이 풀리면 배가 오겠지
판소리 가락처럼 애절한 강물

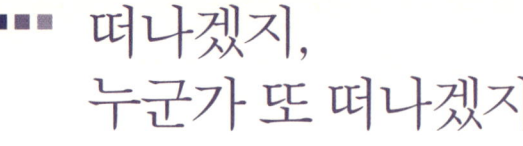

■■■ 떠나겠지,
누군가 또 떠나겠지

소복한 눈 사이로 그리운 얼굴들이 모여든다

3월이 중순에 접어드는데도 눈은 사뭇 폭설처럼 내린다.
"봄이 오기가 그렇게 힘든개벼요."라는 택시기사의 말처
럼 눈발에 봄은 저만큼 멀리 물러선다. 그러나 오는 봄이
어디로 가겠는가. 언젠가 오기는 오고 말겠지. 바람 한 점
없는 하늘에서 밤새워 내린 눈은 나무마다 건물마다 소복
하게 쌓였다. 눈을 밟으며 종합경기장 앞에 도착하자 그리
운 얼굴들이 하나 둘씩 모여든다.

　구리에서 새벽기차로 내려와 전주역에서 쉬다 왔다는
최병선 선생님과 박준열 부장, 신영주 씨와 주용기 씨의
뒤를 이어 환경운동연합에서 자원봉사자로 일하고 있다는
서영숙 씨까지 6명이 강철영 선생이 운전하는 봉고차에
실려 한 시간쯤 늦게 출발했다. 사흘간의 도보답사를 위해
어제도 동고산악회에서 거창 수도산 산행을 하고 왔다는

신영주 씨는 관광버스 기사가 했던 말 한마디를 들려준다. 산악회 사람들이 이해가 안 되는 것이 산에 운동하러 온 사람들이 조금만치도 걸으려고 하지 않고 차가 갈 수 있는 지점까지 기어이 차를 타고 가려는 것이란다. 이해가 되지 않는 바도 아니다. 시간이 귀하기 때문에 그 금싸라기 같은 시간을 산에서 보내고자 하는 마음일 수도 있고 시간을 절약하여 한 군데라도 더 가고자 하는 마음일 수도 있다. 그러나 걷는 과정도 산행의 중요한 일부일 것이다. 어쩌면 나에 대한 또는 우리 단체에 대한 얘기인 듯싶어 나 자신에 대한 성찰의 마음으로 쌓인 눈을 바라본다. 차는 모악산 자락을 지나고 있다.

아랫밤재 마을 | 모시월 마을에서 강진면 학석리 밤재를 지나면 상월리 마을이 나타난다. 웃밤재·아랫밤재 마을이 흰 눈에 덮여 있다.

　모든 산천이 눈밭인 길 위로 차는 조심조심 간다. 아무래도 오늘 일정은 순탄할 것 같지만은 않다. 천마시풍의 혈맥이 있다고 하는 모시월 마을에서 강진면 학석리 밤재를 지나자 상월리 마을이 나타난다. 웃밤재, 아랫밤재 마을은 흰 눈에 덮여 있고 이곳에서부터 율치천이 시작한다. 눈 때문에 답사를 포기했다면 어떻게 이리도 눈부신 설경을 볼 수 있었을 것인가.

좌도굿의 대표, 임실 필봉굿

　필봉산(600미터) 아래 필봉 마을에는 나라 안에서도 이름난 마을굿이 남아 있다. 풍물굿 또는 농악이라고 불리는 마을굿은 본래 마을에서 공동으로 품앗이 일을 하거나 정월대보름, 백중절, 팔월한가위 같은 명절에 마을의 수호신

임실 필봉굿 | 임실군 강진면 필봉 마을에는 나라 안에 이름난 마을굿이 남아 있다. 풍물굿 또는 농악이라고 불리는 마을굿은 본래 마을에서 공동으로 품앗이 일을 하거나 정월대보름, 백중절, 팔월한가위 같은 명절 때 마을의 수호신에게 제사를 지내며 곁들이던 풍물굿의 일종이었다.

에게 제사를 지낼 때 곁들이던 풍물굿의 일종이었다.

이곳의 마을굿이 오랜 기간 변하지 않고 잘 간직될 수 있었던 것은 이 마을이 험한 산들로 둘러싸여 다른 마을과의 접촉이 어려웠던 까닭이었다. 특히 임실 필봉 농악이 오늘날과 같이 높은 수준의 풍물굿으로 발전하게 된 것은 1920년경 덕치면 물우리 출신인 상쇠 박학삼이라는 사람을 마을로 초빙하여 농악을 배우게 되면서부터였다. 박학삼의 스승은 임실 청운리의 이화춘이었고 이화춘의 스승은 남원의 전판이였다. 그러므로 호남 좌도 농악의 계보는 전판이에서 이화춘으로 이어지고 다시 곡성 농악의 상쇠였던 기창수와 필봉 농악의 박학삼으로 계승된 것이었다. 박학삼이 죽은 뒤 송주호가 상쇠의 뒤를 이었고 그가 연로하자 상쇠는 양순용, 설장고는 박형래로 이어졌다.

임실 필봉 좌도 농악은 민속경연대회에서 대통령상을 타면서 널리 알려져 1988년 8월 1일 국가중요무형문화재 11-1호로 등록되었다. 상쇠에 양순용, 설장고에 박형래가 인간문화재로 지정됐지만 양순용은 타계하고 이후 그의 큰아들인 양진성으로 이어지며 발전에 발전을 거듭하고 있다.

그러나 지금의 풍물굿에 대한 비판이 없는 것은 아니다. 마을 사람들의 자발적인 참여로 이루어지던 풍물굿이 관객들에게 보여 주기 위한 화려한 농악으로 변모해 갔고 그러다 보니 마을의 협동과 단합, 노동을 위한 농악이 아니라 생명력을 잃어버린 눈요깃거리로 변해 버릴 위험이 뒤

따른다는 것이다. 따라서 좀 더 신중하게 접근해야 한다는 지적도 만만치 않다.

풍물굿은 대체로 마을 전체나 한 집안을 무대로 삼아 이루어지며 그 차례가 정해져 있다. 먼저 마을굿을 차례대로 살펴보면, 가장 먼저 들당산굿을 한다. 이것은 마을에 들어서기 전 흥과 분위기를 돋우는 굿이다. 한껏 흥을 돋우고 나서 마을에 들어서는데 이때 선보이는 굿인 문굿을 신명나게 벌이고 인사굿인 당산굿을 한다. 그 다음 풍물굿의 중심굿인 판굿을 벌인다. 이것은 마을 사람들에게 보여 주려는 것이므로 흔히 마을 가운데의 넓은 마당에서 하게 된다. 판굿을 하고 나면 도둑잽이굿을 벌이는데 이 굿은 진풀이굿으로 그 연희성이 판굿에 버금간다. 도둑잽이굿을 마치면 다시 당산에 축원하는 인사굿인 남당산굿을 벌이고 마을의 공동 우물가에서 간단히 굿을 한 마당 벌이는 샘굿으로 끝을 맺는다.

'마당밟이'라고 하는 집안굿은 먼저 당산굿부터 시작한다. 집안굿을 하기에 앞서 마을 당산에 인사를 올리는 굿으로 때에 따라서는 빼 버릴 수도 있다. 그 다음에 하는 문굿은 그 집의 문 앞에서 들어가겠다고 주인에게 알리는 인사굿으로 집 앞에 당도하여 사령이 "주인 문 여씨요, 문 아니 열면 갈라요." 하고 외쳐댄다. 집에 들어가면 그 집 마당에서 중심굿인 마당굿을 벌이는데 이때 한껏 재주를 부리며 신명을 돋운다. 마당굿을 끝내면 부엌으로 가 축원굿인 조왕굿을 친다. 이때는 사령이 "노적이야, 끌어들여라,

풍물굿의 종류

풍물굿의 종류는 섣달 그믐날 벽사진경을 위한 '매굿', 정월 초사흘이 지난 다음 각 집의 축원안택을 위하여 집집마다 돌아가면서 하는 '마당밟기', 정월 초아흐렛날 밤에 당목堂木 앞에서 올리는 '당산제', 대보름날 노디(징검다리)에 금줄을 감아 놓고 치는 '노디고사굿', 역시 대보름날의 '찰밥걷기농악', 대보름날이 지난 뒤 마을의 공공기금 마련을 목적으로 다른 지역에 가서 치는 '걸궁굿(걸립굿)', 여름철의 만두레(세벌 김매기) 때 치는 '두레굿', 마당밟기, 걸궁굿 등을 마친 후 마지막 날 밤에 판을 벌이고 마음껏 기량을 자랑하는 '판굿' 등이 있다.

노적이야." 하고 외치며 풍년이 들고 부자가 되라고 빌어준다. 그러고는 장꼬방, 곧 장독대로 가서 집 뒤안굿인 청룡굿을 치고 맨 끝으로 곳간으로 가서 고방굿을 치는데 이 역시 그 집의 부귀를 빌어주는 굿이다.

이러한 풍물굿 놀이는 명절마다 해 왔으며 특히 정월보름과 팔월한가위 때에는 굿의 차례나 내용을 하나도 어긋나게 하거나 빠뜨리지 않고 본디대로 하였다.

살 제 남원, 죽어 임실

강진을 지나 옥정호의 끝 지점인 섬진강 수력발전소가 내려다보이는 회문산 자락에 도착한 시간이 10시 반. 늦어도 너무 늦었다. 그러나 여전히 산천은 너무 아름답고 얼지 않은 물을 빼놓고는 모든 것이 백설의 세계다.

산과 물이 맑다는 용산과 물골이라는 이름이 붙은 수동의 한 글자씩을 따서 이름 지은 용수리의 섬진강 바위 위에는 흰 눈이 쌓여 있다. 시여테라고도 불리는 희여테에는 섬진강을 건너던 나루터가 있었다. 그러나 지금은 나루터는커녕 물이 조금 큰 도랑만큼 흐르고 있다. 희여테에서 순창군 구림면 안정리 냉골로 넘어가는 고개 이름이 냉골이었고 큰텃골 동쪽에 있는 골짜기는 질꾼너머라고 불렸다. 작은 앗터 동쪽에 있는 물섬바골 골짜기나 쇠점골 동쪽에 있는 배나못골도 흰 눈에 덮여 있다.

덕치면 백운 마을에서 강은 더없이 아름답다. 강물 위바위에도 흰 눈이 살포시 얹혀 있다. 이 백운 마을에서 갱정유도회가 시작되었다고 박준열 씨가 귀띔을 한다.

"이 골짜기 위에 사람이 많을 때에는 6만여 명이 살았대요. 그렇게 많은 사람들이 모여드니까 탄압을 해서 일부는 변산으로 일부는 입암산으로 들어가게 했다고 해요."

그들이 결국 지리산 청학동으로 들어가 오늘날의 모습이 되었고 일부는 장수 천천면 등지로 흩어졌다고 하니 우리가 염원하는, 우리가 그리는 청학동이 과연 있기는 한 것인가.

임실은 산세가 아름다워 예부터 '살 제 남원, 죽어 임실'이라는 말이 전해져 온다. 물산이 풍부한 남원에서 풍족하게 살다가, 죽은 뒤에는 산세가 빼어나고 명당이 많은 임실 땅에 묻히기를 바라는 마음에서 생겨난 말이다. 『동국여지승람』의 「산천」 조에는 "여러 산이 줄지어 있고, 물 한 줄기 둘러 흐른다.", "산과 산이 첩첩이 둘러싸여 있어 병풍을 두른 것처럼 아름다운 곳이다."라고 표현되어 있다.

흰 눈 너머로 회진리가 보인다. 이곳에서 섬진강과 갈담천이 합쳐진다. 회진리의 오두목 마을은 지형이 까마귀 머리 형국이라 오두목이 되었다고 한다. 오두목 북동쪽에는 잉어 명당이 있고 그 아래에는 갈담리 서리보로 지나는 잣고개 나루가 있었다.

서영숙 씨는 등산화를 신어서 발뒤꿈치에 물집이 잡혔다고 울상이다. 섬진강 휴게소 기사식당에 들어가 점심을 먹는다. 눈이 내려서 그런지 한산한 식당에 앉아 회문산에서 캐온 더덕인지 다른 곳에서 사온 것인지도 모르는

갱정유도회

갱정유도更定儒道는 1945년 산내들 마을 뒤편 회문산 자락 승강산에서 강대성姜大成에 의해 창도된 종교이다. 정식 명칭은 '시운기화時運氣和 유불선儒佛仙 동서학東西學 합일合一 대도대명大道大明 다경대길多慶大吉 유도갱정儒道更定 교화일심敎化一心'이며, 줄여서 '갱정유도更定儒道'라고 한다. 이제는 거의 사라져 가는 우리의 전통을 고수하며 사는 사람들로 여전히 청색 도포를 덧입은 옛날 한복 차림에 댕기머리를 길게 땋아 상투를 틀어 갓을 쓰고 수염을 길게 늘어뜨린 모습을 지녔다. 지리산 청학동을 통해서 우리에게 더 많이 알려져 있다.

더덕장아찌에 달짝지근한 붉은 고추를 된장에 찍어 먹는다. 입안에 은은하게 퍼지는 봄내음을 느끼며 소주 한 잔씩을 나눈다.

최병선 선생이 눈 내린 섬진강을 말끄러미 바라보며 한마디 한다.

"옥정호가 생기기 전까지는 은어들이 많았다고 해요. 은어를 잡는 투망은 다른 투망보다 무거웠다는데, 무겁지 않으면 투망이 내려오는 사이 몸이 날랜 은어들이 다 비켜나가기 때문에 잡을 수가 없어서였다고 하네요."

하지만 지금은 은어들을 찾기가 쉽지 않아 보인다.

물우리의 소나무 숲은 아름답다

강진을 이 지역 사람들은 '갈담'이라고 부른다. 『신증동국여지승람』「역원」편에도 "갈담역葛覃驛: 현의 서쪽 40리에 있다."라고 기록되어 있다.

섬진강은 강진교 아래에서 학석천을 받아들여 흘러온 갈담천을 받아들인다. 차들은 쌩쌩거리며 지나간다. 오전하고 다른 것이 있다면 얼음세례가 물세례로 바뀌었다는 것이다. 눈은 쌓였는데 날은 봄날이다. 쌓인 눈을 바라보고 있자니 군 시절이 생각난다.

남원 출신이었던 우리 포대 부관은 내가 어린 시절 좋아했던 박부성 만화의 주인공을 닮았었다. 이마가 툭 튀어나오고 장난기 가득했던 그는 기합을 주는 방법부터가 우습기도 하고 치졸하기도 했다. 눈이 쌓인 날 연병장에 집합을 하게 하여 '꼬라박아'를 시켰다. 그리고 눈으로 얼굴을 감싸 콧구멍으로 숨 쉴 만큼만 내놓고 눈사람을 만드는 것이었다. 또 어떤 때는 손바닥을 회초리로 백에서 백오십 대까지 때려 밥을 못 먹을 정도로 손바닥이 통통 붓게도 했다. 지금 그는 어디에서 어떻게 살고 있을지. 가끔씩 그 옛날을 생각이나 하고 있을까?

상념에 빠져있던 사이 '땅두릅 마을'이라고 쓰인 망월촌을 지난다. 옥토망월이라는 명당자리가 있어 망월리인 이곳에서 주력으로 내세우는 땅두릅 나물의 원래 이름은 독활이다. 최병선 선생이 설명을 덧붙인다.

"독활은 강하고 독해요. 원래 야생 독활은 독해서 먹을 수가 없어요. 땅에서 나는 두릅과 같다고 해서 땅두릅이라고 부르는데 많이 먹으면 큰일 나요."

알고 보면 독활이라는 것도 그렇다. 남들이 심어서 돈이 된다고 하니까 덩달아 심었지만 판로가 막히다 보니 그저 두고만 보다가 땅두릅 나물이라고 이름만 바꾸어 붙인 것이다. 이렇게 해서 해마다 사람들의 식탁에 오르게 된 것이 독활의 운명이다. 그러나 그보다 더 기구한 운명의 약초나무가 있으니 그것은 저렇게 온 밭을 차지하고 있는 두충나무다. 두충나무 몇 그루만 있어도 아들내미 대학 보내는 건 문제도 아니라며 서로 부추겨 심었던 두충 역시 판로는 막혀 버리고 말았다. 저렇게 애물단지로 남아 자꾸 몸매만 불리고 있으니 그 타는 농심들을 어쩌랴.

강은 휘돌아 간다. 막을 치고 고기잡이를 했다고 해서

갈담을 노래한 이규보의 시

석양夕陽에 돌아가는 깃발 나무 그늘 가운데 남쪽으로 건너오니,
산천山川이 모두 한 모양이로세.
늘어진 버들은 사람을 근심하게 하여 가는 곳마다 푸르고
깊숙한 꽃은 주인이 없는데 누구를 위해 붉었는고,
우정郵程은 경유하는 손을 두루 겪었고
야성野性은 누구가 방달放達한 노옹老翁 같을까.
분주히 역마 타고 달리는 모양을 하지 않고,
옷을 벗고 한가로이 마루에 가득한 바람이 누웠네.

덕치 분소 | 덕치 분소 옆 초소. 회문산 아래에 있다.

마을 이름이 동막인 이 마을의 북쪽에는 돌꽃 명당이라는 명당자리가 있다. 회문리에서 가장 큰 마을인 덕진은 예부터 덕이 있는 군자가 많이 난다고 해서 이름조차 덕진인데 이 땅에서 태어난 사람들이 딱히 생각나지 않는다. 글쎄 이름난 사람은 군자일 리가 없고 숨어 지냈던 군자가 많았던 것이 아닐까?

이곳을 지나는 강을 『연려실기술』에서는 '오원강'이라고 부른다. 회문리를 지나며 성미산이 보인다. 강진 파출소 덕치 분소는 파출소 통폐합에 따라 문이 굳게 닫혀 있고 덕치 파출소의 명물이었던 돌탑 같은 초소만이 그 진지를 지키고 있다.

우리의 여정은 새마을 다리를 건너 물우리에 이른다. 섬진강이 휘돌아 가므로 '물우리' 또는 '물구리', '물우 마을'로 불린다. 해마다 장마 때만 되면 매스컴에 오르내리는 마을이다. 물이 불면 섬처럼 고립되어 며칠간 학교도 못 가게 된다고 한다. 마을에 들어서자 눈앞에 펼쳐진 섬진농장은 마을의 소나무 숲과 어우러져 평온하다.

강 건너 두무골에는 덕치초등학교가 있다. 그곳은 그 학교 졸업생인 김용택 시인이 오랫동안 선생으로 근무하며 시를 썼던 곳이다.

마을 앞에 서 있는 소나무들에는 일제 공출을 하느라 송진을 빼냈던 흔적이 지워지지 않을 깊은 상처인 듯 남아 있고 모정 앞의 느티나무는 온갖 풍진 세상을 견뎌낸 듯 속살을 훤히 드러내고 있다.

여기저기 빈집이 눈에 띄는 물우리 마을에서 닭 우는 소리가 들린다. 새벽마다 '꼬끼오' 하고 울어 새벽 시간을 알려주었던 닭들이 시계의 기능이 소용없어서인지 대낮에도 울고 있다. 박준열 씨는 이 물우리에 집 한 채를 사 두고 한가할 때마다 쉬어 갔으면 좋겠다 한다. 그 말을 듣는 나도 역시 그랬으면 좋으련만 그러한 날이 가능할 것 같지는 않다.

마을 입구에서 일중천이 섬진강에 합류된다. 푹푹 빠지는 눈길을 걸어 도착한 월파정은 전에도 여러 번 와서 보았으나 눈 덮인 모습이 낯설고 신비롭다. 이곳 월파정 아래 가마소가 있고 그 아래로 큰 여울이 흐른다. 하늘못본 바위 서쪽에는 맘마바위가 있고 강 건너에 성미산과 회문산이 안정리로 들어가는 골짜기가 보인다. 금강을 걸을 때 김재승 회장이 "아무리 산길이라도 대대병력이 걸어가면 길이 만들어집니다."라고 말한 것처럼 뒤돌아보니 우리 몇 사람이 걸어온 흔적이 길이 되어 있었다. 그래서 서산대사 휴정은 "눈 쌓인 길을 어지럽게 걷지 마라. 뒤따라올 사람들의 표상이 되느니라."라고 말했을 것이다.

물우리 마을에서 뒷재를 넘어가면 백양동이 나타난다. 그곳에는 명산이 많아 예로부터 전국 각처에서 명산을 찾는 사람과 성묘를 오는 사람이 흰말을 타고 수없이 올라왔다고 한다. 그러나 농촌 마을이 해체되어 가고 있는 지금은 그 역시 옛말이 되고 말았다.

치열한 역사의 현장, 회문산

산중에 바위로 된 천연의 문이 있어 회문回門 이라 부르는 회문산은 반석 같은 웅장한 바위들이 4킬로미터에 걸쳐 줄지어 있고 우뚝 솟은 봉우리는 항상 구름에 잠겨 있다. 순창, 임실, 정읍 등 3개 군에 걸쳐 있는 이 산은 풍수지리설에 따르면 다섯 선인이 바둑을 두는 형상인 오선위기의 명혈이라고 한다. 이를 비롯한 명당자리가 많기로 소문이 나 풍수객의 발길이 끊이지 않고 있다. 그러나 아직까지 오선위기의 명당자리는 수수께끼로 남아 있다. 강증산 선생의 말을 해석하여 4대 강국이 우리나라를 에워싸고 있다가 다 물러가는 형국이라고도 한다.

회문산(837미터)의 북쪽으로는 투구봉이 있고 남쪽 능선에는 태조 이성계가 나라를 건국하기 위해 만 일 기도를 올렸다는 만일사가 있다. 오래전 백룡이라는 산적 두목이 이 산에서 무리를 거느리고 웅거했다고도 전해지는데 산봉우리에 그들의 흔적이 남아 있다. 그 후로도 이 산은 동학농민운동 실패 후 동학교도들의 은신처가 되기도 했으며 한국 전쟁 당시에는 남부군 전북도당 사령부가 있었던 치열한 역사의 현장이기도 하다.

6월 25일 한국 전쟁이 발발한 뒤 낙동강 전선까지 승승장구하던 북한군은 낙동강 전선이 무너지면서 갈 길을 잃고 헤매게 되었다. 인민군과 좌익에 동조했던 사람들은 지리산으로 가는 길이 막히자 회문산 쪽으로 모여들었다. 용문산 가맛골에 자리 잡고 있던 전북도당사령부도 회문산으로 자리를 옮기면서 까치병단, 보령병단, 벼락병단, 번개병단, 카투사병단, 독수리병단, 가도병단, 보위병단 등 10개의 병단과 군 단위 유격대대를 구성하고 회문산을 거점으로 치열한 빨치산 활동을 전개하게 된다. 하지만 국군 제11사단(사단장 김종운)이 1950년 10월에서 1951년 3월까지 벌인 대대적인 토벌작전 때문에 이태 부대는 덕유산을 향해 동쪽으로, 박민자 부대는 변산반도를 향해 서쪽으로 갈려 떠나게 되었다. 그 결과 변산반도로 향했던 빨치산은 모조리 역사 속으로 숨어들었고 장안산을 거쳐 지리산으로 향했던 빨치산은 몇 년 간에 걸친 투쟁을 벌이게 되었다. 회문산에는 '사령트'라고 불렀던 유격대 전북도당 사령부 자리와 빨치산의 교육 장소였던 노령학원 자리가 남아 있어 그 당시의 상황을 증언해 주고 있다. 이 지역 사람들 역시 한국 전쟁 당시 피해를 입지 않은 사람이 드물었다.

섬진강을 따라가며 보라, 김용택 시인

일구지와 중계의 이름을 한 자씩 딴 일중리에서 장산리로 건너는 다리 아래로 물은 여울져 흐른다. 길은 질척하여 미끄럽기 이를 데 없고 강가를 따라가는 것은 여의치 않다.

일중리 북쪽에 있던 새덕이 마을은 한국 전쟁 이후 폐촌이 되었다 한다. 일중리 마을 남쪽에 있던 경주원 마을에는 경주서원이 있었다고 하는데 지금은 그 모습을 찾아 볼

섬진강 1
김용택

가문 섬진강을 따라가며 보라.
퍼가도 퍼가도 전라도 실핏줄 같은
개울물들이 끊기지 않고 모여 흐르며
해 저물면 저무는 강변에
쌀밥 같은 토끼풀꽃,
숯불 같은 자운영꽃 머리에 이어주며
지도에도 없는 동네 강변
식물도감에도 없는 풀에
어둠을 끌어다 죽이며
그을린 이마 훤하게
꽃등도 달아준다.
흐르다 흐르다 목메이면
영산강으로 가는 물줄기를 불러
뼈 으스러지게 그리워 얼싸안고
지리산 뭉툭한 허리를 감고 돌아가는
섬진강을 따라가며 보라.
섬진강물이 어디 몇 놈이 달려들어
퍼낸다고 마를 강물이더냐고.
지리산이 저문 강물에 얼굴을 씻고
일어서서 껄껄 웃으며
무등산을 보며 그렇지 않느냐고
물어보면
노을 띤 무등산이 그렇다고 훤한 이마
끄덕이는
고갯짓을 바라보며
저무는 섬진강을 따라가며 보라.
어디 몇몇 애비 없는 후레자식들이
퍼간다고 마를 강물인가를.

수 없다. 장산리로 가는 길에는 느티나무 한 그루가 외롭게 서 있다. 모퉁이를 돌아가니 길옆 집에 'NBA'라는 글씨가 적힌 농구골대가 만들어져 있다. 아무래도 이 집 아들 내미가 농구깨나 좋아하는가 보다.

내가 처음 이곳을 찾았을 때는 1986년 이때쯤이다. 황토현문화연구소가 제 이름을 달기 전 시인과의 만남을 준비했는데 첫 번째 초대 손님이 김용택 시인이었다. 김판용 시인과 순창 가는 버스를 타고 와 덕치초등학교에서 만난 김용택 시인은 순수 그 자체였다. 그런 인연으로 우리는 형님 동생 하는 사이가 되었다. 1992년 섬진강을 따라가는 답삿길에 용택이 형님네서 하룻밤 묵기도 했다. 지금은 전남대학교에 자리 잡은 소리꾼 전인삼 명창을 초대하여 흥보가 박타는 장면을 들었는데 배꼽 빠지게 웃다 보니 나중에는 웃을 힘이 없을 정도였다. 뒤에도 얼마나 여러 번 이곳을 찾았는지 모른다. 가을이라 용택이 형님이 감을 따러 오라고 부르면 식구들을 다 데리고 가 감을 몇 포대씩 따 올라오기도 했고 좀 늦으면 이른 저녁까지 먹고 왔던 터였다.

그 아련한 기억들이 떠올라 어느새 발길은 용택이 형님네로 향한다. 용택이 형님은 학교에 계실 시간일 거라 짐작했지만 어머님께서도 마실을 가셨는지 보이지 않고 지붕에 쌓인 눈이 녹는지 흐르는 낙숫물 소리만 요란하다.

다시 용택이 형님네 집에 들른 때는 두 주일이 지난 3월 24일 섬진강 마무리 답삿길이었다. 계시지 않겠거니 했는데 집안에 들어서자마자 문을 열고 용택이 형님이 나오시는 게 아닌가. 토요일이라 전주에 갈 일이 있었지만 신문에서 우리 답사가 있다는 기사를 보고 곧장 집으로 왔다고 하신다.

강 건너 앞산에 감나무는 아직 을씨년스럽게 헐벗었지만 돌로 만든 징검다리는 이전 모습 그대로다. 그렇지만 원래 저 모습은 아니었다. 수십 년, 수백 년을 두고 아무리 큰 홍수가 나도 떠내려가지 않고 제자리를 지키던 돌다리가 사라진 것은 용택이 형님이 몸이 아파 병원에 있던 시절이었다. 그동안 마을 사람들이 시멘트 다리를 만들며 돌다리를 없애 버린 것이다. 병원에서 나온 용택이 형님의 아쉬움을 무어라 표현하랴. 그 뒤 마을 사람들이 다시 만든 징검다리는 옛 모습 그대로는 아니지만 그런대로 옛 정취를 되살리고 있다. 군산대 김덕수 선생의 말대로 저 징검다리 밑에다 섶다리를 하나 만들어 놓고 '용택이 다리'라고 부르는 것도 괜찮을 성싶다고 생각하며 용택이 형님이 30여 년 전 심었다는 느티나무 아래 앉아 강의에 귀를 기울인다.

"여그가 동네 사람들이 삼을 삶던 곳이에요. 삼을 쪄서 벗기던 이곳을 다른 동네 사람들이 지나갈 때는 담배도 못 피우고 술을 먹고 가다가는 얻어맞기가 일쑤였어요. 나그네가 지나갈 때는 느티나무를 돌아가야 했어요. …… 저 강가가 얼마나 고기가 많던지 고기 반 물 반 했어요. 우리 어머니가 '용택아 다슬기 잡아 가지고 올텡개, 불 때고 있

어라.' 하고 나간 뒤 불을 때고 있으면 금방 가서 한 바가지 잡아가지고 오는디, 바가지만 가지고 가서 손으로 이렇게 더듬으면 한 주먹 되고 이렇게 하면 또 한 주먹 되고 그래서 금방 한 바가지를 잡아 가지고 왔어요. …… 도시의 나무들은 전봇대 때문에 잘 크지를 못하잖아요. 고기들도 잠을 자고 나무들도 잠을 자거든요. 풀도 밤에는 잠을 자는데 도시의 매미들은 새벽에도 잠을 자지 않고 울죠. 그게 정상이 아니에요. 그래서 예전엔 밤고기를 많이 잡았어요. 멍청이라고 부르는 고기가 있는디 얼마나 멍청한가 손바닥보다 큰 고기가 두 손으로 잡을 때까지는 가만히 있다가 밖으로 나온 담에야 부르르 몸을 떨었거든요. 고기 잡는 방법이 많이도 있어요. 그중 재미있는 것이 큰 메로 바위를 때리면 고기들이 기절해서 쑥쑥 나오거든요. 그래서 '진메 마을 앞에 상처 없는 바위가 없다.'는 말이 생겨난 거예요…….”

말씀이 끝이 없지만 어쩌겠는가, 갈 길이 멀기에 아쉬움을 뒤로하고 진메 마을을 나선다.

바람 같은 자유를 내게 다오

눈 쌓인 진메 마을에서 구미 마을까지 가는 강길은 섬진강을 따라가는 길 중에서도 가장 아름다운 길에 속한다. 강은 진메 마을에서 청량한 소리를 내며 휘돌아 흐른다.

목이 말라 길옆 바위벽에 매달린 고드름을 따 먹는다. 흐르는 섬진강 물소리를 들으며 먹는 시원한 얼음과자의 맛을 누가 알기나 할까.

어린 시절 '아이스께끼'라 불리던 얼음과자는 선망의 대상이었다. 초여름부터 늦여름까지 목청 좋은 아이스께끼 장수의 목소리가 골목에 울려 퍼지면 마을 아이들이 우르르 몰려나왔다. 집에 큰 소주병이라도 있거나 쌀되라도 퍼오지 않는 한 우리가 아이스께끼를 사 먹는다는 것은 꿈 같은 일이었고 그저 아이스께끼 장수를 좇아 동네를 몇 바퀴씩 돌 따름이었다.

몇 시간이고 따라다니다 보면 섭섭지 않게 팔고 한숨 돌린 아이스께끼 장수가 께끼통에 남은 얼음덩이를 나누어 주곤 했다. 그 시원함을 맛보기 위해 몇 시간을 아깝지 않게 투자하는 것이었다. 그러나 기대와 달리 잘 팔리지 않아 아이스께끼 장수가 다른 마을로 가 버리거나 또는 다 팔리고 얼음마저 녹아 없어지면 물이 흥건한 바닥만 남기도 했다. 그때의 애석함을 어떤 말로 표현할 수 있을까. 팔다 남은 얼음 한 덩이에도 마음 졸이던 내 순박했던 어린 날들이 살포시 떠올라 마음까지 청량해진다.

저 푸르디푸른 물빛 아래 강은 얼마나 깊을까? 강가에는 아직 만든 지 얼마 되지 않은 듯한 배가 한 척 매여 있고 강 건너 나무에는 흰 줄이 걸려 있다. 저 줄을 잡고 강을 건너 마을로 갔으리라. 건너편에는 옛 시절 백양동이라는 마을이 있었다지만 지금은 빈집만 남아 있다. 길옆에는 빨간 깃발이 걸려 있는데 자세히 보니 하천을 정비하겠다는 표지판이다. 대체 무엇을 정비하겠다는 말인지. 이보다 더 자

섬진강 2
김용택

저렇게도 불빛들은 살아나는구나.
생솔 연기 눈물 글썽이며
검은 치마폭 같은 산자락에
몇 가옥 집들은 어둠 속으로 사라지고
불빛은 살아나며
산은 눈뜨는구나.
어둘수록 눈 비벼 부릅뜬 눈빛만 남아
섬진강물 위에 불송이로 뜨는구나.

밤마다 산은 어둠을 베어 내리고
누이는 매운 눈 비벼 불빛 살려내며
치마폭에 쌓이는 눈물은
강물에 가져다 버린다.
누이야 시린 물소리는 더욱 시리게
아침이 올 때까지
너의 허리에 두껍게 감기는구나.
이른 아침 어느새
너는 물동이로 얼음을 깨고
물을 퍼오는구나.
아무도 모르게
하나 남은 불송이를
물동이에 띄우고
하얀 서릿발을 밟으며
너는 강물을 길어오는구나.

참으로 그날이 와
우리 다 모여 굴뚝마다 연기 나고
첫날밤 불을 끌 때까지는,
스스로 허리띠를 풀 때까지는
너의 싸움은, 너의 정절은
입을 향해 굳구나.

연스러운 하천이 어디 있겠는가. 이 아름다운 하천에다 돌을 쌓고 콘크리트로 철벽을 한다고 생각해 보라. 얼마나 우스꽝스러울지. 자연이란 있는 그대로 놓아 둘 때 오히려 제 목소리를 내는 것이다. 자연의 일부인 인간들이 감히 '만물의 영장'이라는 미명 하에 자연을 파괴하고만 있으니……

나는 가던 길을 멈추고 열자의 말에 귀를 기울인다.

"자연이여. 인간을 곤충으로, 곤충을 인간으로, 그리고 삼라만상 전체를 무無로 간주할 수 있게 해 다오. 악에서부터, 즉 어떤 것을 피해야 한다는 생각으로부터, 따라서 두려움과 불만으로부터 나를 구해 다오. 또한 선으로부터, 즉 어떤 것을 갈망한다는 생각으로부터, 욕망과 질투와 탐욕과 오만으로부터 나를 구해 다오. 그리하여 바람과 같은 자유를 내게 다오."

천담리로 가는 길 | 진메 마을에서 천담리로 가는 길목에서 바라본 섬진강.

청산이 소리쳐 부르거든, 여름문화마당

여정은 벌써 천담리로 들어선다. 이곳은 1914년 행정구역이 통폐합될 때 천내리와 구담리가 합쳐져 천담리가 되었다. 우리 황토현문화연구소는 이곳 천담초등학교에서 1991년 제6회 여름문화마당을 열었다.

1990년 '지리산 해방에 눈뜬 이 땅의 봉수대여'라는 제목으로 지리산 달궁에서 제5회 여름문화마당을 열었었다. 그 여세를 몰아 '청산이 소리쳐 부르거든'이라는 제목으로 제6회 여름문화마당을 열기로 하였으나 회문산 인근에 위치한 이곳에서 행사를 연다는 것 자체가 가시밭길의 연속임을 의미했다.

장소 섭외나 여러 가지 행사 일정에는 어려움이 없었다. 당시 용택이 형님이 천담초등학교에 근무하고 계시기도 했고 교실도 아담할뿐더러 물 맑기로 소문난 이곳에서의 여름문화마당은 가히 환상적일 수밖에 없었기 때문이다. 민중가수 안치환, 섬진강의 시인 김용택, 소설가 박태순 선생, 녹색연합을 이끌고 있던 배재대의 장원 교수, 『완전한 만남』이란 소설로 한창 주가를 올리고 있던 김하기 씨 등 최고의 강사진을 초청하고 유등면 들노래, 전통문화 재현 등 짜임새 있는 프로그램을 마련하여 순조롭게 진행되던 행사는 난데없는 복병의 등장으로 차질을 빚기 시작했다.

분명 3박 4일 동안 천담초등학교를 빌리기로 했는데 모처에서 학교를 빌려주지 말라는 지시가 내려왔다며 학교 안으로 들어갈 수 없다는 것이었다. 비는 이틀 동안 내렸지, 쳐 놓은 텐트는 바닥까지 축축하지, 더군다나 전기까지 끊어졌으니 120여 명의 참가자들이 겪었던 고통이 얼마나 심했으랴. 전주 KBS 김정기 PD의 도움으로 학교에 들어간 것은 행사 이틀째 되는 날이었다.

장원 교수의 환경 강연이 끝나고 박태순 선생이 사진작

가 황헌만 선생과 함께 막걸리를 몇 말 사 가지고 오셨던 참에 전화가 한 통 걸려 왔다. 소설가 김하기 씨였다. 강진에 다 왔다고 어디로 어떻게 가면 되겠느냐고 하여 천담초등학교로 택시를 타고 오시라고 했다. '금방 도착할 테지.' 하고 기다리는데 다시 전화가 걸려 왔다.

"선생님 어떻게 해야 합니꺼. 저더러 택시운전사들이 다 미쳤다고 합니더."

나는 당황하여 왜 그러냐고 물었다. "제가 강진이라는 말만 듣고 임실 강진이 아니라 전남 강진 읍내에 와 버렸거든요, 어떻게 할까요. 그냥 돌아가고 싶습니더."

어떻게 해야 할지 난처했다. 서울, 광주, 부산 등 전국 각지에서 온 참가자 중 김하기 씨를 만나기 위해 온 사람들도 다수 있는데 그냥 돌아가라고 할 수는 없지 않은가. 결국 설득에 설득을 거듭하여 김하기 씨가 천담초등학교에 도착한 것은 밤 12시가 넘어서였다.

그날 밤늦은 시간에 만삭이 된 아내와 함께 왔던 안치환 씨가 연거푸 세 번을 불렀던 「지리산 너 지리산이여」라는 노래는 오래도록 아니 내 인생에 길이 남을 음악으로, 그 현장의 생생한 기록으로 살아 있을 것이다. 사진 속에 남아 있는 참가자들의 모습은 온갖 세월을 견디고 환희에 이르는 인간 승리의 전형을 보는 듯하다. 다음날 나는 떠나는 김하기 씨에게 "김 선생님, 오늘 일을 꼭 기억하여 '강진에서 강진까지'라는 소설 한 편을 쓰시기 바랍니다." 하고 말하였는데 아직까지 그 소설은 나오지 않은 듯싶다.

문제는 그 다음에 벌어졌다. 우리 회원들이 재직하고 있는 학교마다 모처의 직원들이 나와 조사를 하고 있다는 것이다. 그런 상황을 접해 본 적 없는 젊은 선생들이 얼마나 당혹스러울지 걱정이었다. 나는 내가 촌에서 자라며 배운 '막고 품는다'는 전략으로 모처에 전화를 걸어 만나자고 했고 우리 집에서 아내와 더불어 몇 시간의 조사를 받은 끝에 행사와 우리 단체에 대한 의구심을 떨치게 할 수 있었다.

세월이라는 것은 강물이 흐르듯 지나가고 다시 오지 않는 것인지 우여곡절 끝에 치러낸 그 행사가 이제는 가물가물한 기억으로만 남았다. 그때의 그 순수했던 얼굴들은 열정 넘치던 시절을 뒤로한 채 어떤 모습으로 흘러가고 있을지.

우뚝 솟은 '터프가이' 남근석

강진으로 향하는 덕치면 사곡리에 우리나라에 현존하는 남근석 가운데 가장 '터프'한 남근석이 서 있다. 1~2미터 높이의 화강암으로 조각되어 남근석치고는 그다지 크다고 볼 수 없는 이 남근석이 '터프가이'형으로 소문이 난 것은 표면에 정으로 쫀 자국이 그대로 드러나 있어서이기도 하지만 윗부분에 두두룩하게 턱을 두어 귀두를 표현한 모습이 멀리서 보면 우뚝 솟은 남자의 성기를 그대로 보여 주기 때문이다. 해질 무렵 이 남근석에서 원통산(602미터)을 바라보면 가운데 둥그레한 산능선과 원통산 자락의 형국

터프가이 남근석 | 덕치면 사곡리에 우리나라에 현존하는 남근석 가운데 가장 '터프'한 남근석이 서 있다.

이 영락없는 여근곡을 연상시킨다. 이 남근석을 중심으로 이 마을 경주 이씨 집안에 전해 내려오는 이야기가 남아 있는데 마을에 사는 이상헌 옹의 말은 다음과 같다.

"남근석을 옮겨 온 선대 할아버지는 힘이 센 장사였대요. 용골산 아래 동네인 안다무리에 사는 석수쟁이가 돈을 빌려간 뒤 갚지 못하자, 빚 대신 이 바윗돌을 손수 짊어지고 옮겨 와 현재의 위치에 세웠다고 해요."

그의 말에 따르면 석수쟁이에게서 가져온 돌은 무덤 앞에 세우는 망주석을 덜 깎은 모습이었다고 한다.

사곡리 남근석에 문제가 생긴 것은 1995년경이었다. 우리 단체에서 '성풍속과 성문화'를 주제로 한 강좌를 열고 마지막 날 전남대 이태호 선생과 함께 현장답사를 나섰을 때였다.

김제 귀신사의 남근석, 정읍 원백암의 남근석과 순창 팔왕리 · 창덕리 마을의 남근석을 답사하던 중이었는데 아주머니들이 너무 잘생겼다며 다음 장소로 이동할 생각을 안 하자 이태호 선생이 한마디 했다.

"이 남근석은 보기는 좋지만 사내구실은 제대로 못할 것인데 정말로 잘생긴 남근석을 보러 갈까요."

그러고 나서 이 사곡리를 찾았는데 때마침 농지 정리중이라 어수선한 탓인지 아무리 보아도 찾을 수가 없었다.

'그럴 리가 없는데. 저 들판 가운데 서 있어야 하는데.' 하면서 이태호 선생과 두리번두리번 찾다 보니 마을 어귀에 거적이 씌워진 물체가 눈에 띄는 것이 아닌가. 가서 들춰 보니 웬걸 남근석이 두 동강 난 채 쓰러져 있었다. 필경 경지 정리 중에 불도저에 의해 두 동강 난 것이리라 생각 하고 「두 동강 난 민속 문화재를 보호합시다」라는 장문의 공문을 써서 언론사에 돌렸다. 남근석은 결국 KBS 취재진 에 의해 보도가 된 뒤에야 봉합수술(?)을 하고 원래 자리가 아닌 길옆에 다시 세워졌다. 그러다 보니 원통산 자락의 여근곡과 맞지 않게 되었고 그래서 원래 마을 사람들이 소 망했던 그 기원을 들어 주지는 못할 것 같다.

맑고 깨끗한 적성강을 돌아

모래가 많았으므로 모라실이라 불리는 사곡리에는 물방 아가 있었다는 물방아보가 있고 새터에서 물우리 가린멀 로 가는 소고리 고개에는 닭의 벼슬을 닮은 바위가 있다. 재경골 남서쪽의 중뫼봉에는 선인 무신의 명당터가 있고 평지 마을에는 평사낙안의 명당이 있다고 한다.

천담초등학교 앞에서 사곡천은 섬진강에 합류되고 여기 서부터 강 이름이 적성강이다. 섬진강의 상류인 적성강은 물이 맑고 깨끗하여 이곳에서 잡은 은어가 임금 밥상에 오 르기도 했으며 민물게가 많이 서식했다고 하는데 그것도 이제 옛일이 되고 말았다. 적성강은 덕치에서 만 년 묵은 거북이 모양을 하고 흐르는데 이곳 천담리가 거북의 머리 에 해당되고 평지천이 거북의 왼쪽 콧속, 순창 동계면에서 흘러온 원치천은 오른쪽 콧속으로 흘러드는 형상이란다. 지금은 겨울이라 물이 저렇듯 잦아질 대로 잦아졌지만 우리가 머물렀던 그때는 장마철이었다.

물이 흐벅지게 흐르고 있었다. 비가 몇 시간을 줄기차게 내렸는데도 휴가차 온 사람들은 물가에서 떠날 줄을 몰랐다. 우리도 짐을 싣고 온 트럭을 다리 위에 세워 놓았는데 아뿔싸 금세 물이 차면서 떠내려갈 지경에 이르렀다. 그렇잖아도 가난한 단체인데 차마저 떠내려가면 큰일이다 싶어 허벅지를 넘고 차오르는 물에 수십여 명이 달려들어 겨우 차를 끌어올렸다. 안도의 한숨을 내쉬고 있는데 곧바로 안타까운 소식이 들려 왔다. 위쪽에서 피서를 즐기던 사람들 중 세 사람이 물에 빠져 실종되었다는 것이다. 이런저런 사연도 많았던 제6회 여름문화마당을 회상하며 천담리로 향한다.

구담리에서 천담리에 이르는 길은 포장 공사가 한창 진행 중이다. 천담초등학교 들목에 서 있던 물방앗간은 없어졌는지 보이지 않는다.

용골산(645미터) 아래 천담 마을에는 물이 휘돌아 가기 때문에 여울이 많다. 내안 남동쪽에는 살담 여울이, 살담 여울 남쪽에는 오리 여울이 있다. 또 내안 동쪽에 있는 둥둥박골 골짜기에는 건드리면 둥둥 소리가 난다는 둥둥바위가 있고 서닥골 북쪽에는 가새리골이 있다.

천담 마을의 모정(남강정)에는 입석과 당산나무 한 그루가 서 있는데 전깃줄 탓인지 나무의 윗동이 베여 있다. 그뿐인가, 다리 공사를 마친 이후 마을 입구에 있던 장승이 사라졌고 도로 공사 중에 강 건너에 있던 여근곡(보지샘)마

저 없어지고 말았다. 영화 「아름다운 시절」을 찍을 당시와
달리 이 길은 더 이상 아름답지 못하다.

강은 휘돌아 가고 우리들은 안다물(구담 마을)로 가기 위
해 용골산 자락을 지나고 있다. 『남부군』의 저자인 이태가
이 용골산에 왔던 시기가 우리와 비슷한지 이태는 용골산
에 대해 이렇게 쓰고 있다.

"동계작전을 끝내고 회문산으로 돌아오는 도중 독수리
병단은 용골산龍骨山에 눌러 있게 됐다. 동계지서에서 동심
리 골짜기를 십 리쯤 올라오면 바로 용골산이니까 회문산
동남방의 외떨어진 전초가 되는 셈이었다. 그곳에서는 회
문산도 잘 보이지 않았다. 독수리는 거기서 아지트 생활을
시작했다.

나는 이 용골산 시절을 회상하면 언제나 눈에 묻힌 거친
산야와 스산한 서북풍만이 떠오르곤 한다. 눈에 띄는 것도
마음속도 오직 황량한 회일색의 시간이었다. 우리는 그날
(박민자와 같이 탈출한 날) 이후 폐허가 된 월치 마을 가까운
산기슭에 산죽을 베어 초막을 엮었다. 땅 위에 ㅅ자형으로
엮어 세우는 빨치산의 초막은 서까래를 못 쓰기 때문에 아
랫도리는 으레 허공이었다. 더구나 불기 없는 산죽초막은
별로 어한의 도움이 되지 못했다. 밤이면 얼어붙은 땅바닥
위에 새우처럼 웅크리고 누워 엉성한 산죽지붕 사이로 불
어드는 눈바람을 견디며 날 밝기를 기다렸다. 하지만 동이
트기가 무섭게 들려오는 것은 얼어붙은 공기를 꿰뚫는 토
벌군경의 총소리였다.

용골산 아래 섬진강 | 남부군의 저자인
이태가 숨어 지냈다는 용골산. 그 아래
로 섬진강이 흐르고 있다.

회룡 마을 | 물이 휘감아 도는 회룡 마을.

표고 340미터의 용골산은 밥공기를 엎어 놓은 것처럼
산 모양이 단순할 뿐 아니라 외떨어진 봉우리가 돼서 언제
나 사면 방위의 태세를 갖추고 있어야 했다. 소나무가 다
소 있었으나 눈에 덮인 지표에는 사람 하나 은신할 만한
그늘이 없었다. 초막 아지트는 사흘이 멀게 토벌군에 의해
불태워졌다.

우리는 이 용골산에서 이곳저곳 아지트를 옮겨 가며 가
끔 삼계면 쪽으로 보급투쟁을 나가는 외에는 거의 매일처
럼 달라붙어 오는 토벌군과 교전해야 했다. 동계지서 습격
이후 이 방면에 군경부대가 대폭 증강된 모양인지 언제나
압도적으로 우세한 토벌대가 파상적으로 밀려왔다."

우리가 어떻게 감히 그때의 상황을 이해한다고 말할 수
있겠는가. 어떻게 감히 그들의 배고픔, 그들의 절망을 안다
고 말하겠는가. 내 상념 속으로 강은 흘러가고 건너편은
가곡리 석전 마을이다.

잔잔하고 푸른 강을 따라 고즈넉한 옛길을 걷는다. 저물
녘이라선지 바람은 살랑살랑 일어나고 금세 구담 마을에
닿는다. '안다물'이라고 불리는 구담리에는 '구소'라는 깊
은 소가 있다. 물은 회룡리에서 휘감아 돈다.

구담리엔 빈집들만 덩그러니 남아

옛날 사람들은 이 깊은 골짜기에서 어떻게 살았을까? 사
람들이 떠난 구담 마을 새마을 회관에는 녹슨 국기봉에 매
달린 새마을 기만 바람에 펄럭이고 있다. 동네 우물은 메워

졌고 "아이고 저 집은 금방 허물어져 버리겠네." 하고 탄식하는 최병선 선생의 목소리에 집은 금방이라도 주저앉을 듯싶다. 정든 마을, 정든 이들, 정든 집을 버리고 떠난 사람들이여.

유하는 「그 빈집」이라는 시에서

"빈집이 헐린단다. / 무궁화 꽃이 피었습니다. / 무궁화꽃이 피었습니다. / 한낮 술래에 울먹울먹 뒤돌아보면 단수숫대 몇 개 / 집도깨비처럼 흔들리던 그 빈집 헐린단다."

라고 쓰고 있고 「폐허에 관하여」라는 시에서는

"그렇다면 빈집은 아무 걱정 없이 / 공기처럼 가볍게 사라져 갈 것이다. / 멸망을 찬양하고 괴로워하는 것도 사람들 몫이므로."

라고 쓰고 있다. 집을 짓고 허는 것도 사람들의 몫이지 자연의 몫은 아닐성 싶지만 그 역시 거대한 자연의 섭리일 것이다. 사람들은 모두 가고 온다. 나는 구담 마을의 빈집에서 우주순환의 섭리를 느낀다.

눈이 녹으면서 물이 불어 회룡 마을로 건너는 것이 가능하지 않을 듯싶다. 강 선생님이 운전하는 봉고차를 타고 회룡 마을에 도착하자 날은 이미 저물어 가고 있다.

이 마을은 용골산 자락이 늘어진 곳에 들어섰기 때문에

느재 또는 어치, 어현으로 불렸다고 한다. 마을에는 용골산 상봉에 있는 바위에 신선이 내려와 바둑을 두었다는 전설이 남아 있다.

몇 년 전 가을 이곳을 찾았었다. 장군목에 있는 요강바위를 바라보며 이 마을을 지나가는데 집집마다 밤을 따고 있었다. 밤 한 말에 만 원인가를 주고 사서 집에 돌아가 맛있게 삶아 먹었는데, 지금은 그 집이 빈집이 되어 마당까지 물에 흠뻑 젖어 있다니…….

나는 지나가는 마을 사람에게 예전에는 몇 가구쯤 살았느냐고 묻는다. "스물 댓 집 되었었는데 지금은 일곱 집 남았어요."라고 말하는 그의 음성에는 자조와 체념의 빛깔이 뒤섞여 있다. 집집마다 콜택시 스티커가 붙어 있는데 이유인즉 버스가 들어오지 않기 때문이란다. 얼마 전만 해도 밥술이나 먹고 살았음직한 집도 텅텅 비어 있고 쓸 만한 땅조차도 묵정밭이 되어 있다. 저들마저 떠나고 나면 누가 있어 이 빈집만 늘어선 마을을 지켜 줄 것인가. 안타까이 바라보는 내 시선 너머로 푸른 대나무 잎만 사각거린다.

고갯마루를 넘어 순창군 동계면 내룡리에 접어들자 이제 막 피기 시작한 산수유꽃이 하나 둘 얼굴을 내민다. 아직 다 녹지 않은 눈 사이로 피어난 산수유꽃은 안쓰럽고 애잔하다.

요강바위 | 섬진강 가운데 있는 요강바위는 깊이를 알 수 없는 요강처럼 뻥 뚫려 있다.

기기묘묘한 요강바위의 사연

내령內靈리는 본래 임실군 영계면의 지역으로 영계면에

서 가장 안쪽이 되므로 안영계 또는 내령이라 하며 장군목, 장구목, 장군항, 물항이라 부르기도 한다. 기산(345미터)과 용골산 사이 산자락 밑에 자리 잡은 이 마을에는 장군대좌형의 명당이 있다고 전한다.

내룡 마을 부근은 섬진강 중에서도 특히 아름답기 이를 데 없는 곳이다. 저마다 아름다움을 자랑하는 수많은 바위가 강을 수놓고 있는데 그중 볼수록 기기묘묘한 바위가 요강바위이다. 이 바위는 요강처럼 가운데가 뻥 뚫려 있는데 그 깊이를 가늠할 수 없을 정도다. 구미리가 고향인 양병완 선생의 말에 따르면 빨치산들이 토벌대를 피해 이 바위 안에 숨었는데 다섯 명이 족히 들어가고도 남았다고 한다.

이 바위를 한때 잃어버린 적이 있었다. 박준열 부장이 남원 KBS에 근무하던 때니까 1994년쯤일 것이다. 당시 골재 채취업자라는 사람이 마을에 와서 한참을 지냈다고 한다. 마을 사람들과 어울려 막걸리도 마시고 밤새 이야기도 하면서 한두 달 지냈다는데, 밤마다 골재 채취를 한다고 드르륵 드르륵 소리를 내는가 싶더니 어느 날 아침 그 사람도 자취를 감추고 요강바위도 사라져 버린 것이다. 마을이 발칵 뒤집혔다. 마을 사람들은 남원 KBS에 연락을 해서 전국 방송을 내보내고 인상착의를 기억하는 사람을 찾아 황급히 몽타주를 만들어 여기저기 보냈다. 그런 뒤 두어 달쯤 지났을까. 경기도 지역에서 신고가 들어왔다. 언젠가 방송에서 보았던 그 바위가 있는 지역을 알고 있다는 것이었다. 경찰들을 급파하여 그곳을 찾아가 보니 범인은 바위를 자기 집에는 두지 못하고 외딴 곳에 숨겨 두고 있었다고 한다. 결국 그 사람은 붙잡혀 감옥에 가고 요강바위는 약간의 상처를 입은 뒤 다시 고향으로 돌아올 수 있었다.

덧없이 흘러가는 강물

저무는 강가에서 들려오는 섬진강의 물소리는 더욱 맑고 청아하다. 박준열 부장이 그 소리에 귀 기울이며 한마디 한다.

"녹음해서 들어 보면 이렇게 듣는 것과는 달라요. 좋기로는 도랑에서 흐르는 물소리가 최고예요. 많이 흐르는 물은 소리가 맑지 못해요."

그렇다. 댓잎에서 한 방울 한 방울 떨어지는 물소리나 처마 끝에서 떨어지는 빗물 소리를 한밤에 듣고 있을라치면 가슴이 섬섬하지 않았던가.

흐르는 강물을 바라보며 '강'에 대해 생각한다. 아폴리네르는 그의 시 「미라보 다리」에서 "사랑은 강물처럼 흘러가 버렸다."라고 노래했고 플라톤은 「크라텔」에서 "같은 강에 두 번 들어가지 못하리."라고 읊으며 시간의 흐름에 따라 덧없이 흘러가는 인생을 강물에 비유하였다. 나는 공자가 시냇가에서 설파한 한마디를 떠올린다.

"가는 것이 저 물과 같도다! 밤낮을 그치지 않는구나."

그래 저 물처럼 우리도 시간의 바다를 향해 흘러가야지.

옷가지 몇 개가 빨랫줄에서 바람에 하늘거리고 한쪽에는 지난 홍수 때 물에 휩쓸려 쓰러진 나무들이 베어 있다.

'베어 내는 것만이 능사가 아닐 것인데.' 하고 생각해도 때 늦은 일이다.

날은 어두워 오는데 강물은 그 어둠과 별개라는 듯 아무렇지 않게 흐른다. 구미리에 약간 못 미쳐서 둘째 구간의 첫날 일정을 마무리하고 숙소로 돌아간다.

양진성 씨가 있는 필봉 농악 전수관에서 하룻밤 묵고자 했으나 연락이 되지 않아 강진면 소재지 형제회관 음식점에 여장을 풀었다. 우렁백반이 보기와 다르게 왜 그리 맛이 좋던지. 막걸리 한 잔에 소주 한 잔을 마시는 사이 공주의 이대원 씨가 쌍계사를 다녀오는 길이라며 들어선다. 금강지킴이 이대원 씨가 금강을 살리기 위해서 섬진강을 보아야겠다고 온 것이다. 강을 사랑하는 지극한 그 마음을 흐르는 강물과 사람들이 알아준다면 얼마나 좋을까? 한 잔 술에 얼굴이 불그스레한 박준열 부장의 이야기가 실꾸리 풀리듯 술술 풀어져 나온다.

"어릴 때 우리 삼촌이 살쾡이를 아주 잘 잡았어요. 눈이 많이 내렸을 때 살쾡이가 잘 다니는 길목에 올가미를 놓으면 밤 9시쯤 덜커덩하는 소리가 들려요. 그러면 살쾡이가 잡힌 거예요. 그런데 그때 바로 나가면 큰일 나요. 살쾡이가 힘이 얼마나 센지 다치기 십상이예요. 한 시간쯤 있다가 몽둥이를 들이밀면 살쾡이가 그 몽둥이를 비틀어 갈라놓는 거예요. 그러기를 저녁 내내 해야 살쾡이가 힘이 빠지고 그러면 그때 몽둥이로 때려잡았어요."

어린 시절 할아버지 제삿날인 2월 초 아흐렛날 저녁에

강물 이야기

강물의 서양식 어원은 라이벌에서 비롯되었다고 한다. 라이벌은 리버(강)와 사촌쯤 되는 말로서 원래는 강가에 사는 사람들을 뜻했다고 한다. 그러나 똑같은 강물을 마시고 사는 강마을 사람들은 사이가 가까우면서도 강물의 이해관계 때문에 경쟁심이 생겨났다. 생명의 젖줄이라고 할 수 있는 물에 대한 소유욕 때문에 사람들 사이에 라이벌 의식이 생겨났다고 보는 것이다.

원시적이면서도 근원적인 물싸움이 현재에 와서는 식수와 공업, 농업용수의 확보를 너머 서로 양보할 수 없는 극한 물 전쟁으로까지 확대되고 있다.

제사를 지낼 무렵이면 닭장을 덕덕 긁는 소리가 들리곤 했다. 할머니는 내게 살쾡이가 닭을 잡아먹으러 왔다며 겁을 주었다. 무서워서 나가지 못하고 뚫어진 문구멍으로 내다보면 작은 호랑이 같은 살쾡이가 닭장 문을 열려고 덜그럭 덜그럭하고 있는 것이었다.

"언젠가 잡았던 살쾡이는 큰 셰퍼드만 했어요. 우리 동네가 서른다섯 가구쯤 되었는데 그 많은 사람들이 다 모여서 먹었어요. 그때 그 살쾡이 고기 맛이 왜 그렇게 좋던지 지금도 입가에 맴돌곤 해요."

박준열 부장의 말처럼 유년의 기억은 오래도록 남는다. 나도 기억에 남는 맛이 있다. 어린 시절 가을마다 먹었던 도토리밥의 맛이다. 그 맛이 아직도 잊히지 않아 도토리나 도토리로 만든 음식만 봐도 도토리 향이 온몸을 휘젓고 지나가는 듯하다.

이야기는 다시 겨울철마다 온몸을 후비고 다니던 '이'의 모험담으로 이어진다. 형제간에 큰 이를 잡아 싸움을 시키던 이야기부터 초롱불에 하얀 서캐를 타닥타닥하고 태우던 이야기, 이와 함께 들끓던 빈대·벼룩 이야기까지 저마다의 경험담이 쏟아진다. 그 시절이 가끔 그리워지는 것을 보면 세월이 흐르긴 흘렀나 보다.

강이 풀리면 배가 오겠지

구미리의 아침은 평온하다

구름이 잔뜩 낀 아침은 쌀쌀하다. 겨울 날씨는 그렇다. 구
름만 조금 끼어도 우중충한 풍경이 을씨년스럽기 이를 데
없다.

강진을 벗어나 덕치면으로 접어든다. '어서 오십시오.
강변휴게소'라고 쓰인 나무 팻말을 지나 어제 일정을 접은
그 지점에 다시 선다. 적성면, 동계면, 인계면을 따라 이어
지는 퇴적암류와 응회암 지대를 흐르는 강을 섬진강 중에
서도 '적성강'이라고 부른다. 강물이 소녀의 눈동자처럼
맑아 은어가 많이 살았다는 적성강변은 어제의 눈 덮인 모
습 그대로다.

강 건너 구미리의 아침은 평온하다. 순창군 동계면 지역
으로 거북바위가 있어 '구미리'라는 이름을 가지게 된 이
마을에는 전해 내려오는 일화가 있다.

600년 전 고려 우왕 때 직제학을 역임한 양수생의 처 이

씨 부인이 남편과 사별하고 홀로 아이를 키우던 중 왜구에 쫓겨 구미리 근처까지 왔다고 한다. 이곳에서 나무로 만든 매 세 마리를 날려 보냈는데 그 나무 매는 각각 순창군 동계면 관전리·구미리, 적성면 농소리로 날아갔다. 그중 정착할 곳으로 구미리를 택하였는데 아들과 후손이 대대로 입신양명하였다. 후에 이씨 부인의 산소는 농소리에 썼다고 한다.

양병완 선생의 말에 따르면 전에는 구미리에 300여 호가 살았다는데 지금은 78호밖에 살지 않는단다. 그것도 양씨 외에 타성바지는 다섯 집밖에 안 된다고 한다.

뒤주골(주서동), 가운데골(중동), 장작골(용동)로 이루어진 구미리에는 북소, 사발소, 조소 등 깊은 소가 많다. 넓게 펼쳐진 들은 보기만 해도 감탄을 자아낸다. 박준열 부장이 "들판이 넓어 많은 사람을 먹여 살릴 만한 곳"이라며 한마디 덧붙인다. 박준열 부장의 말이 아니라도 이 강변에 저렇게 너른 들이 펼쳐져 있다는 것이 신기할 따름이다. 여름 한철 섬진강물이 저 구미리까지 넘어가는 고개 이름이 시름재였다는데 먹고살기 힘들던 시절 주린 배를 안고 고개를 넘으며 얼마나 시름이 깊었으면 시름재라고 했을까? 우리가 서 있는 이곳 순창군 적성면 석산리는 산내리와 입석리를 합치면서 석산리가 되었다. 구미교 옆으로 강경 마을을 알리는 표지석이 보인다.

돌아가고 또 돌아가는 이 재미

적성댐 수몰 예정지인 이곳 강경 마을 하천에는 천연기념물 제330호인 수달이 살고 있다. 주민과 낚시꾼 등이 자주 목격하며 하천 주변과 산기슭 바위 밑에서 수달의 발자국이 발견되고 있다. 마을 뒤쪽에는 벌동산(440미터)과 두류산(545미터)이 있으며 그 뒤편으로 선월심초를 지나면 노령(갈재)이 있다.

무량산 기슭 섬진강변에 청매화나무 군락이 펼쳐져 있다.

"청매화나무 꽃받침은 푸른빛이 나고 백매화나무 꽃받침은 붉은빛이 나지요."

이대원 씨의 설명을 들으며 적성 고개를 지난다. 내려다보니 강 건너엔 눈 덮인 구암정이 흰빛으로 반짝이고 길가엔 푸른 대나무 숲이 우거졌으며 그 뒤편으로 청매화 군락이 파란빛을 내며 꽃피울 날을 기다리고 있다.

"홍매화, 청매화, 백매화가 눈 속에 피어나니 저게 설중매가 아닐까요?"

이대원 씨의 말을 듣다 보니 우리가 지금 너무 눈 호강을 하고 있는지도 모르겠다.

입석 마을 입구를 지나며 버스를 기다리는 아주머니 한 분을 만난다.

구미리의 유래

이 마을은 거북바위가 하나 놓여 있는데 마을 사람들과 취암산 취암사 승려들 사이에 이 문제를 놓고 싸움을 벌이다 결국 승려들이 거북의 머리를 잘라버리고 말았다. 그 거북이가 지금도 길가에 서 있다. 그 뒤 마을은 번창하고, 절은 폐사가 되고 말았다 한다.
– 최창조, 『한국의 자생풍수2』

남원 양씨 종중문서 (보물 제725호)

구미리에 사는 남원 양씨들이 소장하고 있던 것으로 고려 공민왕 4년(1355년)부터 조선 선조 24년(1591년)까지의 고문서 7매가 보물 제725호로 지정되어 있다. 이 문서는 고려 시대 홍패 2매와 조선 시대 교지 5매로 이루어져 있다. 우선 홍패 2매는 고려 공민왕 4년(1355년) 양이시와 우왕 2년(1376년) 그의 아들 양수생이 과거에 합격했음을 알리는 내용을 담고 있다. 또한 교지 5매는 조선 중종 3년(1508년) 양공준이 생원시와 문과에 급제했다는 교지, 중종 35년(1540년) 양홍이 문과에 합격했다는 교지, 선조 24년(1591년) 양시성이 생원시에 급제했다는 교지 등의 합격증서와 명종 14년(1559년) 양홍을 청도군수로 임명한다는 발령장인 사령교지이다. 이들 문서는 고려 후기에서 조선 전기에 이르는 홍·백패 연구에 중요한 자료이다. 특히 고려 시대 당시 급제자 합격증은 조선 시대의 교지와는 달리 왕명王命으로 되어 있으며 시험관의 관직, 성명 등이 기록되어 있어 고려 시대 문서의 형식 및 과거제도 연구에 매우 귀중한 자료로 평가된다.

삼월 눈 속에 차를 마시다
박남준

산에 들에 꽃들 저만큼 노란 생강나무
꽃 여기 분홍 진달래꽃 피어나더니 비
바람 불고 우박, 진눈깨비, 함박눈 퍼부
어 댄다.
사람 사는 일도 때로 그러하리.
뜰 앞에 청매화꽃 홀로 피어 그 눈보라
다 아랑곳하지 않는구나.
찻물을 달여 설중매 한 송이 차 한 잔
마시네.
남실 기울이는 푸른 찻잔에 바람과 구
름과 별빛
청춘의 여름이며 노을 붉던 가을
폭설의 지난 겨울이 파랑을 이루며 찰
랑거리네.

문득 풍경 한 편을 떠올려보네.
살아 지은 죄 안고 다시 돌아가는 날
한 그루 어린 나무 아래 누워야겠다 생
각하네.
그 나무의 가지가 되고 푸른 잎이 되어
새들의 노래에 귀 기울여야겠네.

사과나무라면 사과꽃을 피우겠네.
감나무라면 붉은 홍시를 꽃등처럼 내달
겠지.
고운 꽃의 향기라면 바람 불러 모아 구
석구석 나누겠네.
가지마다 익어간 열매들로 어느 가난한
아이의 배를 채우겠네.

살아서는 다 쓰지 못한 나의 시 한 편
나 그때서야 한 그루 나무의 꽃으로 세
상에 전하겠네.

"옛날에는 사람들이 많이 살았는데 지금은 열네 집이나
되는가 모르겠네요. 보통 한 양반이나 두 양반이 사니깨
한 스무 명이나 되겠네요."

버드나무가 몸을 드리운 강물에는 삼불봉이라고 불러도
좋을 듯싶은 산봉우리 세 개가 담겨 있다. 선돌에서 내원
리 안적성으로 이어지는 썩은 다리 고개를 넘으며 펼쳐지
는 섬진강의 모습은 그림 같지만 산기슭을 돌아가기는 쉽
지 않을 것 같다. 돌아가는 모퉁이부터 내원리까지는 봉고
차를 이용했으면 좋겠는데 주용기 차장이 한사코 걸어가
잔다. 돌아가고 또 돌아가는 이 재미가 강길 따라 걷는 재
미이고 인생이라는 긴 여정에서 느끼는 아름다움의 한 토
막이 아닐까?

매월리(감나무골) 마을을 지난다. 밭둑에 피어난 별꽃들
이 눈부시다. 모진 겨울을 이겨 내고 피어난 저 봄꽃이 지
고 나면 아직 움트지 않은 두릅나무가 잎을 피워 낼 것이
다. 오동통하게 살이 오른 참두릅을 삶아 초장에 찍어 먹
거나 계란을 입혀 두릅전을 해 먹으면 입안 가득 상큼한
두릅향이 퍼지던 고향에서의 그 맛이 살아나 아직 배가 고
프지 않은데도 입안에 군침이 돈다. 강변을 향해 걷다 보
니 1920년대쯤 지어진 것으로 보이는 전통 한옥집이 비어
있다. 얼마 전까지만 해도 사람이 살았을 저 집도 비어 있
으면 몇 년 사이에 허물어지고 말 것인데 누구라도 저 집
을 사서 옮겨 지었으면 좋으련만……

아름다운 강길을 위협하는 적성댐

적성 고개를 넘어오며 보았던 강물을 다시 만난다. 소나무 숲이 우거진 강 건너에 어은 양사형이 지었다는 어은정이 있다. 숲이 우거져 고기가 숨기 좋다는 뜻이라 한다. 정자 아래로 강물은 잔잔히 흐르고 갈대는 패잔병처럼 흐릿하게 서 있다. 우계에서 평남리로 건너던 백마테 나루는 흔적도 없이 사라졌지만 갱바우 여울이나 여시콧등 동쪽에 있는 사지매 여울은 변함없이 흐르고 있다.

적성댐 건설로 수몰 위기에 놓였던 평남리와 내월리는 평화롭기 이를 데 없다. 그러나 요즘 지역민의 반대로 중단된 순창 적성댐 건설을 다시 추진하는 것이 아니냐는 의혹이 일고 있다. 적성댐은 1996년 수자원개발 가능지점 및 광역배분계획 기본조사와 1998년 기본설계가 이루어진 이후 정부의 건설계획과 주민의 반대가 거듭되며 논란을 빚어 왔다.

회문산 아래 물우리에서 일중리, 천담리, 구담리, 장구목, 구미리에 이르는 강은 섬진강 530리 물길 중에서도 가장 경관이 빼어나다. 섬진강의 필터 역할을 하는 그 구간에 댐을 만든다는 것은 여러 모로 타당치 않은 일이다. 적성댐 건설 후보지인 적성강은 강줄기를 따라 아름다운 경관과 천혜의 절경이 펼쳐져 있고 쏘가리, 꺽지 등 민물고기와 천연기념물 수달이 서식하는 섬진강 줄기의 오염되지 않은 생태계의 보고다.

섬진강댐 바로 아래에 적성댐을 만드는 것처럼 댐을 이

댐 이야기

스페인 남동쪽 타비 계곡에 있는 알만자 댐(높이 약 20미터)은 1594년 축조된 세계 최초의 콘크리트 댐이다. 그 후 수많은 댐이 만들어지면서 우리나라에서도 댐 건설 열풍이 불기 시작했다. 그 결과 현재 1만 8000여 개의 댐을 보유하게 되었다. 세계에서 댐이 많은 나라 중 7위를 차지한다고 하니 실로 엄청난 댐이 우리나라에 건설되었고 현재도 건설중인 것이다.

그러나 댐의 건설로 세계 담수어종의 5분의 1이 멸종의 위기에 있거나 이미 멸종되었고, 수몰로 고향을 두고 떠난 사람은 대략 6,000만 명으로 추정되고 있다. 경제성장과 과학적 진보의 상징이었던 댐을 건설하여 얻어지는 이익, 즉 전력과 물의 확보, 식량생산과 홍수피해의 조절 등의 여러 이익들도 많지만 부작용 또한 막대하다. 중국을 제외하고 지난 1세기 동안 200여 개의 댐이 무너져 1만 5000명 이상이 무고한 생명을 잃었고, 1975년에는 중국 허난성에서 일어난 댐 붕괴 사고로 23만여 명의 사상자가 발생하기도 했다.

어 건설하는 것은 우리나라뿐 아니라 세계 어느 곳에서도 그 유례를 찾아볼 수 없을 것이다. 강이 계단식 논이나 고층 아파트라도 되는 양 여기는 한 아름다운 강길을 보존한다는 것은 요원할 따름이다.

주인을 구한 의로운 개, 오수 의견

평지리와 구남의 이름을 따서 평남리라 부르는 이곳에는 구남이라는 거북처럼 생긴 바위가 있고, 웃구남 북쪽에는 포개져 있는 포개 바위가 있다.

거슬러올라간 오수에는 주인을 구하기 위해 불에 타 죽은 의로운 개에 관한 전설이 전해 온다. 그러나 충성스러운 개를 기리기 위한 '의견제義犬祭'가 매년 성황리에 열리면서도, 전국에서 맛이 가장 뛰어나다고 알려진 신포 개장국집이 성황을 이루고 있으니 참 모순된 일이 아닐 수 없다.

회화나무 정자가 있었으므로 회쟁이, 회재이 또는 괴정이라 부르는 괴정리 뒤쪽에는 화산이 있다. 적성산 또는 육선대라 부르는 화산(335.1미터)은 남제주군에 있는 산방산을 닮았으며 봉우리가 소쿠리 명당이라는 설이 있다. 화산 북쪽 상봉인 송대에는 옛 시절 기우제를 지냈던 터가 남아 있다. 서림 북동쪽 골짜기는 도둑이 들끓었다 해서 도적굴이고 서림 서남쪽에는 늑대가 살았다는 역대전이 있다. 또한 웃절이라고 부르는 용화사와 아랫절이라고 부르는 일광사가 있으며 높이 7미터, 폭 4미터인 사람 모양으로 생긴 화산옹이라는 바위가 있다. 이 바위는 메뚜기바위, 미륵바위, 장군바위라 불리기도 한다. 그 동쪽에 창천이라는 내가 있고 그 안에 화산서원이 자리하고 있다. 조선 선조 40년에 창건되었으며 귀래정 신말, 주충암 김정, 하서 김인후, 재봉 고경명, 건재 김천일 등이 모셔져 있다.

화산 옆으로 우뚝 선 것이 순창의 명산인 채기산(360미터)이다. 그러나 채기산의 동쪽은 석산개발로 심하게 훼손되어 있다. 자연은 한번 훼손하면 원상복구가 되지 않는데 몇 사람의 사소한 이익 때문에 금수강산이 망가지고 있으니……

바위 위에 명상에 잠긴 듯한 새 한 마리가 앉아 있다. "어디서 10분쯤 쉬어 갔으면 좋겠다." 하자 박준열 부장은 "다리 위에서 쉬었다 갑시다." 한다.

화산과 채기산 가운데로 난 저 길은 남원과 대강으로 가는 길이다. 강이 휘돌아가는 곳에서 축사를 만난다.

농장에 들어가서 생우유를 한 잔씩 먹고 가면 어떻겠냐는 이대원 씨의 말에 "별로 생각이 없으니 내 몫까지 먹어주세요." 하고 시큰둥하게 대답했는데 그때 몇십 마리의 소가 우리를 보고 우르르 달려오는 것이 아닌가. 서영숙 씨는 소가 사람을 본다고 호들갑을 떤다. 어미소에서 새끼소에 이르기까지 수십 마리의 소가 우리를 신기한 듯 바라보는 것을 보면 이 둑길로 사람이 얼마나 다니지 않았으면 그럴까 싶다. 개목걸이를 단 개는 제 명령에 따르지 않아서 그런지 컹컹 사납게 짖어 댄다.

채기산 아래 앉아 잠시 쉬면서 윗옷 하나를 벗는다. 드

'오수 의견'에 관한 옛 문헌의 기록

김개인은 거령현 사람인데 집에서 기르는 개를 몹시 사랑하였다. 하루는 개인이 출행하는데 개가 따라왔다. 개인이 술에 취하여 길가에서 잠이 들었는데, 들불이 일어나 사방이 타들어 오게 되니, 개는 가까이 있는 내에 뛰어가 몸을 물에 적셔 와서는 개인이 잠들어 있는 곳 주위의 풀을 적게 하였다. 이 짓을 반복하여서 불은 껐으나 개는 기진하여 죽고 말았다. 개인이 술 깬 뒤 개의 모습을 보고 감동해 노래를 지어 슬픔을 표하고 봉분을 만들어 묻어준 뒤 지팡이를 꽂아 표시를 하였더니, 그 지팡이가 잎이 피는 나무가 되었다. 이로 인하여 그 지명을 오수라 하였으니, 악부 중에 견분곡(犬墳曲 개 무덤 노래)은 바로 이것을 읊은 것이다.

— 『신증동국여지승람』 「남원도호부」편

오수 의견비 | 주인을 구하기 위해 불에 타 죽은 개를 기념하기 위해 오수에 세운 의견비. 동국여지승람에도 실려 있다.

라마「태조 왕건」에서 궁예로 나오는 탤런트 김영철이 깎은 머리 때문에 너무 추워 얇은 옷을 아홉 개나 껴입었다는데 나도 세어 보니 다섯 가지를 껴입었다. 다시 길을 나서며 최희준의「하숙생」한 소절을 불러 본다.

"인생은 나그네 길 어디서 왔다가 어디로 가는가. 구름이 흘러가듯 떠돌다 가는 길에 정일랑 두지 말자. 미련일랑 두지 말자. 인생은 나그네 길 구름이 흘러가듯 정처 없이 흘러서 간다."

그렇다. 인생은 끊임없는 나그네 길인데 무에 그리 가져가야 할 것도 많고 미련도 많이 남는가. 노래가 끝나자 기다렸다는 듯 바람이 스쳐 간다. 봄 내음 실은 바람이 지나는 길목에 허물어진 빈집 한 채가 있다.

빈집에서 기다리는 편지

옛 시절 사기점이 있었다는 점촌을 지나며 감상에 젖는다.

"강이 풀리면 배가 오겠지. 배가 오면은 님도 오겠지. 님이 안 오면 편지야 오겠지. 오늘도 나는 기다리다 가노라."

김동환의 시「강이 풀리면」을 노래로 만든 이 곡의 노랫말과는 달리 요즘 어디 편지가 오는가. 이젠 편지는커녕 전화도 하지 않고 이메일만 주고받는 것이 일상화되어 버렸다.

누군가 떠나 버린 빈집을 지나 질척한 시골길을 걸으며 오래전에 써 두었던「편지 1」을 떠올린다.

비가 내린다.

오지 않는다.

낙엽이 진다.

오지 않는다.

눈이 내린다.

오지 않는다.

꽃이 피고

지고

비가 내려도

오지 않는다.

나의 우편함은

언제나 비어 있다.

-1985. 9. 13

빈집 | 시목 마을에 있는 빈집. 사람들이 자꾸 떠나가 빈집이 늘고 있다.

뒤따라오는 일행들은 보이지 않는다. 가다 보면 만날 테지. 만나고 헤어지는 것이 인생인 것을.

적촌 양수장에서 바라보는 섬진강도 아름답지만 뒤편에 우뚝 서 있는 화산이나 채기산도 제법 그럴듯하다. 고추밭에는 벌금자리나물이라고도 부르는 벼룩나물이 제법 무성하다. 어린 시절 벼룩나물을 한 양푼 뜯어다 씻어 놓고 고추장을 듬뿍 쳐 비벼 먹으면 그 맛이 얼마나 꿀맛이던지.

질퍽한 논둑을 헤쳐 온 발길은 이미 무겁고 행여 넘어질세라 두려워 외나무다리를 건너는 것 같다. 한 고개 넘어

제방에서 딸기를 나누어 먹다 | 제방에서 바람을 맞으며 먹는 딸기 맛은 말로 표현할 수 없이 달콤하다.

가면 더 험한 고개 나타난다고, "그래 세상살이라는 것이 그런 거지요." 하던 최 선생의 말이 맞다. 그래도 어제보다는 한결 낫다. 쌩쌩 위협하고 지나가는 작업용 덤프트럭도 없고 얼음 세례, 물 세례도 없으니 오로지 우리만의 길이다.

적성원이 있던 원촌 마을을 지난다. 섬진강을 가로지르는 낡은 적성교는 1914년에 놓은 다리라고 한다. '남원 19킬로미터, 함양 59킬로미터'라고 쓰인 도로 표지판 아래를 지나 제방에 들어서서 길옆 음식점으로 들어간다. "물 한 모금 먹고 싶은데요." 하자 맘씨 좋아 보이는 아주머니가 "물은 디릴랑개 꼭 한 모금만 잡솨요." 하고 웃으면서 물 한 바가지를 떠다 주신다. 한 모금만 먹으려고 했는데 한 컵을 다 먹어 버렸다. 배고플 때는 침만 삼켜도 요기가 된다더니 한결 낫다. 강은 제방 쪽으로 이어진다.

뒤를 돌아보니 적성교 너머로 화산, 채기산은 그림 같고 우리가 오늘 출발했던 용골산, 무량산이 아스라하다. 섬진강은 물비늘을 일으키며 반짝거리고 저만치 적성 소재지가 보인다. '저 다리까지만 걷고 점심을 먹어야지.' 생각하며 걸어가는데 다리 못미처에서 딸기를 수확하고 있다. 참새가 방앗간을 그냥 지나갈 수야 있나. "딸기 오천 원어치만 주세요. 맛만 보고 가겠습니다."라고 말하자 사람이 많은데 조금 줄 수 있겠느냐고 한 박스 가득 따 주신다. 제방에서 바람을 맞으며 먹는 딸기 맛은 말로 표현할 수 없이 달콤하다. 오후 새참 때 먹을 딸기까지 사고서야 딸기밭을 나선다.

이 고장에서 맛이 좋기로 소문난 '화탄 매운탕' 근처에서 강은 더없이 넓어진다. 잔물결이 일렁이는 강 건너에는 휘늘어지고 굽은 소나무들이 숲을 이루고 있다. 신영주 씨는 "굽은 소나무가 선산을 지킨다고는 하지만 곧은 소나무를 보는 것이 쉽지가 않네요." 한다. 소나무 숲 한쪽에는 수간주사를 맞았다는 표지판이 서 있다.

강물이 불어나면 물에 잠긴다는 다리를 지나 꽃여울(화탄)에서 바라본 지북리에는 지계서원터가 있다. 정조 12년에 세워 양구암, 이회양, 권매당, 양백수를 배양했던 지계서원은 고종의 서원철폐령에 따라 헐리고 말았다.

좌측으로 보이는 무수내 마을은 대나무 숲에 둘러싸여 있다. 무수내 동북쪽에는 여장부가 치마에 안고 와서 아기를 낳았다는 아기바위가 있다.

유촌리, 오교리를 건너

순창군 상수도 보호구역을 지나 논둑으로 내려선다. 이곳만 해도 양지발라서 그런지 논둑이 보송보송하다. 철새들은 떼지어 날아오르고 남은 새들이 흔들거리는 갈대숲에서 지저귄다.

버드나무가 많다는 유촌리의 나루터에는 잘생긴 팽나무한 그루가 나루터를 지키고 있다. 강 건너 버들암쪽에는 저건네라는 마을이 있다. 버들암 북쪽에 있는 들판은 한우물에서 나온 물이 들판을 적시기 때문에 한우물들이 되었다고 한다.

유촌리 뒤쪽 마을은 책을 수천 권 쌓은 듯한 바위가 있

'물'에 대한 노자의 가르침

"모든 것의 가운데서도 최선은 언제나 물과 같다. 물은 모든 만물을 이롭게 하지만 높고 깨끗한 곳에 있으려 하지 않고, 항상 사람들이 싫어하는 낮고 더러운 곳에 스며든다. 이러한 물의 성질은 도에 아주 가깝다.

물과 같은 선을 실천하는 사람은 처신을 겸손하게 하고 마음가짐은 고요하게 하며 널리 베풀되 보답은 바라지 않고 말은 진실되어 망령되지 않게 하며 정치에서는 좋은 성과를 얻고 일에서는 좋은 효과를 거둔다. 또한 행동은 좋은 시기를 선택해서 한다. 그는 남과 다투지 않기 때문에 무슨 일을 하든지 잘못이 없다."

다고 해서 책바위 마을이라고 부른다. 팽나무 아래 전 면 장 아무개의 공적비가 세워져 있다. 유촌교 너머로 88고속 도로가 지나간다.

다리를 건너 오교리에 이른다. 산에 머귀나무가 많기 때문에 머다리 또는 오교라고 부르는 이곳에는 큰 섬에서 버들말로 건너는 나루터가 있었다. 순창군에서는 그 나루터가 사라진 곳에 천연 잔디구장을 조성하고 자전거 도로까지 번지르르하게 빙 둘러놓았다. 점점 자연스러운 옛 공간은 사라지고 인공 조성물이 그 자리를 대신하고 있으니 안타까운 노릇이다.

높은들 동쪽에는 어살을 쳤던 살여울이 흐른다. 강 건너 외이동에는 어초정이 그림같이 서 있다. 평택 임씨 형제가 세웠다는데 형의 호는 어정, 동생의 호는 초봉이었다고 한다. 박준열 부장이 말을 꺼낸다.

"옛 사람들은 정자를 한 채 지어도 그냥 짓지를 않았어요. 자연을 중심으로 짓지 사람을 중심으로 짓지 않았대요. 사람도 자연의 일부인데 요즘 사람들은 자연을 하나의 도구로 생각하니까 함부로 하는 거예요."

옳은 말이다.

멀리 광주에서 온 일행이 제방으로 오는 모습이 보인다. 전《금호문화》편집장인 정명혜 씨, 서울에서 북디자인 전문회사를 경영하고 있는 강혜숙 씨, 민학회 실무진인 배성자 씨였다. 일행이 늘었으니 나눌 이야기도 많으리라.

강천산에서 비롯된 경천(앞내들, 작철)은 팔덕면을 지나

어초정 | 외이동에 서 있는 그림 같은 어초정은 평택 임씨 형제가 세웠다. 형의 호는 어정, 동생의 호는 초봉이었다고 한다.

고 유등면과 풍산면의 경계에서 섬진강에 합류한다. 그런데 합류지점의 물이 제법 많아서 신발을 벗고 건너는 것이 가능하지 않을 듯싶다. '돌아가는 것, 이 또한 즐겁지 아니한가'를 되뇌이며 외이교를 지난다.

면암의 우국충정이 서린 순창

순창은 『신증 동국여지승람』「형승」조에 "오산이 중앙에 우뚝 솟았고 작수는 동쪽으로 돌아서 흐른다.", "호남의 승지이다."라고 기록되어 있다. 연산군 때 풍류객 성현은 그의 시에서 "돌아가리. 돌아가리. 뽕과 가래나무 이미 늙었고 전원은 황폐하였네. …… 보련산은 높아 푸르고 울창하며 적성의 물은 합하여 맑기가 젖빛 같네."라고 노래하였다. 이곳에는 면암 최익현과 의병에 관한 이야기가 서려 있다.

면암 최익현은 순조 33년 경기도 포천에서 태어난 유학자다. 여러 관직을 역임하면서 대원군의 정책을 비판하고 일본 세력의 침입을 반대하는 상소를 여러 차례 올렸다. 그중 하나가 1873년에 올린 상소로 대원군이 서원 철폐를 단행하자 그 시정을 건의한 상소였다. 이 상소를 계기로 대원군의 10년 정권이 무너지게 되었다.

최익현은 고종의 신임을 받아 호조참판에 등용되었지만 1876년 「병자지부소」를 올려 일본과 맺은 병자수호조약을 결사 반대하였다. 그는 결국 이 상소로 인해 흑산도로 유배되었다.

그 뒤 20여 년 동안 침묵만 지키던 그는 "벼슬아치, 선비, 농부, 장사꾼, 장인, 서리, 승려까지도 모두 함께 일어나서 힘을 합하여 원수를 무찔러 그 씨를 없애고 그 소굴을 불지르며 역적의 무리들을 모조리 쳐부수어 그 머리를 베고 사지를 찢어서 나라의 명맥을 튼튼히 하자."는 글이 담긴 격문을 띄우고 호남의 의병장 임병찬을 비롯한 80여 명의 제자와 함께 전라북도 태인의 무성서원에서 의병을 일으켜 일본군과 싸웠다. 의병대는 그 뒤로 정읍을 거쳐 순창에서 관군과 맞서게 되었다.

매천 황현이 그의 저서 『매천야록』에서 "수백 명의 오합지졸은 모두 규율이 없고 유생들은 큰 갓을 쓰고 소매가 넓은 두루마기를 차려 입어 마치 과거 보러 가는 선비 같았다."고 적은 대로 이 의병대는 임금의 명을 받은 관군과 싸울 수 없다는 의병장 최익현의 주장에 따라 변변한 싸움도 해보지 못하고 해산되고 말았다. 그 뒤 최익현은 대마도로 유배되어 고생하다가 1906년에 죽었다.

그와 함께 유배를 갔던 임병찬은 1907년에 귀국하였다가 1910년 한일합방으로 국권을 상실하자 재차 거의를 도모했다. 이명상, 이인순, 김창식과 더불어 의병운동을 계획하였으나 1914년 발각되어 6월 13일 거문도로 유배되었다. 임병찬은 1916년 5월 유배지에서 병사하였으며 묘지는 산내면 종성리에 있다.

이 지역의 대표적인 특산물은 전라도뿐 아니라 전국에 널리 알려져 있는 '순창고추장'이다. 조선 왕조를 세운 이성계가 순창에 있던 무학대사를 찾아가는 길에 점심 때가 되어 순창의 어느 농가에 들렀다. 그때 고추장에 밥을 비벼 맛있게 먹었는데 무학대사를 만나고 한양으로 돌아간 뒤에도 그 고추장 맛을 잊지 못해 순창 현감에게 고추장을 바치라고 명했다고 한다. 그 뒤로 순창고추장은 진상품이 되어 세상에 널리 알려지게 되었다는데…….

하지만 그것은 좀 문제가 있는 전설이다. 고추가 들어온 것은 임진왜란 이후이기 때문이다.

줄만 골라도 소리가 먼저 울린다, 사리랑 타령

순창에 전해 오는 대표적인 설화가 또 하나 있다. 오래 전 순창읍에 지체 높고 얌전하며 얼굴이 빼어나게 예쁜 과부가 있었다. 시집 간 지 얼마 안 되어 남편을 잃고 수절하고 있었는데 성이 양씨였기 때문에 마을 사람들이 양 과부라고 불렀다.

그 마을에 설씨라는 권세 있고 지체 높은 선비가 살고 있었다. 양 과부에게 청혼하였다 거절당한 설 선비는 애원도 해 보고 위협도 해 보았지만 양 과부가 끝내 청혼을 받아들이지 않자 마지막으로 내기를 청하였다. 설씨는 높이가 석 자나 되는 나막신을 신고 서울까지 갔다 오고 양 과부는 작은 산에다 성을 쌓는 내기로 빨리 끝내는 사람의 소원을 들어주자는 것이었다. 양 과부는 십중팔구 자기가 이길 수 있으므로 마지막 청을 들어주고 설씨로부터 벗어나려는 생각으로 내기를 수락했다.

약속한 날 양 과부는 부지런히 성을 다 쌓은 후 승자의 미소를 짓고 있었다. 그러나 설씨가 돌아와 양 과부 치마에 붙어 있는 흙을 발견하고는 자기가 이겼노라고 기뻐하는 것이었다.

당황한 양 과부는 자신이 안심한 나머지 치마의 흙을 발견하지 못한 것을 깨달았다. 수절할 수 없게 된 양 과부는 그 자리에서 수백 척 아래 깊은 물속으로 몸을 던져 죽은 남편의 뒤를 따랐다.

그 뒤 사람들은 양 과부가 쌓은 성을 '홀어머니 산성'이라고 불렀으며 오늘날까지 남아 있다.

한편 순창에는 '사리랑 타령'이라는 민요도 전해 온다.

"인자 나가면 언제나 올까. / 언제 올 줄을 아이구 내가도 몰랐네. / 사리랑 둘게 당실이 노른 사리랑 / 오라는 디는 밤에나 가고 / 동네 술집이 아이고 대낮에 간다네. / 사리랑 둘게 둥실이 노른 사리랑 / 오동에 목판 거문고는 / 줄만 골라도 아이고 소리가 난다네. / 사리랑 둘게 당실이 노른 사리랑.

이처럼 은근하고 가슴 뭉클한 사랑 노래가 또 어디 있을까? 사랑하는 이를 생각만 해도 가슴이 두근거리는 마음을 줄만 골라도 소리가 먼저 울리는 거문고에 비유한 것이 절묘하다. 사리랑 타령을 떠올리는 사이 양병완 선생의 전화가 걸려 온다. 토요일 수업이 끝나자마자 음료수 사 들고 이곳을 찾은 것이다. 사람이 사람을 그리워한다는 것은 얼마나 가슴 벅찬 일인가.

악전고투의 길을 지나

대풍교 너머로 옥출산(276.6미터)이 보인다. 예부터 옥이 나온다고 알려진 저 산 북쪽에는 모양이 덕석 같다는 덕석바위, 문턱 같다는 문턱바위가 있다. 대동 동남쪽에 있는 망천봉望天峯은 국상이 나면 마을 사람들이 올라가 망천양배望天兩拜를 드리던 곳이라고 한다.

쉰여울(금탄) 마을 앞에는 제방이 쌓여 있다. 제방 위로 자동차가 다닐 수 있기 때문에 장교완 선생은 혼자서 집에 가는 길에 항상 이곳에서 쉬어 간다고 한다. 금탄에서 풍산면 두승리로 건너던 금탄 나루터가 있었다는데 이미 사라진 지 오래다. 쉰여울 남서쪽 용소 부근에 있는 귀신바위에는 귀신이 살고 있다는 전설이 전해 내려온다. 월산 북서쪽에 있는 산 이름은 전라도 토박이말로 동울가끔이다. 대동 마을과 백가에서 각각 한 자씩을 따서 이름 지은 대가리에서 옥출산 자락을 따라 돌면 물도리동으로 알려진 향가(행가) 마을이 있다.

지금은 집 몇 채와 강가의 음식점만 남아 있는 이곳에는 일제 때 일본인들이 철로를 개설하려다 그만둔 일명 '콰이강의 다리'가 걸려 있다. 휘돌아 가는 섬진강의 모래톱과 그윽한 산굽이가 정취를 자아내는 이곳에 고색창연한 다리(?)까지 걸려 있으니 이 또한 아름답지 않은가.

새로 난 길을 따라가다가 강가로 방향을 잡았는데 양수장에서 길이 사라진다. 돌아갈 수도 없고 그냥 산길을 헤쳐 가자고 마음먹었지만 악전고투의 연속이다. 가시에 찔

향가리 | 대동 마을과 백가에서 각각 한 자씩을 따서 이름 지은 대가리에서 옥출산 자락을 따라 돌면 물도리동으로 알려진 향가(행가) 마을이 있다.

콰이강의 다리 | 일제 때 섬진강에 다리를 놓으려다 중단한 미완의 다리. 필자가 '콰이강의 다리'라고 명명했다.

리고 찔리며 겨우 오름골을 헤쳐 나오자 강 건너에 향가
산장이 보인다. 옛날 배가 닿았던 곳이라는 뱃나두리들을
지나 생사물 마을에 닿는다. 임진왜란 무렵 장씨 가문에서
사경에 이른 아버지를 구하기 위해 황사를 내려 달라고 기
도하다 바람대로 황사가 나왔다고 하여 생사라는 마을 이
름이 붙었다고 한다. 이곳에서 곡성군 옥과면 합강리로 건
너던 나루터가 아랫여울 나루였다. 섬진강은 옥과면 합강
리에서 섬전거에서 발원한 옥과천을 받아들인다. 옥과천
과 섬진강이 합수되므로 합강리가 된 이 마을은 도리산이
라고도 부른다.

　푸르디 푸른 강물 너머로 멀리 금호타이어 공장이 보인다.
공장을 지나며 섬진강물이 본격적으로 오염되기 시작한다
고 한다. 제방 옆 축사에는 소들이 슬픈 표정으로 매여 있다.

풍악의 음률이 온 산에 진동하다

　날은 서서히 저물어 가고 무진장 앞으로 강물이 휘돌아
간다. 곡성군 옥과 마을 손전리로 건너던 방산 나루터는
보이지 않고 웃여울, 아랫여울로 물만 드세게 흘러간다. 강
건너 저만치 동악산이 보인다. 동악산은 곡성의 진산으로
재를 가운데 두고 북봉과 남봉(형제봉)으로 나뉘며 정상에
서 내려다보면 조계산, 백운산이 한눈에 들어온다.

　이 산은 도림사 창건 당시 풍악의 음률이 온 산을 진동
하여 동악산이라는 이름이 붙었다고도 하며 곡성 고을에
서 장원급제자가 나오면 이 산에서 노래가 울려 퍼져서라

고도 한다. 또 예부터 많은 시인 묵객들이 모여들어 풍악을 울리고 시를 짓는 소리가 산을 울려서 동악산이라 불렸다고도 한다. 형제봉 아래에는 길상암이라는 암자가 있었다는데 지금은 없어지고 작은 암자만 남아 있다.

동악산 아래 | 도림사 창건 당시 풍악의 음률이 온 산을 진동하여 동악산이라는 이름이 붙었다고도 하며, 예부터 많은 시인 묵객들이 모여들어 풍악을 울리고 시를 짓는 소리가 산을 울려서 동악산이라 불렸다고도 한다.

도림사 아래 자락에 있는 청류동淸流洞 계곡을 "삼남 제일의 암반 계류"라고 부른다. 마치 두타산 무릉반석을 보는 것처럼 폭이 20~30미터쯤 되고 길이만도 200여 미터에 이른다. 맑은 물줄기가 천 년 세월을 두고 쉴 새 없이 타고 흐르면서 바윗면을 반질반질하게 만들어 놓았으며, 반석 표면에는 수많은 글씨들이 새겨져 있다. 암반 계류의 절경마다 일 곡一曲에서 구 곡九曲까지 새겼고, 청류동, 단심대, 낙락대 등의 지명뿐만 아니라 '낙산완초 음풍농월樂山玩草 吟風弄月', '청류수석 동악풍경淸流水石 動樂風景' 등의 글귀와 사람의 이름까지 다양하게 새겨 놓았다.

봄이면 벚꽃이 흐드러지게 피어나 벚꽃 터널을 이루는 도림사가 저 산 너머에 있기에 내 마음은 그곳으로 훌쩍 날아간다. 주용기 씨가 새참을 가지고 저만치서 기다리고 있다. 오전에 사 둔 딸기로 새참을 먹고 장교완 선생의 고향 마을인 신덕리 가덕 마을을 바라본다. 더덕정이, 국숫

골, 할미다리, 흔덕재 등 옛 이름들이 아련하다. 가난한 삼형제가 의좋게 살았다는 삼형제 바우는 잘 있는지.

강 건너 입면의 금산은 윗산이 거문고처럼 생겼기 때문에 금산이라고 부른다는데 그래서 그런지 멀리 보이는 풍경이 더없이 아름답다.

드센 강바람을 헤치고

강바람에 으스스 몸이 떨린다. 이제 마지막 한 시간 남았다. 들판 가운데라 그런지 바람이 더욱 드세다. 모두 모자를 꾹 눌러쓰고 한 발 한 발 내딛는다. 제방엔 억새와 갈대가 숲을 이루고 있고 이름 모를 풀들 또한 저희들끼리 흐드러져 있다.

'금지 1킬로미터, 남원 22킬로미터'

멀지 않았다. 햇살은 서서히 주홍빛으로 물들고 바람이 잦아든다. 모두 집으로 돌아가는 시간 우리가 몸을 누이고 하룻밤을 지낼 곳은 저 모퉁이를 돌아가면 있을 것이다.

강가에는 희디흰 몸매를 드러낸 미루나무들이 마지막 겨울을 견디느라 바람 앞에 흔들리고 있다. 흐르는 여울물 소리가 폭포소리처럼 내 가슴을 뒤흔드는 바로 아래에는 냉장고 10여 대가 버려져 있다. 필요해 쓰다가 소용이 없어지면 아무렇게나 버리는 저 심사는 어인 것일까?

섬진강 식당에 들어선다. 장작 때는 난로에 불을 지폈지만 방은 아직 따뜻하지 않다. 공주에서 유재열 씨와 학생 여섯 명이 와 있다. 전생에 얼마나 인연이 깊으면 이렇게 만나게 되는 것일까?

"옛날에는 농촌에서 쓸모가 없어진 물건들을 아무 생각 없이 개울가에다 버렸어요. 그 쓰레기들이 장마 때만 되면 말끔히 물살에 쓸려가니까 그게 습관이 되어 농촌 사람들이 아무런 죄의식 없이 버리는 경우가 많아요."

유재열 씨의 말처럼 어린 시절 도랑 근처에는 쓰레기들이 수북이 쌓여 있곤 했다. 고물들을 엿으로 바꾸어 주던 때라 어린 마음에 엿이 탐나 깨진 병조각, 찢어진 고무신을 줍기 위해 각시소와 미나리꽝 부근을 샅샅이 뒤지고 다니던 웃지 못할 추억이 있을 정도이다.

어떻게 하면 쓰레기를 함부로 버리지 않게 될까? 어떻게 하면 온 나라 산천이 깨끗해질까? 생각할수록 마음이 어둡다.

"며칠 전 서점에 갔어요. 부드럽게 '전과 있어요?' 하고 묻자 못 알아듣는 거예요. 그래서 다시 '전꽈 있어요?' 하자 알아듣고 전과를 내주는 거예요. 김밥 역시 '김밥'이라고 부르는 것보다 '김빱'이라고 혀야 더 맛있는 것 같잖아유."

말의 맛이라는 것이 그렇다. 기자들이 인터뷰할 때 '효과'라고 부드럽게 발음하는 것도 '효꽈'라고 해야 더 효력이 나는 것 같이 느껴지니 말이다.

이런저런 이야기들이 오고가는 동안 밤은 깊어만 간다. 늦은 밤 강변에 달맞이를 나가 보았더니 흘러가는 섬진강 속에 이 월 열엿새 달이 두둥실 떠 있었다.

판소리 가락처럼
애절한 강물

엷은 안개를 따라 남도에 접어들다

아침은 엷은 안개와 함께 찾아왔다. 다리를 건너자 전라남도에 접어든다. 이곳은 전라남도 곡성군 곡성읍이다. 아침부터 공사 중인 불도저들이 요란한 굉음을 내고 있지만 강은 아랑곳없이 잔잔하게 흐르고 있다.

곡성읍 신기리에 위치한 골짜기 청계동은 예부터 경관이 빼어나 마치 삼청의 진경을 옮겨 놓은 듯하다는 명승지이다. 또한 임진왜란 때 고경명 장군의 우부장으로 금산전투에 참가했던 청계 양대박 장군이 의병을 양성하고 피신했던 곳이라고 한다.

여름 한철 요금을 받는 청계동 매표소에는 아무도 없다. "계세요, 계세요." 하고 아무리 불러도 대답이 없어 발길을 돌린다. 동악산에는 흰 눈이 쌓여 희끗희끗하다.

멀리 전라선 철도와 지리산 연봉이 보이고 유유히 흘러가는 섬진강 너머로 닭 우는 소리가 들린다. 소나무 한 그루가 서 있는 신기 마을 회관 앞을 지나 곡성으로 가는 길가에는 메타세쿼이아 나무가 줄지어 있다.

대강면 사석리에 걸쳐 있는 고리봉(708미터)은 험준하기 이를 데 없다. 천지개벽할 때 고리에 배를 매었다고도 하고 남원이 행주형(行舟形 : 배 모양의 마을)이기 때문에 떠내려가지 못하도록 고리산에 쇠고리를 묻었다고도 한다.

남쪽 능선을 따라가다 보면 명나라 장수 천만리의 묘가 있다. 무예가 뛰어나 무과에 장원으로 급제한 그는 아들 천상과 함께 명나라 장군 이여송을 따라 전쟁에 참전하여 공을 세웠다. 정유재란 때 여러 곳에서 공을 세운 그는 전쟁이 끝난 뒤 조선 왕조에 귀화하였다. 조정에서는 그의 전공을 기리기 위하여 고성군 호암사, 청도군 황강사, 문경군 노양각, 진주 만첨각 등에 각각 봉안하였고 그 뒤 고종 33년에 이곳 금지면 방촌리에 환봉사를 세워 아들 천상과 함께 봉안하였다.

방촌리에는 고리봉에 있는 만 개 골짜기의 물이 합하여 한 줄기로 흐른다 하여 만학골이라는 마을이 있다. 만학골에서 발원하여 택촌천과 합류하는 내를 헤맨들 도랑이라고 부른다.

금곡교를 지나며 제방길로 접어든다. 이곳 바로 앞에서 요천과 섬진강이 합류한다. 장수군 장수읍 덕산리 덕산골짜기에서부터 비롯된 용림천이 반담면 죽산리에서 흘러온 물을 받아들이고 죽림에서 다시 백운천을 합하여 남쪽으로 꺾여 흐른 물길이 요천이 된다. 남원 산동면을 지난 요천은 백암천을 합하고 남원 원각동에서 누른대천을 합한 뒤 주천면 신촌리에서 원천을 합한다. 이후 주생명 지당리에서 옥류천을, 송동면 신평리에서 손내천을 받아들여 금지면과 송동면의 경계에서 곡성읍 동산리의 섬진강과 몸을 합한다.

남원의 인물들

멀리 남원 일대가 보인다. 백두대간이 지나가는 남원에는 유달리 높은 산들이 많다. 지리산의 만복대, 고리봉, 세길산 등이 동편에 우뚝 서 있고, 서편에는 교룡산이 떡 버티고 있다.

걸출한 인물들도 많이 배출하였다. 『성종실록』과 『경국대전』을 편찬한 윤효손尹孝孫이 남원 주생면 출신이고, 운봉에서 판소리의 시조라 일컫는 송흥록宋興祿과 그의 맥을 이은 박초월, 강도근도 이곳 출신이다. 이외에도 수많은 역사적 인물과 소리꾼이 남원에서 태어나 활동하였다.

남원 시내에서 서북쪽으로 산곡동과 대산면을 경계로 하여 해발 518미터의 교룡산이 솟아 있다. 잘 다듬어진 작은 돌이 담장처럼 쌓여 있는 교룡산성은 교룡산 중턱을 띠처럼 휘감고 있다. 『남원지』에 따르면 백제 때 축성되었다는데 둘레는 3,200미터, 높이는 4.5미터쯤으로 추정된다. 원래 4대문이 있었다고 하는데 오랜 세월이 흐르는 동안 서·남·북문은 흔적도 없이 사라져 버리고 동문인 홍예문만 옛 모습을 그대로 간직하고 있다. 홍예문 아래 고죽동은 조선 연산군 때 무오사화를 일으킨 장본인인 유자광이 태어난 곳이기도 하다. 동학농민운동 당시 김개남은 이 교룡산성 안에 집강소를 설치하여 전라 좌도를 통솔했었다.

교룡산성의 성내에 있으므로 산성절이라고도 부르는 선국사의 본래 이름은 용천사였다. 용천사가 선국사로 개명된 과정은 분명한 기록을 찾을 수 없다. 용천사는 고려 말에 빈번했던 왜구의 침략과 조선조 임진·정유의 국난이 있을 때마다 전라 좌영이 위치한 남원부 산하 6개 군현에서 거두어들인 군량미를 저장하고 병력을 배치하는 역할을 했다. 따라서 나라를 지키는 절이라 하여 선국사로 개명했다는 설이 설득력 있어 보인다. 선국사가 한창 부흥했던 시절에는 승려들만 해도 3백여 명이었다는데 지금은 대웅전과 칠성각, 요사채 및 한쪽 귀퉁이가 허물어져 가는 보제루만 쓸쓸하게 남아 있다.

선국사나 지금은 없어진 밀덕암의 한 방이었을 것으로 추정되는 은적암에는 수운 최제우의 발자취가 선명하게 새겨져 있다. 동학을 창시한 수운 최제우는 1862년 겨울 전라도 남원으로 피신해 온다. '사람이 한울'이라는 동학의 큰 이치를 깨달아 널리 펴고 있던 그는 영남지방에 만연한 추로지향의 보수적 사상과 온갖 형태의 박해를 피하여 전라도 땅에 발을 내디딘 것이다. 그는 남원성 남문 밖에 한 주막에서 서공서(훗날 동학의 골수 신자가 됨)를 만나 그의 안내로 선국사에 방을 얻는다. 그곳에 은적암이라는 당호를 붙이고 8개월여를 피신 수양한다. 그곳에서 최제우는 『논학문』 등을 집필하며 '동학 東學'이라는 용어를 처음 사용하였다. 또한 혁명적인 노래의 핵심이 된 「칼노래」를 만든다.

수운 최제우는 선국사의 대밭 속에서나 묘고봉에 올라 고향을 떠나올 수밖에 없었던 울분을 시로 읊조리고 칼노래를 부르며 칼춤을 추었다고 한다. 이 칼노래가 결국 1864년 수운이 체포되어 대구 장대에서 좌도난정이라는 죄목으로 죽임을 당하게 만드는 결정적 원인이 된다.

"동학의 두목 최제우는 사된 방술로써 사람을 고치고 병을 낫게 한다고 사칭했으며 주문으로써 국가와 민족을 속였고 칼노래로써 국가의 정사를 모반했으니 좌도난정률左道亂正律에 따라 처형함이 마땅하다."

이것이 당시의 판결문이다. 수운 최제우는 그렇게 죽었지만 그가 선국사 은적암에서 숨어 지낸 몇 개월이 남접의 시작이 되고 결국 1894년 동학농민운동의 도화선이 되었다.

남원은 백제 온조왕 때 교룡군이라는 지명을 얻었다. 그 후 대방군으로 개칭되었다가 평안도 지방에 설치된 한사군에 대방군이 생기자 남대방군으로 불렸다. 660년 나당연합군이 백제를 멸망시키고 남원에 대방도독부를 두었으며, 684년 문무왕이 남원경을 설치한 후 5소경으로 불리며 전라도 일대의 중심지가 되었다. 1654년에 전라 좌영이 설치되었고, 농민혁명이 끝난 1895년 남원부가 되어 관찰사가 파견되었다. 그 뒤 1947년 행정구역 개편시 운봉군이 없어지고 지금의 남원군이 되었다.

남원은 경상도와 전라도의 경계를 이루는 곳으로 예부터 그 일대를 차지하려는 싸움이 그칠 날이 없었다. 삼국 시대에는 신라 무열왕 김춘추의 동생 무은이 백제와의 아막성 전투에서 전사했으며, 고려 말에는 이성계가 함양을 거쳐 운봉으로 넘어오는 왜구를 무찔렀다. 그 전투가 황산대첩이다. 또한 정유재란 때는 왜군 5만 6000명과 남원의 관군, 민간인 1만여 명이 벌인 처절한 싸움 끝에 한 사람도 남김 없이 숨지고 말았다. 남원시 동충동에 있는 만인의총은 그 넋을 기리기 위해 세운 것이다.

춘향제 | 초파일 무렵에 열리는 춘향제. 월매집에서 공연을 하고 있다.

박색 춘향의 원혼을 달래다

남원의 5월 초는 춘향제로 시끌벅적하다. 남원 사람들이 성춘향을 기리기 위해 한판 굿을 벌이기 때문이다.

"저 건너 동편에 보이는 산은 지리산 내맥인데 신선 나려 놀든 데요. 북편의 높은 산은 교룡산성이 저기온데, 화계가 곡성 지지옵고, 서편에 엄숙히 보이는 집은 관왕묘로 모셨는듸, 역력헌 일이 많사옵고, 남편에 운무 사이로 아시무라니 보이는 집은 좌도관방 지지온듸 저 집 이름은 영주각이요, 저 다리 이름은 오작교라 하나이다."

이도령이 춘향이를 보기 전 광한루에 올랐을 때 방자가 남원 고을의 이곳저곳을 알려 주는 대목이다. 요천에 자리 잡은 광한루는 1170년 무신정권 때 남원으로 내려온 황감평이 지었고 그 뒤 그의 아들이자 청백리 정승으로 이름난 명재상 황희가 광통루라고 개칭한 것을 전라감사를 지낸 정인지가 이 누각에 놀러 왔다가 광한루라고 고쳐 불렀다고 한다.

광한루 뒤편에 이서구의 영세불망비를 비롯한 십여 개

광한루 | 요천에 자리 잡은 광한루는 1170년 무신정권 때 남원으로 내려온 황감평이 지었고 그 뒤 그의 아들이자 청백리 정승으로 이름난 명재상 황희가 광통루라고 개칭한 것을 전라감사를 지낸 정인지가 광한루라고 고쳐 불렀다.

의 비가 서 있다. 이서구는 조선 후기 한문 4대가의 한 사람으로 선운사 도솔암 마애불과 관련된 이야기가 전한다.

과연 농민들은 고마운 마음으로 그 비들을 세웠을까? 당시에는 조선 팔도 어디나 고을의 수령이 바뀌면 송덕비를 세우게끔 되어 있었다. 경기도 과천 현감이 고을을 떠나면서 옷깃을 여미고 종이에 싸인 송덕비를 제막했더니 그 비면에 송덕은커녕

'금일송차도今日送此盜 (오늘 이 도둑을 보내노라.)'

라고 쓰여 있었다고 한다. 탐욕스럽고 대범했던 이 현감은 이방에게 붓을 가져오라고 한 다음 그 비문 곁에다 다음과 같이 써 붙이고 과천 고을을 떠나갔다고 한다.

'명일송타도明日送他盜 (내일이면 또 다른 도둑이 오려니) 차도래부진此盜來不盡 (이 도둑은 끊임없이 오노매라.)'

그 명맥이 지금도 이어져 과천 현감 같은 이들이 심심찮게 나타나고 있으니 한탄할 노릇이다.

1만 7000여 평의 누원 안에는 큰 연못이 있고 연못 안에는 삼신산을 나타낸 세 개의 섬이 자리하고 있다. 춘향과 이도령이 만났다는 오작교를 비롯하여 춘향사, 월매집, 완월정 등 여러 정자와 누각들이 조화를 이루고 있는 이 누원에는 전체적으로 조선 왕실의 정원 양식이 반영되어 있다. 누원에 있는 연못은 은하수를 상징하고 그 위에 오작교를 두었으며 연못 안의 세 개의 섬은 신선이 산다는 공간으로 도교적 이상을 나타낸다. 바로 이 광한루에서 이도령과 춘향이의 험난하지만 아름다운 사랑이 시작되었다.

해마다 녹음 무성한 5월 초가 되면 나라 구석구석의 관광객이 남원으로 몰려든다. 그네를 뛰고 씨름대회가 열리고 미스 춘향 선발대회가 벌어지는데 그것이 장관이다. 또한 판소리의 본향답게 판소리 경연대회가 열린다.

『춘향전』은 우리 문학 중 가장 널리 알려진 작품 중 하나이다. 전해 오는 이야기에 따르면 춘향은 원래 남원에서 죽은 박색의 여자였다고 한다. 보아 주는 남자가 아무도 없어 결국 시집도 가지 못한 채 한을 품고 죽었는데, 그 이후 남원에는 계속해서 가뭄이 들었다. 결국 이를 신원伸冤하기 위해 무당이 굿을 하기에 이르렀다. 남원은 다시 평온을 되찾았고, 해마다 춘향을 위한 굿을 하게 되었는데, 박색의 춘향, 남자복이 없는 춘향을 미인으로, 권력자와 영웅인 두 남자의 사랑을 동시에 받는 여인으로 바꾸어 부른 무당의 노래가 바로 『춘향전』의 근원이라는 것이다. 판소리계 소설인 『춘향전』이 무가巫歌에서 시작되었다는 견해는 매우 설득력 있어 보인다. 시나위권의 무가도 판소리로 정착했으며, 실제 진도의 「다시래가」나 「장자타령」을 보면 판소리와 다름없기 때문이다.

『춘향전』 못지 않게 판소리로 널리 알려진 『흥부전』의 무대 또한 남원이라고 한다. 팔령고개 넘어가기 전 인월에서 흥부, 놀부가 태어났다고 전해진다.

동학의 땅, 남원

동학의 상처가 깊숙이 스치고 지나간 곳 역시 남원이다.

남원을 배경으로 한 또 다른 소설

매월당 김시습은 천재였으나 시대상황 때문에 한평생 불우하게 살았다. 우리나라 최초의 한문소설인 『금오신화』를 써서 석실에 감추어 두었는데 몇 백 년이 지나 일본에서 발견되었다. 우리나라에는 1926년에야 육당 최남선이 들여왔다.

『금오신화』 중 「만복사 저포기」가 남원을 배경으로 하고 있는데 그 줄거리는 다음과 같다. 남원에 사는 총각 양생은 일찍 부모를 여의고 만복사에서 배필이 없이 외롭게 지냈다. 그러던 어느 날 부처와 저포놀이(나무로 만든 주사위를 던져 승부를 겨루는 유희)를 해서 이긴 대가로 아름다운 처녀를 만나게 되었다. 그 처녀는 왜란에 부모와 이별하고 3년간 궁벽한 곳에 묻혀 정절을 지키며 살고 있던 터였다. 둘은 부부의 연을 맺고 며칠간 열렬한 사랑을 나누다 후일을 기약하고 헤어졌다.

양생은 약속한 장소에서 기다리다가 딸의 상을 치르러 가는 양반집 행차를 보고 그 처녀가 3년 전에 죽은 그 집 딸의 혼령임을 알았다. 처녀는 부모가 베푼 음식을 먹고 나서 저승의 명을 거역할 수 없다며 사라졌다. 어느 날 밤 자신은 타국에 가 남자로 태어났으니 당신도 불도를 닦아 윤회를 벗어나라는 처녀의 목소리가 들렸다. 그길로 양생은 지리산으로 들어가 약초를 캐며 지냈고 처녀를 그리워하며 다시 장가들지 않았다고 한다.

동학농민운동의 지도자들 중 가장 급진적이던 남원대접주
김개남은 불꽃 같은 삶을 살았다. 그는 서울로 진격하고자
한 자신의 뜻이 받아들여지지 않자 전라 좌도를 돌아 유월
초하루 남원에 도착했다. 김개남은 농민군 3천여 명을 모
아 남원성을 들이쳤다. 완강하게 버티던 남원부사 이용현
의 목을 베고는 다음으로 소년 장수 김봉득을 시켜 그때까
지 집강소가 설치되지 않은 운봉을 쳤다. 운봉에는 고창의
은대정과 함께 악질 토호로 전라도에서 둘째가라면 서러
운 아전 출신 만석꾼 박봉양이 민보군을 모아 여원재에서
버티고 있었다. 그것을 눈치 챈 김봉득은 북쪽 장수를 돌
아 바람같이 운봉을 점령했다. 박봉양은 재빠르게 민보군
을 해산하고 어디론가 숨어들었다.

　1894년 7월 15일 전주화약 후 현재의 국면을 타개할 방
책으로써 농민군 대집회인 남원 대회가 열렸다. 7만여 명
의 전라도 농민군이 참가한 이 대회에서 세 지도자는 의견
일치가 이루어지지 않았다.

　전봉준은 외부 사정에 말려들기보다 사태의 추이를 지
켜보자는 입장이었고, 김개남은 대중은 한번 흩어지면 모
으기가 어려우니 물리적 대응을 하자는 강경론을 폈으며,
손화중은 대체로 회의적이어서 흩어져 목숨이나 도모하자
는 쪽이었다.

　일본군은 경복궁을 침입하고 청일전쟁을 일으켰다. 전
봉준은 전라감사 김학진과 제휴하여 집강소 통치를 공고
히 하였고 김개남은 피서를 핑계로 임실 성수산에 있는 상

이암으로 들어갔다.

훗날 김개남이 남원을 떠나 전주로 올라가자 박봉양은 곧바로 민보군을 모아 남원성을 공략했다. 11월 13일 농민군 지도자 유복만, 남응삼 등은 운봉을 넘어 영남으로 진격하고자 산동방 부동촌에서 민보군과 맞붙었으나 수천여 명의 사상자만 내고 물러났다. 11월 28일 박봉양은 재차 남원성을 공격하였다. 농민군이 북문을 열고 달아나자 성에 들어온 박봉양은 수백 명을 베어 죽이는 만행을 저질렀다.

김개남은 전주성과 진잠을 거쳐 청주성으로 올라간 뒤 1894년 11월 13일 관군에게 크게 패하고 말았다. 후퇴하던 김개남은 순창의 종성리에서 임병찬의 고발로 잡혀 서울로 끌려간 뒤 효수되고 말았다.

씩씩한 가락 '우조'에 뚝뚝 끊는 '대마디 장단'

역사와 문화의 현장 남원은 판소리의 본고장으로도 널리 알려져 있다.

영조 때부터 조선 말까지 소리 광대 90명을 망라한 『조선 창극사』의 「광대 열전」에는 광대 중 전라도 출신이 62퍼센트를 차지하고 그중에서도 전라북도 출신이 전라남도 출신의 곱절이 된다고 기록되어 있다.

판소리의 조와 장단이 확대되고 그 음악성이 더 충실해진 데에는 조선 순조 때의 명창 여덟 명의 힘이 컸다. 그 여덟 명창 중에서도 특히 전라북도 남원 사람인 송흥록과 순창 사람인 박유전의 소리는 '동편제'와 '서편제'의 시조

남원 대집회 당시의 대화

그때 전봉준, 김개남, 손화중이 중점적으로 나누었던 대화를 황현은 『오하기문』에서 이렇게 적고 있다.

"전 : 지금의 정세를 보면 왜와 청이 싸우고 있으나 한쪽이 이기면 반드시 군사를 우리 쪽으로 돌릴 것이다. 우리는 무리가 많으나 오합지졸이어서 쉽게 흩어져 끝내 우리의 뜻을 이루기 힘들 것이다. 그러니 귀화를 빗대어 각 고을에 흩어져 있다가 천천히 상황변화를 살펴 움직이는 것이 좋을 것이다.

김 : 대중은 한번 흩어지면 다시 모으기가 어렵다.

손 : 우리가 봉기한 지 반년이 되어 비록 한 도가 호응한다고 하지만 명성 있는 사족들이 따르지 않고 재산 있는 자들도 따르지 않고 글 잘하는 선비도 따르지 않는다. 더불어 접장이라고 부르는 자들은 어리석은 천인들로 화를 즐기고 약탈하는 것을 좋아하는 무리들뿐이다. 사람들의 마음을 시험해 보니 일이 반드시 이루어지지 않을 것 같다. 사방으로 흩어져 목숨이나 온전히 도모하는 것이 좋을 듯하다."

가 되었다.

　국악의 고장 또는 판소리의 고장이라 불리는 전라북도, 그중에서도 남원시 관내에서 수많은 명창과 명인은 끊임없이 명맥을 이어갔다. 조선 순조 때 남원 운봉면 화수리에서 태어나 가왕이라는 칭호를 받고 있는 송흥록은 물론 그의 동생 송광록의 손자로 1861년 송만갑이 태어났으며 유성준도 수지면에서 태어났다. 그 뒤로도 1883년 주천면에서 태어나 유성준과 송만갑의 제자가 된 김정문, 1892년 운봉면 북천리에서 태어난 장행진, 1900년 남원시에서 태어난 여자 명창 이화중선과 그의 동생 이중선, 1915년 운봉면 화수리에서 태어난 박초월 같은 판소리 명창들이 줄을 잇는다. 또 1901년 주천면 장안리에서 태어난 강백천과 남원시 쌍교리에서 태어난 김억득은 젓대의 명인이었다.

　그렇다면 판소리란 무엇일까. 판소리는 단순한 창이 아니다. 아니리가 갖는 문학의 기능과 창으로서의 음악 기능, 그리고 몸동작을 할 때의 연극 기능까지 갖춘 종합 예술이다. 또한 광대의 장단을 맞추어 주는 고수와 관객들의 흥겨운 추임새(추켜 주는 소리)가 덧붙으면서 관객들과 호흡을 같이 하는 마당놀이의 성격도 지니게 된다. 따라서 '판'을 통한 예술로 대중적 인기를 누리면서 민가 예술로서의 큰 몫을 담당해 왔다고 할 수 있다.

　판소리는 일반적으로 섬진강을 기점으로 나뉜다. 전라도 동북의 구례·운봉·순창·흥덕·남원 등 섬진강의 동쪽 지역에서 발생하여 전승된 것을 동편제라 하며 전라도 광주 · 나주 · 장흥 · 해남 · 보성 등 섬진강의 서쪽 지역에서 발생하여 전승된 것을 서편제라 한다. 또한 충청 · 경기 일부 지역에서 발생한 것은 중고제라 부른다. 그러나 지금은 이러한 지역에 의한 구분법은 그 의미를 잃어 가고 있고, 창법에 의한 구분이 적절한 것으로 인식되고 있다.

남원이 속해 있는 동편제의 특징은 여성적이고 기교가 많은 서편제 소리에 비해 웅장하고 남성적이라는 것이다. 슬픈 가락인 '계면조'에 발성의 기교를 중시하고 축축 늘어지면서 세련된 '엇부침 장단'을 쓰는 것이 서편제의 특징이라면 동편제는 씩씩한 가락인 '우조'에 감정을 절제하여 가성을 쓰지 않고 뚝뚝 끊는 '대마디 장단'을 쓰는 것이 특징이다. 이를테면 춘향과 이도령이 이별 장면을 부를 때, 서편제는 울며불며 목을 '떨어 쌌는'데 반해 동편제는 도끼로 장작을 패듯 뻣뻣하고 통성으로 내지른다는 것이다.

그러나 군산대 국문과 최동현 교수는 '판소리의 맥을 찾아서'라는 주제로 진행된 답삿길에서 이렇게 말했었다.

"판소리란 소리가 먼저지요. 동편제니 서편제니 하는 건 소리하는 사람들의 특징을 뽑아서 보니 그렇더라는 겁니다. 그러니 누가 '저 사람은 서편제요, 동편제요?' 하고 물으면 난감해져요. 요즘에 세력이 큰 소리는 동편제니 서편제니 하는 유파에 충실한 것보다는 두 가지 소리를 고루 잘하고 거기다 새로운 맛을 더하는 사람의 소리입니다. 김소희가 서편제 소리로 시작했지만 나중에 동편제 소리를 배우고 나서 그 맛이 더해진 것과 같은 이치입니다. 소리

판소리 12마당

판소리에서는 작품 하나를 '한 마당'(마당이라 함은 소리 · 춤 · 놀이 따위를 헤아리는 데에 쓰이는 단위로 요즘 말로 '과장'과 같으며, '한판 논다', '한바탕 논다'에서와 같이 '판' 또는 '바탕'이라고 하기도 한다.)이라고 하는데 조선 정조, 순조 때는 그 종류가 매우 많았다. 그중 12가지를 골라 '판소리 12마당'이라고 했는데 이것은 어느 한 사람이 만든 것이 아니라 오랜 세월 동안 많은 소리꾼들이 완성한 것이다. '판소리 12마당'은 옛 문헌에 따라 조금씩 다르게 표기되어 있는데, 송만재(조선 순조 때의 문인)의 『관우희』에는 「춘향가」, 「심청가」, 「흥보가」(박타령), 「수궁가」(토끼타령, 별주부가), 「적벽가」(화용도), 「배비장타령」, 「옹고집타령」, 「변강쇠타령」(가루지기타령, 송장가), 「장끼타령」, 「강릉매화타령」, 「무숙이타령」(왈자타령), 「가짜신선타령」 등이 기록되어 있다. 12마당 가운데서 「변강쇠타령」, 「배비장타령」, 「장끼타령」, 「옹고집타령」 등은 사설만 전해지고, 「무숙이타령」, 「강릉매화타령」, 「가짜신선타령」은 사설조차도 전해지지 않고 있다. 이 가운데서 오늘날까지 소리가 남아 불리는 것은 「춘향가」, 「심청가」, 「흥보가」, 「수궁가」, 「적벽가」 등인데, 이것을 '판소리 5마당'이라고 부른다.

기행 곳곳에서 만나는 명창들은 대부분 한 명의 스승에게서 배운 것으로만 끝나지 않습니다. 보성소리의 창안자라는 정용민은 서편제 소리꾼 정재근으로부터 「심청가」, 「수궁가」, 「적벽가」 등을 배우고 난 뒤 동편제 소리꾼 김창업으로부터 「춘향가」를 배웠지요. 그렇게 동편제에 서편제의 새로운 특성을 더한 것이 보성소리이고 보성소리처럼 동편과 서편의 특성을 합한 소리가 요즘 들어 강력한 세력을 형성하고 있습니다."

최동현 교수는 동편제, 서편제로 판소리의 유파를 가르지만 현대에 들어오면서 '제'의 구분은 없어진 것이나 다름없다고 한다. 흔히 동편제와 서편제를 가르지만 교통이 발달해 소리꾼들이 두 지역을 오가며 공부하고 난 뒤로는 설득력을 잃어버렸다는 것이다. 영화 「서편제」의 영향으로 사람들이 판소리의 '제'에 일가견을 갖게 된 것은 반갑지만 설익은 상식 수준이라는 것이 그의 얘기다.

소리꾼들 대다수가 서편제를 따르고 있는 요즘, 동편제 명창이었던 강도근 선생의 맥을 잇고 있는 젊은 소리꾼이 전인삼 명창이다. 「흥보가」를 맛깔스럽게 불러 사람들로 하여금 판소리의 맛과 멋에 흠뻑 빠져들게 하는 전인삼 명창의 「흥보가」 중 '흥보 매 맞는 대목'이 섬진강 물줄기 속에서 피를 토하는 애절함으로 들려오는 듯하다.

"아이고 형님! 비나니다. 인명이 재천이라 설마한들 죽사리까마는, 여러 끄니를 굶어노니 하릴없이 죽겠내다. …… 세세원 정을 아로련마는 어찌하여서 못 죽는가?"

동리 신재효가 집대성한 「춘향가」, 「심청가」, 「흥보타령」, 「토끼타령」, 「적벽가」, 「가루지기타령」의 여섯 마당 뿐 아니라 그가 지은 「허두가」, 「성조가」, 「도리화가」, 「광대가」, 「오섬가」, 「어부사」, 「방아타령」, 「괘씸한 양국놈가」, 「자서가」 등의 판소리들도 새롭게 불려야 할 것이다. 또한 오늘날에 맞는 창작 판소리와 단가들이 쏟아져 나와야 한다.

물이 넘어가는 무네미 고개

강은 더없이 넓고 철새 떼들이 줄지어 날아오른다. 저 건너 하도리 섬몰(도촌) 마을에는 각시가 빠져죽었다는 각시둠벙이 있고 방촌리 연산골에서 발원하여 요천으로 들어가는 갱또랑이 있다. 그 도랑에 놓인 다리 이름 또한 갱또랑이었다. 요천가를 제방으로 막은 들이 개간지들, 용소촌 서쪽에 있는 들이 새들이다. 용소촌 동북쪽에는 장마 때 떠내려 왔다는 장밤모담이라는 산이 있었다고 한다.

강 건너 송동면 세전리는 작은 밭이 많아서 잔밭 또는 세전리라 부른다. 잔밭 북쪽에 있는 골짜기인 미럭골에는 큰 미럭이 남아 있으며 잔밭 남서쪽 마을은 1953년에 피난민을 집단으로 수용했다는 세전난민촌이다.

세전리 남쪽에 있는 수리면 남창리는 남원부의 남창이 있던 곳이다. 조산평 남쪽에 있는 들 이름은 강변에 있다고 해서 갱변들이고 그 남쪽은 윤디논이다. 윤디논 남쪽에는 제가래들이 펼쳐져 있다. 각기 이름을 지니고 저마다의 질서 속에 하나의 구성체로 살아가는 조화로움이 아름답

다. 동산 밑에 위치한 동산리에는 고달면 외죽리로 건너가
던 동산 나루터가 있었다. 동산 서남쪽에 펼쳐진 나간들에
는 평사낙안혈의 명당자리가 있다고 한다.

1955년 김대유라는 사람이 세웠다는 남양정에 봄 햇살
이 내려 쬔다. 앞에 펼쳐진 내는 사모지선이라고 부른다.
마을 앞에는 소나무 숲이 제법 그럴듯한데 자세히 보면 수
많은 묘들이 있는 공동묘지이다. 들은 넓고 산이 멀기 때
문에 이렇듯 들판가에다 묘를 썼을 것이다. 대리와 마평
(지형이 말처럼 생겼음)을 합해서 대평리라고 이름 지은 이
마을에는 장승이 서 있던 높은 들과 마지배기들, 옛날에
백사장에 배가 닿았기 때문에 배꼬치라고 부른다는 들판
이 있다. 까끔구렁이라는 작은 산은 지금은 사라지고 없다.

고달교를 지나며 여울져 흐르는 강물 소리를 듣다 문득
바라보니 고달면의 온 들판이 비닐하우스의 물결이다. 어
제 먹었던 봄 딸기의 향긋한 내음이 풍기는 듯하다. 남원
군 고달방의 지역으로 고달방 사무소가 있다가 고종 32년
구례군에 편입된 고달은 1914년 곡성군에 편입되었다. 제
방을 쌓기 전만 해도 섬진강물이 들판 너머 외죽리까지 흘
러가 외죽 나루터가 있었는데 1972년 고달교를 만들면서
그 기능을 상실하고 말았다.

뇌연 서쪽 순자강에는 둥둥바위가 있고 대산 동쪽에 있
는 대송밭에는 대처럼 쑥쑥 자란 소나무가 많다. 죽림에
서 아랫백실로 넘어가는 고개 마을에는 석불이 서 있어
무치 고개이고 대산에서 고달리 무네미로 가는 모퉁이는

아홉 번을 돌아간다고 해서 아홉 모랭이라고 부른다.

답사를 하다 보면 물에 관련된 지명이 많은데 그중 제일 많은 것이 무네미 고개일 것이다. 수월(무네미) 마을 산 중턱에 물통을 놓아 무네미 고개를 지나게 해서 목동리로 물을 댔다고 한다. 그래서 고달 나루터를 무네미 나루터라고 부른다.

점심때가 다 되어 갈 무렵 전주에서 지원군이 도착한다. 김천기 교수 내외와 조인근 선생 그리고 아내와 박경철 선생이 온 것이다. 어제처럼 딸기밭을 그냥 지나치지 못하고 딸기를 새참으로 먹는다. 어제에 비해 이곳 딸기는 약간 심심하다. 그렇지만 햇살도 좋고 봄바람이 살랑살랑 부는데 딸기 맛이 어찌 아니 좋으랴. 그러나 딸기를 먹은 다음 이상한 일이 일어났다. 우리들이 먹은 딸기를 나눠 달라는 뜻인지 헤아릴 수 없이 많은 깔따구(하루살이 벌레의 이름)들이 앞을 가로막는 게 아닌가. 눈을 뜰 수도 없어 두 팔을 휘저으며 걷는 제방길이 고역이다. 눈구멍, 콧구멍, 귓구멍, 입구멍까지 다 닫고서 걸어간다.

고달 마을에는 느티나무 두 그루가 서 있고 그 위에 두 개의 까치집이 얹혀 있다. 강가의 나무들에는 각양각색의 폐비닐들이 꽃처럼 피어나 시위하듯 몸을 흔든다. 저 건너가 오곡면 오지리이다.

창고가 있던 창동에는 1936년에 만든 전라선의 곡성역이 있다. 그 옆으로 동양 시멘트 공장이 거대한 공룡처럼 열을 뿜고 있다. "저토록 맑게 흐르는 섬진강물을 우리가

정여립鄭汝立, 1546~1589

조선 중기 문신으로 '천하는 일정한 주인이 따로 없다', '누구라도 임금으로 섬길 수 있다' 등 왕권 체제하에서 용납될 수 없는 혁신적인 사상을 품은 사상가이기도 하였다. 초기에는 서인西人에 속하였으나, 이이가 죽은 뒤 동인東人에 가담하여 이이를 비롯한 서인의 영수인 박순·성혼을 비판하였다. 이로 인하여 왕의 미움을 사자 관직에서 물러났으나, 인망이 높아 낙향한 뒤에도 찾아오는 사람이 많았다. 이후 진안군 죽도竹島에서 사람들을 규합하여 대동계를 조직하고 무력을 길렀으며 황해도 안악, 해주, 운봉 등에서 세력을 끌어 모아 조직을 전국적으로 확대하였다. 1589년(선조 22년) 황해도 관찰사 한준과 안악군수 이축, 재령군수 박충간 등이 연명하여 정여립 일당이 한강이 얼 때를 틈타 한양으로 진격해 반란을 일으키려 한다고 고발하였다. 관련자들이 차례로 잡혀가자 정여립은 죽도로 도망하였다가, 관군에 포위되자 자살하였다. 이 사건의 처리를 주도한 것은 정철 등의 서인이었으며, 동인인 이발李潑·이호李浩·백유양 등이 정여립과 가깝다는 이유만으로 처형되는 등 동인의 세력이 크게 약화되었다. 이를 기축옥사라 한다. 이 사건을 계기로 전라도는 반역향叛逆鄕이라 불리게 되었고, 이후 호남인들의 등용이 제한되었다.

더 맑게 해서 후손들에게 물려주어야 할 것인데……." 하는 박경철 선생의 말이 아니라도 그것은 우리에게 절체절명의 명제일 것이다. 강이 죽으면 인간도 죽을 수밖에 없으니 말이다.

점심을 먹기 위해 물막이보를 건너 17번 도로에 올라선다. 저 물막이보에 은어가 올라오던 시절에는 은어들이 비늘을 일으키며 팔딱팔딱 뛰어올랐다고 하는데, 그 시절은 어디로 가 버렸는지. 아쉬움에 흐르는 물줄기를 바라보다가 발길을 이어 곡성읍으로 향한다.

돌실나이의 고장, 곡성

곡성은 백제 때 욕내군이라 불리다가 신라 때 지금의 이름인 곡성으로 고쳤다. 이곳에 정여립 사건으로 희생된 곤재 정개청이 예순의 나이에 현감으로 부임했다. 7개월 동안 봉직하다가 고향으로 돌아가려 하자 곡성 고을 백성 수천여 명이 정개청 부친의 숙소를 찾아가 "현감님이 고향으로 돌아가지 못하게 해 주십시오." 하고 청하였다. 그러나 아들의 뜻을 헤아린 부친이 그 청을 들어주지 않자 백성들은 숙소 근처에 초막을 짓고 물러나지 않았다. 이에 감격한 부친이 "백성들을 위해서 한 달만 더 봉직해라." 하고 이르니 한 달여를 더 봉직하고 고향으로 돌아갔다. 당시 수탈이 극심하던 각 고을 수령들과 달리 정개청이 얼마나 공평하게 정사를 처리했는가를 알 수 있다.

또한 곡성장에서 불리던 노래가 남아 있다.

"박구통통 구례장 구린내 나서 못 보고 / 아이고 데고 곡성장 시끄러워서 못 보고 / 뱅뱅 돌아라 돌실장 어지럼 병나서 못 본다."

옛 시절 전라도 장돌뱅이들 사이에서 불리던 노랫말 중 곡성장이 시끄럽다는 것은 사람이 엉엉 우는 곡성哭聲이라는 것에서 유래했다고 한다.

한편 이 지역은 큰 산이 없음에도 평균고도가 500여 미터가 넘는데 곡성 일대가 전남 지방에서 가장 높은 고원지대를 이루고 있기 때문이다. 그래서 이곳 곡성에는 오곡, 석곡, 죽곡 등 '곡'자가 들어간 지명이 많다.

석곡면 일대에서 짠 삼베인 돌실나이는 곡성의 명물로 손꼽힌다. 석곡의 토박이말인 '돌실'과 '나는 것'의 옛 표현인 '나이'가 합쳐져 '돌실나이'가 되었다. 모시와 같이 올이 가늘게 짰던 돌실나이는 궁중의 진상품 중 하나로 값이 비싸고 품질이 뛰어나 1970년 무형문화재 제23호로 지정되었다.

시간이 없어 입에서 살살 녹는다는 석곡 돼지숯불구이를 먹지 못하고 백반으로 점심을 먹는다. 점심을 먹은 뒤 다시 나서는 길에 서영숙 씨는 내려가는 길이 더 힘드니 오히려 굴러가는 것이 낫겠다며 울상이다.

무네미 다리를 건너자 강은 소리를 내며 요란하게 흐른다. 요천을 받아들여 압록까지 이르는 이 강을 순자강이라 부른다.

날이 점점 더워져 입고 있던 옷을 하나씩 벗는 사이 발길은 외호곡 마을에 닿는다. 호랑이가 살던 두메산골로 범

범실 나루터 | 범실 나루터에서 배를 타고 섬진강을 건너다.

실 또는 호곡이라 불리는 이 마을에는 골짜기가 많다. 큰 영골 서남쪽에는 각시골이 있고 밥매골 서쪽에는 감남골, 밤범실 동쪽에는 개미골이 있다. 이외에도 하느재 동쪽에는 지방애골, 묵은장이 동쪽에는 부처골, 또 서방골, 살골, 좁은골, 코심마무골, 큰엉골 등이 있으니 가히 골짜기의 마을이라 할 만하다. 임진왜란 당시 공씨 성을 가진 사람들이 피난을 와서 살았다는 둔터로 넘어가는 삐딧재에는 비룡등천형의 명당자리가 있다고 한다.

강 건너 오곡면 침곡리로 건너가는 범실 나루터에 배 한 척이 매여 있다. 이대원 씨를 비롯한 일행들은 배 한번 타고 가자고 성화다. 빈 배를 타고 노를 저어 저 건너편까지 갔다 온다고 하니 다녀오라 하고 이편에서 기다린다. 그러나 어디 뱃사공도 없는 배가 쉽게 움직이는가. 한참을 씨름한 끝에 배가 강에 뜬다. 우리들은 짧은 이별이지만 손 흔들어 보낸다.

지형이 침처럼 생겨 침실 또는 침곡이라 불리는 저 건너 송삿골에서는 정승이 난다는 못자리를 놓고 송사를 벌였다고 전한다. 장군바우등은 장군처럼 생긴 바위가 버티고 앉아 있어 붙여진 이름이라고 한다.

봄 강은 저리도 푸르고

앞서 가던 최 선생님이 "저기 아지랑이가 보이네요." 하며 손짓을 한다. 그곳을 바라보는 박준열 씨의 뒷모습에도 아지랑이가 아른거리고 있다. 봄은 봄인가 보다. 길옆 웅덩이에는 개구리 알이 가득하고 그 옆으로 노란 양지꽃이 피어 있다. 뒤돌아보니 이른 봄 강은 저리도 푸르고 바람이 살며시 내 뺨을 간지럽힌다. 푸른 봄 강물 위로 시 한 편이 사뿐 내려앉는다.

곡성군에서 힘들여 조성한 이 길에서 눈에 띄는 것은 옛날 고향에서 흔히 보았던 나무 정자다. 천장은 합판으로 만들었지만 초가지붕을 덮고 바닥에 대나무를 깔아서 그런지 한결 자연스럽다.

발길은 어느새 살골 나루터에 이른다. 조선 초에 이곳에 살을 막은 후 메기를 잡아 조정에 바쳤다는데, 살은 사라지고 배는 자갈 위에 올라앉아 있다.

고개가 가파른가 싶더니 고갯마루에 올라서자 '뺑덕어미 고개'라고 쓰인 안내판이 서 있다. 심청이의 고향이 이 곡성 어디쯤이라는 설이 있는데 그 때문에 심술궂은 뺑덕어미의 이름을 이 고개에 붙인 것이리라.

유재열 소장이 "신 소장님, 저 강물이 섬진강 다슬깃국 같은데요." 한다. 그 말을 듣고 바라보니 흐르는 강물이 다슬기 국물처럼 푸르고 푸르다. 대나무 정자에 잠시 앉아 불어오는 바람에 몸을 맡긴다.

오곡면 송정리로 건너가는 두계 나루터를 지나 저만치 두가교가 보인다. 두계와 가정리를 합쳐 두가리라고 이름 지은 이곳 가정 마을에 있는 두가교는 한때 섬진강 물길 중 가장 아름다운 다리였다. 지금은 양옆을 가로막아 건널 수 없는 다리가 되었지만 몇 년 전만 해도 마을 사람들이

강물에서
박재삼

무거운 짐을 부리듯
강물에 마음을 풀다.
오늘, 안타까이
바란 것도 아닌데
가만히 아지랑이가 솟아
아뜩하여지는가.

물오른 풀잎처럼
새삼 느끼는 보람,
꿈 같은 그 세월을
아른아른 어찌 잊으랴,
하도한 햇살이 흘러
눈이 절로 감기는데…….

그날을 돌아보는
마음은 너그럽다.
반짝이는 강물이사
주름살도 아닌 것은,
눈물이 아로새기는
내 눈부신 자욱이여!

뺑덕어미 고갯마루에서 바라본 섬진강 | 곡성군은 이곳이 심청이의 고향이라고 하면서 섬진강변의 고개를 뺑덕어미 고개라고 이름 지었다.

자전거를 타거나 걸어서 오고 갈 수 있었다.

이 다리를 세운 것은 1979년 6월 29일 두가리에서 송정리로 건너가는 나룻배가 뒤집어지며 두가리 사람 3명과 이웃 마을 사람 2명, 외지 사람 2명 등 7명이 빠져 죽는 사고가 났기 때문이다.

미국 샌프란시스코의 현수교를 닮은 두가교는 길이가 400미터이고 강바닥에서 다리까지의 높이가 70미터, 폭은 2.5미터쯤 된다. 다리를 건널 때 혼자서도 발을 구르면 다리가 흥청흥청하고 여럿이서 가면 출렁거림이 심해서 '출렁다리'라고 부른다. 심장이 튼튼하지 않은 사람은 아예 입구에서부터 겁을 내고 장난기 있는 사람은 더더욱 발을 세게 굴러 사람들을 골려 대기 일쑤이다.

강 건너 송정리는 소나무 정자가 있어서 경치가 아름답기 때문에 소정이 또는 송정리라고 부른다. 길은 곡성군에서 만든 자전거 도로로 이어진다. 이 길에는 자전거를 대여해 주는 곳이 있어서 이따금씩 자전거 행렬이 지나간다. 대나무 숲은 강바람에 미세하게 흔들리고 있다. 큰 배나무가 있던 배장이에는 구례읍 논곡리로 건너는 나루터가 있었지만 지금은 사라져 버리고 없다.

강물은 은빛으로 빛나며 출렁이고 고개를 넘어서자 저만치 압록이 보인다. 155킬로미터 지점에 있는 압록. 우연의 일치일까. 금강을 답사할 때도 그랬다. 2구간이 끝나는 영동군 심천면 날근이 마을 초강을 받아들이는 지점까지가 155킬로미터였다. 바람이 더욱 드세게 불어 댄다.

저녁 무렵이라서일까. 우리는 골인 지점을 눈앞에 둔 마라토너들처럼 서둘러 가고 있다. 다리가 너무 아프다고 "내 다리가 아닌 것 같아요." 하던 서영숙 씨는 어디쯤 오는지 보이지도 않고 고향에서 논두렁길을 걷던 옛 시절을 회상하고 싶어 만사 제치고 내려왔다는 강혜숙 씨는 저만치 뒤따라온다. 그러나 배성자 씨는 민학회 답사를 이끌고 있어 그런지 발걸음이 아직도 쌩쌩하다.

구례 석곡으로 갈라지는 압록을 나는 얼마나 기다렸던가. 지금도 압록에서 석곡으로 가던 풍경이 마치 어제 일처럼 떠오른다. 흙먼지 날리던 시골길에서 강물로 내려서면 맑은 강물에 고기가 지천이었고 여기저기 보이던 이름도 기억나지 않는 조개 무리, 그곳에서 다시 고향으로 한 발 한 발 걸어서 돌아오던 몇백 리 길, 나의 방랑은 그때부터 이미 시작되었는지도 모른다.

김천기, 이재천 씨 내외와 조인근 씨는 두가리에서 서둘러 돌아간다. 오늘은 김지하 선생과 금구에서 저녁을 같이 하기로 한 날이다.

「도이장가」로 남은 신숭겸의 충심

강 건너 압록으로 전라선 열차가 지나간다. 한때 사람들이 많이 찾던 드라마 「모래시계」 속 '김영애 소나무'는 보이지 않는다. 저 압록다리 아래에서 섬진강과 보성강이 만나 구례로 하동으로 흘러갈 것이다.

고만고만한 산들 너머로 내가 좋아하는 절 태안사가 있

압록 | 섬진강과 보성강이 이 마을 앞에서 합하여 흐르므로 합록 또는 압록이라 부르다가 압록으로 고정되었다.

태안사 배알문 | 구산선문의 하나이자 동리산파의 중심 사찰이었던 태안사는 한때 송광사를 말사로 거느렸을 만큼 세력이 컸으나, 고려 중기 송광사가 수선결사로 크게 사세를 떨치는 바람에 위축되었다.

다. 곡성군 죽곡면 원달리에 있는 태안사 입구에는 태조 왕건을 도와 고려를 건국하는 데 일등공신이던 신숭겸의 영정 비각이 있다.

'장절공태사신선생영적비' 중 '신선생'은 고려 개국공신 신숭겸을 말하며 '장절'은 태조가 내린 시호이다. 그는 죽곡과 인접한 목사동면 출신으로 동리산에서 수련을 쌓은 후 왕건을 도와 고려를 세웠다고 전한다.

당시 강성했던 견훤의 후백제는 927년 경주를 공격해 포석정에서 잔치를 베풀던 경애왕을 죽이고, 김부(경순왕)를 왕으로 세웠다. 신라의 패전 소식을 접한 고려의 왕건은 대구 달성의 공산에서 후백제군과 피할 수 없는 운명의 한판 승부를 벌였다. 왕건은 말 탄 병사 5천을 거느린 견훤의 군사와 싸워 대패하고 겨우 목숨만 부지했다. 왕건이 견훤의 군사에 포위당해 목숨이 위태로워진 절체절명의 순간, 외모가 비슷한 신숭겸이 왕건과 옷을 바꾸어 입었다. 왕건이 타고 있던 수레에 올라 왕건으로 행세하던 신숭겸은 김낙과 함께 싸우다 죽고 말았다. 신숭겸은 머리가 잘린 채 시신만 돌아왔으나 왼쪽 다리에 칠성七星처럼 생긴 문양이 새겨진 것을 보고 신숭겸임을 확인할 수 있었다고 한다. 이후 머리 목각을 새겨 장례를 치른 왕건은 신숭겸의 죽음을 매우 슬퍼하여 그의 동생 능길과 보에게 원륜이라는 벼슬을 내리고 지모사를 세워 명복을 빌어 주었다.

신숭겸이 죽은 후의 이야기도 전설로 내려온다. 그의 애마가 주인의 머리를 물고 주인이 무예를 닦던 태안사 뒤

동리산에 와 사흘 동안 슬피 울었다. 그 소리를 들은 태안사의 스님이 장군의 머리를 묻어 주고 제사를 지냈다. 그리하여 훗날 이곳을 장군단이라 부르게 되었다고 한다.

신숭겸은 평산 신씨의 시조가 되었으며, 곡성의 서낭신으로 섬김을 받고 있다. 고려의 예종은 김낙과 신숭겸의 후손들에게 상을 내리고 두 장수를 애도하며 향가 형식의 노래인 「도이장가」를 지었다.

광자대사 윤다의 자취가 서린 태안사 부도밭

태안사로 오르는 산길은 호젓하다. 나무숲이 우거진 계곡 물이 세차게 흐르고 산길을 돌아갈 때마다 피안으로 가는 다리들이 나타난다. 자유교, 정심교, 반야교를 지나 해탈교를 돌아서면 제법 구성진 폭포가 있고, 그 폭포를 아우르며 선 백일홍 나무 위로 새로 지은 능파각이 있다.

능파각은 원래 양쪽 난간에 통나무를 걸치고 복판에 나란히 널빤지를 올렸으며 노변 바닥에도 널빤지를 깔아 세웠으나 세월이 흐름에 따라 나무가 낡고 부실해져 헐었다가 다시 세운 것이다. 보수공사를 하기 전 능파각 아래에는 보기 드문 나무다리가 있었지만 지금은 찾아볼 수 없다.

능파각을 지나 산길을 오르자 한국 전쟁 당시의 치열했던 전투를 증명하듯 군인들의 넋을 기리는 충혼탑이 서 있다. 여기서 얼마쯤 돌아가면 태안사가 한눈에 들어온다.

태안사 입구에는 김존희의 글씨로 '동리산태안사東裏山泰安寺'라고 쓰인 동판이 걸려 있다. 일주문인 봉황문으로

도이장가 전문

主乙完乎白乎(주을완호백호)
心聞際天乙及昆(심문제천을급곤)
魂是去賜矣中(혼시거사의중)
三烏賜教職麻又欲(삼오사교직마우욕)
望彌阿里刺(망미아리자)
及彼可二功臣良(급피가이공신량)
久乃直隱(구내직은)
跡烏隱現乎賜丁(적오은현호사정)

님을 온전케 하온 / 마음은 하늘 끝까지 미치니 / 넋이 가셨으되 / 몸 세우시고 하신 말씀 / 직분 맡으려 활 잡는 이 마음 새로워지기를 / 좋다. 두 공신이여. / 오래오래 곧은 자취는 나타내신저.

태안사 능파각 | 태안사로 접어드는 들목에 서 있는 능파각.

적인선사 혜철의 부도 | 동리산문을 열었던 적인선사 혜철의 부도비.

들어서면 부도밭이 나타난다. 태안사를 중창해 크게 빛낸 광자대사 윤다의 부도(보물 제274호)와 부도비(보물 제275호)를 비롯하여 다른 형태의 부도가 몇 개 서 있다. 부도밭 아래에는 근래에 만든 큰 연못이 들어서 있다. 가운데 섬을 만들고 탑을 세웠으며, 그 탑에는 석가세존의 진신사리를 안치했다. 탑으로 이어지는 나무다리는 거의 썩어서 출입이 금지되어 있다. 아무래도 천년 고찰 태안사에는 어울리지 않는 연못이다.

광자대사 윤다는 8세에 출가하여 15세에 이 절에 들어와 33세에 주지를 맡았다. 윤다는 신라 효공왕의 청을 거절하였으나 왕건의 청은 받아들여 이후 고려 왕조의 지원을 받아 태안사를 크게 부흥시켰다고 한다. 적인선사 혜철의 비를 닮은 윤다의 부도비는 비신이 파괴된 채로 이수와 귀부 사이에 끼여 있다.

구산선문의 하나이자 동리산파의 중심 사찰이었던 태안사는 한때 송광사를 말사로 거느렸을 만큼 세력이 컸으나 고려 중기 송광사가 수선결사로 크게 사세를 떨치는 바람에 위축되었다. 조선 초기는 억불숭유정책에 밀려 쇠락한 채로 간신히 명맥만 유지하였는데 그나마 절이 유지된 것도 태종의 둘째 아들인 효령대군의 원당사찰이 되었기 때문이었다. 숙종, 영조 때 연이어 중창, 대가람이 되었으나 한국 전쟁 때 모두 불타 버리고 남아 있는 것은 일주문과 부도탑들뿐이다. 동리산문을 열었던 적인선사 혜철과 광자대사 윤다의 자취가 서린 태안사, 그 길목의 압록은 지금 저물어 가고 있다.

　곡성에서 구례에 이르는 길, 섬진강을 따라가는 그 길이
얼마나 운치 있고 수려한 길인가는 가 본 사람만이 안다.
그것도 승용차나 버스로 가는 것보다 전주나 남원에서 아
침 일찍 완행열차를 타고 가다가 압록역에 내려 강변으로
걸어가는 것이 제맛이다.

돌아가는 길, 저무는 햇살 아래 강은 빛나고

　사람들은 북녘의 압록강을 떠올리며 압록에 내려 푸르
고 맑은 강물에 발을 담근다. 이곳은 섬진강과 보성강이
합하여 흐르므로 합록 또는 압록이라 부르다가 압록으로
고정되었다. 보성강은 길이 120킬로미터, 유역 면적
1,309.7제곱킬로미터로 보성군 웅치면 용반리의 일림산과
대산의 사자산에서 발원한다. 북쪽으로 흐른 물이 중산리
에서 합류한 뒤 주암댐에 갇히고, 석곡에서 보성강이 되어
압록에서 섬진강에 합류하는 것이다.

　2006년 환경부에서 조사한 바에 따르면 이곳 곡성과 구
례 부근의 수질오염도는 장마 직전인 7월에 각각 0.3ppm
과 0.1ppm이며 장마 이후인 8월에는 2.5ppm과 2.6ppm
으로 최악을 기록하고 있다.

　이러한 기현상과 수질 오염은 1990년대 이후 급증한 축
산폐수와 강변마다 들어선 숙박업소 및 집단주택의 증가
에서 비롯된 것이다.

　강 건너 압록역에 서울로 가는 열차가 지나간다. 어디로

저무는 강변 | 압록교 아래 빛나는 저녁 강물.

가는지도 모르는 자동차들은 쌩쌩거리며 17번 국도를 질주하고 있다. 눈 내린 옥정호, 그 하얀 눈빛 속에서 시작한 두 번째 여정에서 나는 무엇을 보았고 무엇을 생각했던가.

니체는 "삶은 우리의 본질과 경험을 끊임없이 빛과 불꽃으로 바꿔 놓는 것을 의미한다."라고 말하였고 『잃어버린 지평선』을 쓴 제임스 힐튼은 "어차피 의미 없는 삶이라면 오래 사는 것은 더욱 무의미한 일이겠지요."라고 말하였다. 나의 삶은 지금 빛과 불꽃으로 바꾸는 나날이며 진정으로 의미 있는 삶이라고 말할 수 있는가?

다리와 허리가 너무 아파 뒤따라오는 사람들을 기다리며 털썩 주저앉는다. 더욱 눈부신 마지막 햇살을 받으며 나의 두 번째 여정은 막을 내린다. 부서지는 햇살 속에 내 마음을 던져 두고 이대로 잠들고 싶다. 압록교 다리 아래 '자연이 살아 있는 곡성에서 편히 쉬어 가십시오.'라는 글씨가 선명하게 눈에 들어온다.

대숲을 흔드는 바람소리를 들으며 광주, 공주, 전주 사람들과 아쉬운 작별의 인사를 나눈다. 귀로에 오르면서 바라본 강물 역시 저무는 햇빛을 받아 유난히 빛나고 있었다.

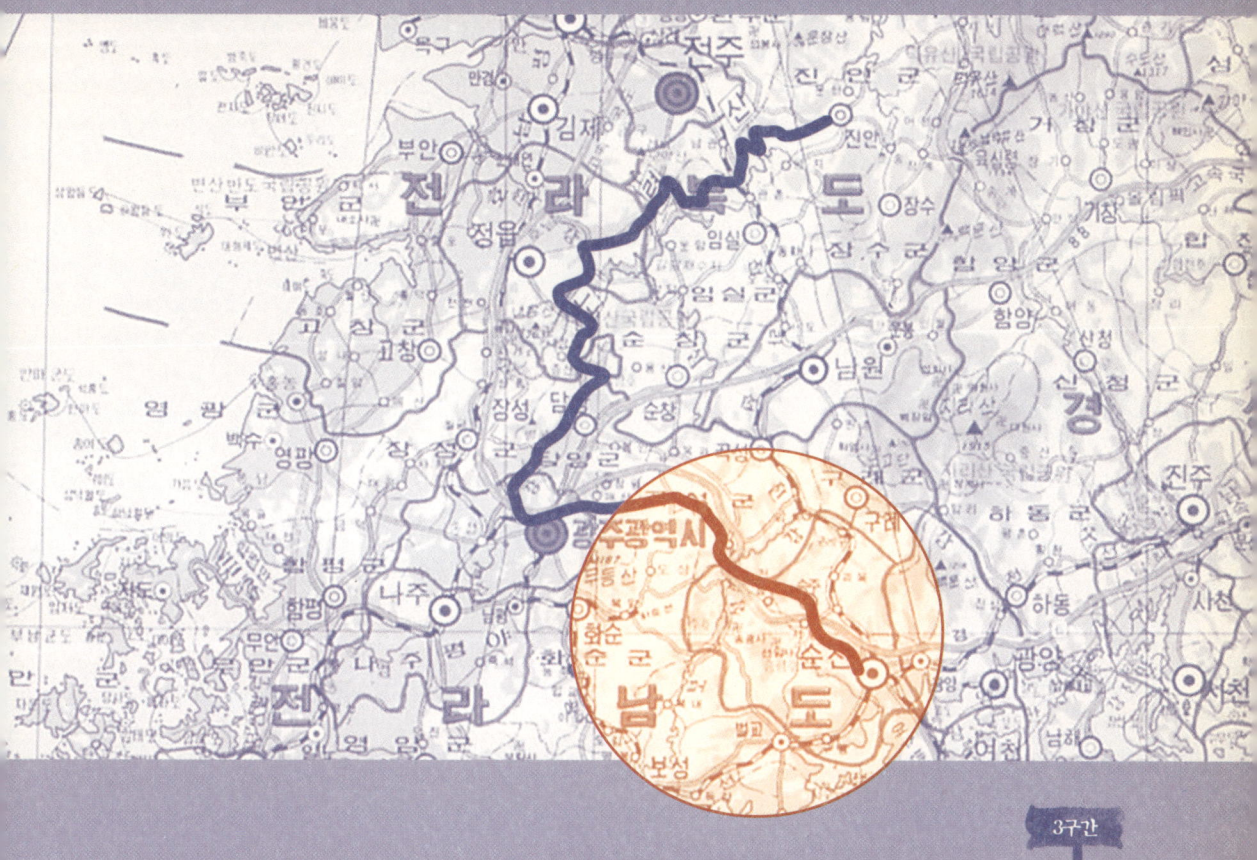

압록에서
망덕 포구까지

꽃망울을 틔우며 성큼 다가온 봄
매화꽃 핀 강변을 따라가며
가장 낮게 흐르는 물이 가장 유용하게 쓰이더라

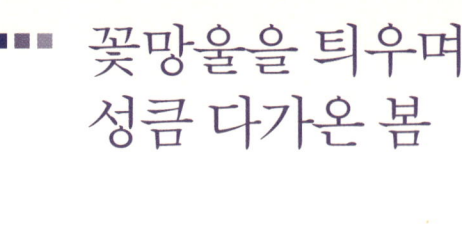

꽃망울을 틔우며
성큼 다가온 봄

섬진강 맑은 물 값이 육만 엔이란다

슬치재를 지난다. 남원 가는 길에 첫 번째로 만나게 되는 이 고개는 눈이 내리는 날이면 차들이 헉헉거린다. 그 모습이 무릎을 꿇는 것 같다고 무릎 '슬' 자를 써서 '슬치재' 라 부른다.

곡성을 지나 다시 만난 섬진강을 따라가며 사람의 몸에 대해 이야기를 나눈다. 한없이 복잡한 것이 인체지만 우리가 시골에서 자랄 때는 아무리 험하게 상처를 입어도 그대로 놔두면 자연적으로 치유가 되거나 아물지 않았던가. 그런데 지금은 아무리 조그만 상처가 생겨도 병원에 가지 않으면 마음을 놓지 못한다. 한번은 절친한 친구가 "간호사인 우리 누나는 아무리 작은 병이라도 생기면 무조건 병원에 가는 것만 배운 것 같아."라고 말한 적이 있다. 그 말이 더 설득력을 얻어 가는 시대가 작금의 현실인 것 같아 마음이 쓸쓸하다.

곡성의 심청이 마을을 지나 지난 일요일 마감했던 그 지점에 도착한다.

강 건너 철길로 전라선 열차가 지나간다. 보성강과 섬진강의 합수머리에서 세 개의 다리가 교차한다. 이곳 구례읍 계산리 진변 마을 동남쪽에 있던 가타골은 1948년 여수·순천 사건으로 마을이 없어져 새터로 옮기고 말았다.

지난주에는 보지도 못한 산수유꽃이 노랗게 꽃망울을 피웠고, 길 위 매화밭에는 매화가 수줍게 꽃들을 피우고 있다. 청매화, 황매화가 탐스럽게 피어난 것을 보니 봄이 오긴 왔나 보다. 그래 세월의 흐름을 누가 막으랴.

일행들이 그새 뒤처진다. 엊그제까지만 해도 폭설이 내렸는데 금세 이렇게 꽃들을 피워내다니 신기하기도 할 것이다.

강가에 서 있는 여수산장, 팔도강산 등의 상호를 내건 가든들은 낯설기만 하다. 도처가 가든이고 도처가 산장인데다 개들 또한 없는 데가 없이 극성이다. 그 속에서도 강은 거무튀튀한 자갈밭 사이를 헤집으며 휘돌아 가고 강 건너 대나무 숲은 그림 같다.

구례읍 논곡리 뒤편 본항에는 속새금이라는 이름의 산이 있고 그 뒤편으로 천왕봉(일명 촛대봉)이 솟아 있다. 계산리 가타골에는 국사봉(389미터)이라는 이름조차 범상치 않은 산이 있다.

먼발치로 보이는 마을이 유곡 마을이다. 예부터 느릅나

여수·순천 사건

1948년 10월 11일, 여수 지역에 주둔하고 있는 국군 제14연대가 반란을 일으켜 정부 진압군이 이를 진압하는 과정에서 양민 등 2,500여 명이 숨진 사건이다.

같은 해 4월, 제주도에서 단선단정에 반대하는 제주 4·3사태로 무장봉기가 발생하여 유격전화되자 정부는 이를 진압하기 위해 제14연대를 급파하기로 한다. 이에 제14연대 소속 지창수, 김지회 등 좌익계 군인들이 중심이 되어 제주도 출동을 거부하고 친일파 처단, 조국 통일 등을 내걸고 반란을 일으켰다. 이들은 곧 경찰서와 관공서 등 여수 시내를 장악하고 〈제주도 출동거부병사위원회〉를 설치, 여수·순천을 순식간에 휩쓴 뒤 곧바로 광양·곡성·구례·벌교·고흥 등 전라남도 동부 5개 지방을 장악해 나갔다.

초기 진압작전에서 반란군에게 밀리자 정부는 여·순지구에 계엄령을 선포하고 5개 연대를 투입하여 소탕작전을 벌여 나갔다. 이들 정부군은 결국 가능한 모든 군대와 수단을 동원하여 여순지역 탈환에 성공했으나 진압과정 중 민가와 일반 시민들을 구별하지 않는 초토화 작전을 감행하여 많은 민간인 희생자를 냈다.

이 사건을 계기로 대대적인 숙군이 단행되어 좌익계와 광복군계를 포함한 모든 반反이승만 성향의 군인들이 제거되었다.

유곡 나루
곽재구

육만 엔이란다.
후쿠오카에서 비행기 타고 전세버스
타고
부산 거쳐 순천 거쳐 섬진강 물 맑은 유
곡 나루
아이스박스 들고 허리 차는 고무장화
신고
은어잡이 나온 일본 관광객들
삼박사일 풀코스에 육만 엔이란다.
초가지붕 위로 피어오르는 아침 햇살
선선하게 터지는 박꽃 넝쿨 바라보며
니빠나 모노 데스네 니빠나 모노 데스네
가스불에 은어 소금구이 살살 혀 굴리
면서
신간선 왕복 기차 값이면 조선 관광 다
끝난단다.

육만 엔이란다. 낚시대 접고 고무장화
벗고
순천 특급호텔 사우나에서 몸 풀고 나면
긴 밤 내내 미끈한 풋가시내들 서비스
한번 볼 만한데
나이 예순 일본 관광객들 칙사 대접
받고
아이스박스 가득 등살 푸른 섬진강
맑은 물 값이 육만 엔이란다.

무가 많아 유곡리라고 불리는 이곳에는 곡성면에서 죽곡면 하한리로 건너가는 나루가 있었다. 우리나라가 가난했을 때 일본인 관광객들이 신간선(신칸센) 왕복 기차값만 가지고도 3박 4일 조선 관광을 할 수 있던 시절이 있었다. 그때 그 시절의 상황이 곽재구 시인의 「유곡 나루」에 잘 드러나 있다.

나중에 그 끝에다 정태춘은 곽재구에게 양해를 구하고 '나의 살던 고향은 꽃피는 산골 좆돼 부렀네.'를 추가했다고 한다. 유곡 나루에는 그런 아픔의 시절이 새겨져 있다.

서영숙 씨의 시낭송을 들으며 우리들은 상념에 젖는다. 그러한 시절이 지나고 난 뒤 우리 경제가 회복되면서 우리나라 관광객들은 동남아로 나가 '개구리가 올챙이 적 모른다'는 옛 속담처럼 얼마나 추태를 부렸는가. '묻지마관광'이다, '보신관광'이다 하면서 곰발바닥에 코브라에 각종 보신약들이라면 사족을 못 써 급기야는 세계야생동물보호단체로부터 옐로 카드까지 받은 것이 바로 엊그제 적일이다.

그러한 시절을 아는지 모르는지 유곡 나루에는 물만 유유히 흘러간다. 물 반 은어 반일 정도로 많았다는 은어도, 은어를 잡는 낚시꾼도, 사람을 싣고, 인정을 싣고 나르던 나룻배도 보이지 않는다. 바람에 흔들리는 대나무 숲과 함께 유곡정이라는 정자와 유곡 마을 표지석만이 덩그러니 서 있을 뿐이다.

아랫누름에서 조금 올라가면 가운데 누룩실 마을이 있

고 그 중간에 여시('여우'의 방언)가 자주 나와 여시골이라고 이름 지은 골짜기가 있다. 제일 윗마을이 웃누룩실 마을이다. 웃누룩실 북쪽 들판은 참나무가 많았다는 참나뭇들이다. 아랫누룩실 서쪽에 있는 구불구불한 골짜기 이름이 시무날이고 유곡 마을을 따라 흘러가는 도랑 이름은 새터 도랑이다. 푸른 대나무 숲 길을 따라 걷다 보니 발길은 어느새 독자동 마을에 이른다.

유곡 마을 부근의 섬진강 | 섬진강과 보성강이 만나 한결 넓어진 강이 유곡 마을을 지나 구례구로 흐른다.

욕심을 버릴 것

벌써 들일을 나온 마을 사람이 "어디를 그렇게 걸어간대유?" 하고 묻는다. 그 아랫길에는 벚꽃들이 무리지어 피어 있다.

꽃 중에는 잎이 피기 전에 꽃부터 피는 올된 꽃도 있지만 잎이 핀 다음에 꽃이 피는 늦된 꽃도 있다. 사람도 마찬가지다. 올된 사람이 있는 반면 늦된 사람도 있다.

그러나 요즘 세상에선 조금만 늦되는가 싶으면 안절부절못하고 난리를 부린다. 행여 뭔가 잘못되었는가, 저러다 큰일나는 게 아닌가 싶어 그런가 보다.

그래서 유치원부터 일류 유치원에 초등학교, 중고등학교, 대학교까지 일류로 보내야 하고 그곳에서도 일등을 해야만 마음을 놓는다. 그렇지 않으면 과외다 학원이다 뭐다 해서 가만 놔두질 않는다. 인간의 창의성을 키워 주는 교육이 아니라 정해진 길을 그대로 가게 만드는 교육은 생각만 해도 가슴이 콱콱 막힌다. 왜 대부분의 사람들은 조금만 열린 눈으로 바라보면 보일 법한 일들을 놓치고 있단 말인가.

학문이라는 것도 그렇다. 우리가 살면서 실용적으로 쓸 수 있는 것들이 중심이 되어야 하는데 고등학교만 졸업하면 별로 쓸 일이 없는 학문을 한다고, 아니 그게 시험에 나온다고 가르치고 배운다. 그러다 보니 실생활에서 어디로 가는 것이 몇 번 도로이며 무엇 무엇이 먹을 수 있는 풀이고 어떤 것이 먹으면 큰일이 나는 독풀인지조차 모르게 된다. 우리가 흔히 말하는 철부지가 되는 것이다. 철부지는 '철을 모른다'는 말이다. 그렇다면 '철을 안다'는 것은 무엇인가. 간단명료하다. 철마다 피는 꽃이 어떤 꽃인가를 아는 일이고, 그 철에만 먹을 수 있는 음식이 무엇인가를 아는 일이다.

마라톤만 해도 그렇다. 처음에 독주하던 사람이 우승하는 경우는 별로 없다. 2진 그룹으로 힘을 비축했던 사람들이 마지막 구간에 와서 전력을 기울여 우승하는 경우가 대부분이다. 이것만 보더라도 우리가 조급하게 서둘러야 할 이유는 없는 게 아닐까?

'욕심을 버릴 것'

나이 40을 넘으면서 내가 가장 많이 되뇌이는 문구다. 아주 간단한 이 문구가 지금도 나를 제대로 해방시켜 주지 않는다. 언제쯤 큰 욕심, 작은 욕심에서 벗어나 그냥 내가 좋아하는 일을 추구하며 만족하게 될까?

독자동 앞에서 승주군 황전면 비촌리 칠안으로 건너가는 나루가 독자 나루다. 독자동 뒤쪽에서 구례읍으로 넘어가는 고개는 까마귀 형국이라 까막재라고 부른다. 독자동 동쪽에는 참새미라고 이름 붙은 우물이 있다.

뒤돌아보니 멀리 강이 아스라하다. '평화산 기도원 500 미터'라고 적힌 표지판이 눈에 띈다. 옛날에는 좋은 명당 자리마다 절이 들어섰다고 한다. 그러다가 고려 시대 이후 유교를 받아들인 조선 시대에는 그 좋은 절터에 서원이나 권력자들의 묘지가 들어섰고 그 폐사지들에 기도원들이 들어선 것이다.

강 건너 섬진강변에서 목탁소리가 들려온다. 소나무 숲 우거진 주차장에 관광버스 두 대가 주차해 있는 것으로 보아 필시 어느 절에서 신도들과 함께 방생법회를 온 모양이다.

자연에 대한 사랑이라는 것은 서 있는 자리에서 올바로 실천하는 것이다. 그런데 고기를 사다가, 그것도 외래 물고기와 청거북 등을 사서 물가에 풀어 놓는 것이 진정한 사랑법일까? 이청준의 소설 『잔인한 도시』에서 새들을 날려보내 놓고 그 날갯죽지가 잘린 새들을 저녁마다 환한 손전등 불빛을 비춰 다시 잡아들이는 것처럼 방생했던 물고기들을 잡아들이는 악순환이 계속되는 것은 아닐까?

짙푸른 강물은 구례를 향해 흐르고

섬진강의 나루가 있으므로 나릿물, 날몰, 또는 진촌, 비촌이라고 부르는 비촌 마을을 지난다. 북쪽에는 멍에처럼 생긴 메에배미, 사람들과 소유권 다툼이 벌어졌던 재판배

미란 논두렁이 있으며 동쪽에는 각시바위가 있다.

재첩국 같기도 하고 애호박 송송 썰어 넣고 끓여 낸 다슬깃국 같기도 한 섬진강물은 이제 구례구를 향해 흐르고 있다. '이 지역은 다슬기 채취로 인한 연중 익사사고 다발 지역입니다. 주의하시기 바랍니다. -구례군수'라는 표지판을 지나 구례역 못미처에서 새 몇 마리가 날아오른다.

지리산 산행을 위해 저 구례역을 거쳐야 했던 게 그리 오래전 일이 아니다. 지리산 종주를 위해 서울에서 밤 열차를 타고 온 사람들은 아침이 오기를 기다려야 했고 아침차를 타고 화엄사에 도착한 뒤 10킬로미터에 이르는 화엄사 골짜기를 지루하게 올라가고는 했다. 노고단에 오른 뒤 42킬로미터쯤 걸리는 천황봉까지의 여정은 강한 인내심을 필요로 했기 때문에 산을 좋아하는 사람들은 지리산 종주를 몇 번이나 했느냐고 인사치레로 묻기도 했다.

그러나 성삼재까지 올라가는 찻길이 뚫리면서 화엄사에서 노고단에 이르는 옛길은 잘 가지 않는다. 지루하지만 아름다웠던 길. 가을이면 다래며 으름이며 머루 들이 주저리주저리 열리던 곳. 그 길을 가기 위해 내리던 구례역은 저만치서 엷은 햇살 아래 졸고 있다.

길옆 음식점들은 제각기 무슨 방송에 나왔다는 플래카드를 내걸어 놓았다. 답사를 다니다 보면 방송 출연을 내세운 음식점들이 왜 그리 많이 눈에 띄는지.

송미식당에 들어가 메기탕에 막걸리 한잔을 나눈다. 뭐니 뭐니 해도 음식이란 마음, 즉 정성이 들어가야 맛이 있는 법이다.

송미식당 앞 나무에 매화꽃이 예쁘게 피어 있다. 그러나 자세히 보니 몸통에는 고무줄이 챙챙 감겨 있다. 왜 인간은 그들 스스로를 위해 자연에 어떠한 피해를 주어도 아무렇지 않다고 생각하는 것일까. 언제쯤 인간도 자연의 한 부분이라는 것, 자연 속에도 영혼이 깃들어 있다는 것을 깨닫게 될까.

구례역이 있는 순천시 황전면 선변리의 나발목은 섬진강과 황전천이 합수되는 곳이므로 합숫거리라고 부른다.

기를 세워 기점을 두었다고 전해 오는 깃대봉 아래에 자리 잡은 신촌 마을에는 류수정이라는 정자가 있다. 제방 아래로 산수유꽃이 화사하게 피어 있고 섬진강에선 아낙네들이 다슬기를 잡고 있다. 바람은 잔잔하게 불고 강 건너 둥주리봉 아래로 순천, 여수로 가는 차들의 행렬이 끊임없이 이어진다.

노란 나비가 한 마리 날아간다. 이른 봄에 노란 나비를 보면 길한 일들이 많을 것이라는데. 나비를 처음 발견한 서영숙 씨에게 좋은 일들이 많이 일어날지도 모르겠다.

원방리 병방 마을에는 오래 묵은 느티나무 한 그루가 서 있다. 농사일을 준비하던 마을 주인이 한마디 건넨다.

"530리 길을 걸어온 건가요?"

"예."

하고 대답하자 다큐멘터리를 제작하냐면서 말을 꺼낸다.

"요 앞 섬진강에는 모래, 누치, 은어, 창어 같은 물고기들

자유에 관하여

페르시아의 시인 사아디가 지은 『굴리스탄, 화원』에는 다음과 같은 글이 실려 있다.

사람들이 현자賢者에게 물었다. "지고한 신이 드높고 울창하게 창조한 온갖 이름난 나무들 가운데, 열매도 맺지 않는 삼나무를 빼놓고는 그 어느 나무도 '자유의 나무'라고 부르지 않으니 그게 어찌된 영문입니까?" 현자는 대답하였다. "나무란 저 나름대로의 과일과 저 나름대로의 철을 가지고 있어 제철에는 싱싱하게 꽃을 피우나 철이 지나면 마르고 시들기 마련이다. 삼나무는 어느 상태에도 속하지 않고 항상 싱싱하나니, 자유로운 사람들, 즉 종교적으로 독립된 사람들은 바로 이런 천성을 가지고 있는 것이다. 그러니 그대들도 덧없는 것들에게 마음을 두지 말거라. 칼리프들이 망한 다음에도 티그리스 강은 바그다드를 뚫고 길이 흐르리라. 그대가 가진 것이 많거든 대추야자처럼 아낌없이 주어라. 그러나 가진 것이 없거든 삼나무처럼 자유인이 되거라."

이 바글바글 했어요. 하지만 섬진강댐하고 주암댐을 막으
면서 고기가 줄어들었고 곡성에 금호타이어 공장까지 들
어서면서 물이 많이 오염되고 말았어요. 지금은 눈치, 모래
무지, 빠가사리, 메기 같은 것들만 잡히고 많이 있던 자라
는 다 없어졌어요.”

그래 사라지는 것이 어디 한둘이랴.

마을 사람들이 뒷동산이라고 부르는 병방산은 높지는
않지만 바라볼수록 신기하게 생겼다. 문척면 중산리로 건
너던 병방 나루터는 보이지 않고 원천동 서북쪽에 있는 까
막정 마을 역시 보이지 않는다. 병방산에 있다는 얼음처럼
차디찬 찬새미(돌샘)는 지금도 시원할까?

병방산 아래 굽은 길을 돌자 원천동이다. 다리 아래에서
바라보는 오산은 아직도 겨울이다.

자라가 섬진강물을 마시는 형국, 오산

곡성, 압록을 거쳐 흘러온 섬진강물이 구례 앞에서 오산
을 싸고 화개, 하동으로 흐른다. 자라처럼 생긴 산이 섬진
강의 물을 마시는 형국이라 하여 오산이라고 명명한 것이
다. 오산의 ‘오鰲’자는 한자어로 ‘자라’라는 뜻이다. 사성
암의 기록에 따르면 오산은 금자라 형국이어서 ‘금오산’
이라 불렀다고도 한다.

구례군 문척면 죽마리에 위치한 사성암은 연기조사, 원
효대사, 진각국사, 도선국사 등 네 성인이 수도하였다 하여
사성암이라는 이름이 붙여졌다.

신경준이 저술한 『산수고』에는 섬진강이 '잔수潺水'라고 기록되어 있는데 그것은 섬진강물이 잔잔하게 물결치며 휘도는 이 구간을 두고 말하는 것이라고 한다.

오산에 전해 오는 여러 가지 말들 속에 "오산을 오르지 않으면 후회할 것이고 두 번 다시 가지 않아도 후회할 것이다."라는 말이 있다. 건너편에 보이는 지리산의 노고단이나 형제봉에 비한다면 작디작은 산에 지나지 않지만 사성암 부근의 기암괴석은 나라 안의 어느 산에 뒤지지 않을 만큼 아름답기 이를 데 없기 때문일 것이다. 그뿐인가. 구례읍과 지리산 자락을 싸고도는 섬진강의 물줄기를 바라보는 맛은 오르지 않은 사람들은 모를 일품이다. 하지만 나라 안의 여느 절들과 다름없이 이 절 역시 오랜 세월 동안 공사가 한창이었다. 그러나 다행스러운 것은 마애여래입상이 있는 암벽으로 오르는 길이 시멘트나 철근 길이 아닌 나무로 만들어졌다는 것이다.

나무 계단을 오르자 깎아지른 듯한 거대한 암벽에 간략한 선으로 음각된 마애여래입상이 나타난다. 오른손을 들어 중지를 잡고 왼손은 손가락을 벌려 가슴 앞에 대고 있다. 마애여래입상을 원효대사가 손가락으로 그렸다는 전설이 있다는데 과연 사실일까?

우리나라에 셀 수 없이 많은 절 중 원효, 의상, 도선국사 등 이름 있는 스님들이 창건한 절이 70~80여 개나 된다고 한다. 그러나 그 당시 시간당 몇십 킬로미터를 가는 자동차가 있던 것도 아니고 재정이 열악한 상황에서 몇 분의 스

오산 | 보기엔 작지만 사성암 부근의 기암괴석은 나라 안의 어느 산에 뒤지지 않을 만큼 아름답다.

마애여래입상 | 깎아지른 암벽에 간략한 선으로 음각된 마애여래입상은 오른손을 들어 중지를 잡고 왼손은 손가락을 벌려 가슴 앞에 대고 있다. 이 마애여래입상을 원효대사가 손가락으로 그렸다는 전설이 있다.

님들이 그 많은 절을 창건하기란 불가능한 일이었을 것이라는 설도 만만치 않다. 절은 다른 사람이 창건하고 이름만 원효, 의상, 도선, 원광 등 빼어난 스님들의 것으로 갖다 붙였을 것이라는 주장이다. 이런 말들이 더 설득력 있어 보인다.

그러나 창건자가 누구이든 이 깎아지른 듯한 절벽에 목숨을 걸고 올라와 지극 정성으로 이 불상들을 새겼을 것이다. 얼마나 절박했던 믿음이 이 아찔한 난간에 기대어 정을 쪼게 하였을까? 경외의 눈빛으로 바라본 절벽에 푸른 소나무 한 그루가 서 있다.

마애여래입상에서 내려와 대웅전 쪽으로 올라가려는데 대웅전은 새로 짓는 중이라선지 뼈대만 서 있다. 건축자재를 딛고 올라 암봉에 이르러 눈앞에 펼쳐지는 구례 평야와 기암괴석들에 나는 넋을 잃고 만다.

사람이 쉬어갈 수 있도록 위가 평평해서 쉬열대, 바람이 센 곳에 있으며 서쪽을 향하고 있다고 해서 풍월대, 화엄사를 향해 절하는 위치에 있는 듯하다고 해서 배설대, 향을 피워 놓는 향로대, 진각국사가 참선했다는 좌선대와 우선대(뜀바위), 석양의 낙조를 감상하기 좋은 낙조대, 병풍처럼 펼쳐져 있는 병풍대, 신선이 베를 짠 흔적인 씨줄과 날줄이 그려져 있는 신선대(선녀와 비단을 짰다고도 한다.), 오산에서 가장 높은 곳으로 하늘을 바라보고 있는 듯한 앙천대, 연기조사가 마애불로 변하였다는 아미타불 모양의 관음대, 크고 붉은색을 띤 괘불대를 이곳 사람들은 오산

12대라 부른다. 또 어떤 사람들은 바위 조각의 전시장이라 하여 소금강이라 부르기도 한다.

저 산 아래 동구적이 마을 북동쪽에 있는 가끔(각금) 마을엔 말림각이 있었다고 한다. 작은 양골 서쪽 골짜기는 고자바우가 있어 고자박골이다. 죽면 마을 서남쪽에는 대소라는 소가 있는데 물이 맑고 잔잔하여 맑은 날이면 근처 산의 울창한 대숲 그림자가 물 위에 비치는 풍정이 아름답기로 이름이 나 있다. 또한 대소에 있는 도채비둠병에는 다섯 개의 크고 작은 바위가 성지(형제)처럼 나란히 놓여 있는 오성지바우가 있다.

조선 시대의 선비 고월후가 세운 뒤 시를 읊고 풍류를 즐겼다는 침류정은 이미 없고 도선국사가 우리나라의 산천을 석벽에다 새겼다는 마구실의 영자대라는 바위는 오래되어서 그런지 글씨를 알아볼 수가 없다.

죽연 동쪽에 있는 건네뜸에는 조선 정조 2년에 세운 문산사라는 사당과 조선 시대에 처사 고효시라는 사람이 서당을 지어 글을 가르쳤다는 서당골이 있다. 서당골 북쪽에는 소반 모양의 소반들이 있다.

최창조 선생은 우리가 지나고 있는 구례읍 봉서리의 평화의 집터를 풍수꾼의 성지와도 같은 곳이며 절묘한 배치를 이루고 있는 명당이라 평한다.

마을을 벗어나자 먼발치로 눈 덮인 노고단이 그 위용을 드러낸다. 저 산 아래 화엄사와 천은사가 있을 것이다. 강가에는 민물조개껍데기가 여기저기 널려 있고 길옆에는

구례 토지면 일대의 섬진강 | 지리산, 백운산이 함께 어우러진 구례 토지면 일대의 섬진강.

섬진강에서
고은

저문 강물을 보라. 저문 강물을 보라.
내가 부르면 가까운 산들은 내려와서
더 가까운 산으로
강물 위에 떠오르지만
또한 저 노고단 마루가 떠오르기도 한다.
그러나 강물은 저물수록 저 혼자 흐를
따름이다.

저문 강물을 보라.
나는 여기 서서
산이 강물과 함께 저무는 것과
그보다는 강물이 저 혼자서
화엄사 각황전 한 채를 싣고 흐르는 것
을 본다.

저문 강물을 보라.
강물 위에 절을 지어서
그곳에 죽은 것들도 돌아와
함께 저무는 강물을 보라.

강물은 흐르면서 깊어진다.
나는 여기 서서
강물이 산을 버리고
또한 기다란 절을 버리기까지
저문 강물을 쉬지 않고 볼 따름이다.

이제 산 것과 죽은 것이 같아서
강물은 구례 곡성 여자들의 소리를 낸다.
그리하여 강 기슭의 어둠을 깨우거나
제자리로 돌아가서
멀리 있는 노고단 마루도 깨운다.
깨어 있는 것은
이렇게 저무는구나.

느티나무가 숲을 이루고 있다. 여름 한철 저 나무숲에는 얼마나 많은 사람들이 찾아와서 한여름의 정취를 즐기다 갈까? 흐르는 강물을 바라보며 고은의 시 한 편을 생각한다.

섬진강물이 지리산을 만나다

"날궂이 할라면 강물에서 비린내부터 나거든요."

최 선생님의 말을 듣고 보니 내일 비가 오려고 그러는지 강물에서 비린내가 나는 듯싶다. 물이 빠져 진흙탕 길을 걷는 것과 다를 바 없다. 새들은 얼씨구나 하며 조개를 주워 먹고 조개는 껍데기만 남긴 채 한 생애를 마감한다.

그새 봄인가. 따가운 햇살 아래 몸은 나른해져만 간다. 대나무 숲 우거진 그늘 밑을 걸으니 한결 시원함이 느껴진다. 우수수 흔들리는 푸른 대나무 숲을 바라보며 박준열 씨가 한마디 건넨다.

"대나무를 집 뒤란에 심는 것은 지진이 일어났을 때를 대비해서라고 해요. 대나무 뿌리가 얽히고설켜 있어서 땅이 꺼지지 않기 때문에 지진이 일어나면 제일 먼저 대나무 숲으로 숨어든다고 해요."

불과 한 시간도 안 걸었는데 첫날이라선지 아니면 기압골 때문인지 몸도 다리도 무지근하다. 흐르고 흘러온 섬진강이 요천, 보성강 물길을 받아들인 뒤 구례를 지나서 지리산을 만난다. 오르기만 하는 산은 강을 그리워한다. 그 말이 맞을 듯싶다. 모든 냇물, 모든 지류를 끌어 모은 섬진 강물이 곡성읍에서 산을 뚫고 단숨에 찾아와 지리산을 만

나 흐드러지게 끌어안고 춤추며 노래할 수 있으면 좋으련
만. 섬진강은 곡성, 압록, 유곡을 지나며 더 많은 받아들임
을 경험한 뒤에야 이곳 구례에서 지리산을 만나게 되는 것
이다. 강가에는 버들강아지가 소담하게 피어 있고 그 너머
로 지리산의 연봉이 끝없이 펼쳐진다.

그런데 강 웅덩이에서 뭐가 움직여 바라보니 피라미 한
마리가 갇혀서 헤엄치고 있는 것이 아닌가. 조금 있으면
이 물 역시 말라 버릴 것인데. 최병선 선생이 조심스럽게
잡아 흐르는 물에 떠내려 보낸다. 그러나 성질 급한 물고
기는 그새를 못 넘기고 흰 배를 드러내고 만다. 방생이 다
른 것이 아닌데 애틋한 마음을 어떻게 전할 수 있으랴.

제방에 올라서자 섬진강 수질감시초소가 나타난다. 이
곳 수질에 대해서 조사한 게 있느냐는 물음에 초소에 있던
사람들은

"한 달에 두세 번 수질 검사를 하는데 우리가 가지고 있
지는 않아요. 도에서 관리하고 있지요."

하고 대답한다. 이곳에 수질감시초소가 있으니 적어도
여기다 '구례읍내 앞 섬진강의 수질은 지금 어떠어떠한 상
태이다.'라고 기록해 두는 것이 도움이 되지 않을까?

"저 구례읍내 뒤편 골짜기가 산성리 절골입니다. 산성
리 절골 김무규 선생 댁에서 영화 「서편제」 중 오정해가
「사철가」를 부르고 김무규 선생이 거문고를 타던 장면을
찍었었지요."

내 말에 누군가 뒤를 잇는다.

멀리 보이는 지리산 | 흐르고 흘러온 섬
진강이 요천, 보성강이 물길을 받아들
인 뒤 구례를 지나서 지리산을 만난다.

지리산에 전해 오는 '지리산녀' 전설
지리산에는 남도 여인들의 정절의 규범
인 '지리산녀'의 아름답고도 애틋한 이
야기가 전하고 있다. 『동국여지승람』의
인물 열녀항에 간단한 기록이 실려 있
는데 그 내용은 다음과 같다. 지리산녀
는 구례현의 여자인데 자색이 아름답
고, 지리산 아래에서 살았으나 역사에
는 그 이름이 전해지지 않았다. 집이 가
난하나 아녀자의 역할을 다하였다. 백
제의 왕이 그 아름다움을 소문으로 듣
고, 아내로 맞아들이려 했으나 여자는
죽음을 맹세하면서 한사코 따르지 않았
다. 같은 내용의 '지리산가'가 『고려
사』「악지」에 실려 있으나 전하지 않는
다. 이 지리산녀는 『삼국사기』「열전」
에 기록된 도미의 처이며, 백제왕은 개
루왕일 것이라는 견해도 있다.

1993년 개봉된 임권택 감독의 영화로 이청준의 소설을 바탕으로 만들어졌다. 어느 소리꾼 집안의 기구한 삶을 통해 한국인의 한을 잘 표현해 냈으며 줄거리는 다음과 같다.

1960년대 초 전라도 보성 소릿재. 동호(김규철)는 소릿재 주막 주인의 판소리 한 대목을 들으며 회상에 잠긴다. 소리 품을 팔기 위해 어느 마을 대갓집 잔치에 불려 온 소리꾼 유봉(김명곤)은 그곳에서 동호의 어미 금산댁(신새길)을 만나 자신이 데리고 다니는 양딸 송화(오정혜)와 함께 새로운 생활을 시작한다. 동호와 송화는 오누이처럼 친해지지만 아기를 낳던 금산댁은 아기와 함께 죽고 만다. 유봉은 수리품을 파는 틈틈이 송화에게는 소리를, 동호에게는 북을 가르쳐 둘은 소리꾼과 고수로 한 쌍을 이루며 자란다.

소리를 들어주는 사람들이 줄어 냉대와 멸시 속에서 살아가던 중 동호가 어미 금산댁이 유봉 때문에 죽었다는 생각과 궁핍한 생활을 견디다 못하고 집을 뛰쳐나가자 유봉은 송화가 그 뒤를 따라갈지 모른다는 두려움과 소리의 완성에 집착해 약을 먹여 송화의 눈을 멀게 한다. 유봉은 서서히 시력을 잃어가는 송화를 정성을 다해 돌보지만 죄책감 때문에 괴로워하다가 결국 송화의 눈을 멀게 한 일을 사죄하고 숨을 거둔다. 그로부터 몇 년 후, 그리움과 죄책감으로 송화와 유봉을 찾아 나선 동호는 어느 이름 없는 주막에서 송화와 만난다. 북채를 잡은 동호는 송화에게 소리를 청하고, 송화는 아비와 똑같은 북장단 솜씨를 보고 그가 동호임을 안다. 그리고 그들은 또다시 헤어짐의 길을 떠난다.

"김무규 선생은 참말로 한량이었지라우. 옛날에 구례 땅 모두가 김무규 선생 땅이라고 할 정도였고 그 양반 땅을 밟지 않고는 구례를 지나갈 수가 없었다고 해요. 그 양반 아들이 김철수라고 권투선수였어요. 김기수라고 세계챔피언을 지냈던 그 양반 스파링 파트너였다고 혀요."

내가 지금은 작고한 김무규 선생을 만난 것은 1993년 무렵이었을 것이다. 구례의 김무규 선생은 이름난 궁소로 단소와 거문고 그리고 북을 다루는 솜씨가 빼어났다. 그는 단소로 아악에서 연주되던 경제京制가락이 아닌 시골에서 불리던 향제가락을 주로 불었는데 그 솜씨가 나라 안에서 제일 뛰어나 줄풍류 인간문화재 제84호로 지정되었다.

1993년이던가 보성 소리와 서편제를 찾아가는 답삿길에 김무규 선생의 거문고를 듣고자 예비 답사를 갔었다. 구례에서 이름난 한식집인 동원식당에서 점심을 같이 먹는 영광을 누리고 올라온 얼마 뒤 다가온 답사 날에 일이 생기고 말았다. 가는 날이 장날이라고 김무규 선생이 하루 전날 넘어져서 다리를 다쳤다는 소식이 온 것이다.

중지할 수도 없어 우여곡절 끝에 열린 행사는 자정 무렵까지 이어졌다. 강도근 명창과 전인삼 선생의 판소리 가락에 밤늦은 줄 몰랐던 것이다. 그런데 막상 끝나고 나니 날이 느닷없이 추워져 김무규 선생 댁에서 잠을 잘 수 없게 되었다. 고민 끝에 내린 결론은 답사객 90여 명에게 "내일 아침 식사는 이곳에서 할 것이니 알아서 주무시고 오십시오."라고 통보하는 것이었다.

사람은 어떠한 상황 속에서도 살아남는다고 했던가. 흩어진 사람들은 절집의 문을 두드리고 집집마다 꾸역꾸역 들어가 아침에 모두 무사히 만날 수 있었다.

김무규 선생 댁은 1920년대에 지어진 대다수의 집들처럼 둥근 기둥에 마음껏 욕심을 부린 아름다운 집이다. 대나무 숲과 돌담이 아름다운 이 집에 봄이면 하얀 영산홍이 새색시처럼 해맑게 피어났다. 사랑채 마루에선 영화 「서편제」의 주인공이었던 오정해가 「사철가」를 불렀으며 김무규 선생이 거문고를 탔다. 그러나 그 또한 지나간 옛날이다. 그때 그 장면처럼 하루 해는 저물어 가고 돌담길을 내려오며 「서편제」의 한 대목이 내 가슴에 그리움처럼 밀려왔다.

"이 산 저 산 꽃이 피니 분명코 봄이로구나. 봄은 찾아왔건마는 세상사 쓸쓸하더라."

그 집은 그 무렵 모 그룹에서 매입하려 했지만 가격이 맞지 않아 팔리지 않았다. 이제는 그곳에서 김철호 선생의 자제들이 국악공부를 열심히 하고 있다는 말을 들었는데 얼마 전에 가 보니 집은 서울 사람의 소유가 되었고 김철호 선생은 방 한 칸을 빌려 살다가 지금은 광주에 가 계신다는 소식만 들려왔다. 다시 가 보았을 때는 풀들만 우거져 집터를 지키고 있었다.

「절명시」를 남기고 죽음을 택한 매천 황현

3월이나 4월 초 구례군 산동에 접어들면 산수유 향기가

절로 난다. 밭 가장자리나 담벼락 가득 피어 있는 산수유
꽃, 구례의 봄은 산수유꽃 때문에 온다고 해도 과언이 아
니리라.

　구례군 광의면 수월리 월곡 마을은 한말韓末의 이름난
시인이자 절개 높은 선비였던 매천 황현 선생이 살다 간
곳이다. 이곳에서 그는 동학농민운동을 처음부터 끝까지
자세히 기록한 『오하기문』을 남겼다.

　매천은 1855년 12월 11일 전라남도 광양군 봉강면 서석
촌에서 태어났다. 몰락한 시골 선비 황시묵과 풍천 노씨의
2남 3녀 중 장남으로 태어난 그는 태어날 때부터 남보다
뛰어나 보는 사람들을 놀라게 했다고 한다. 7살에 입학하
여 시를 읽기 시작하였고 11살에 무리지어 날아가는 기러
기를 바라보며 한시를 지었다.

　　날아가는 기러기가 우짖는 소리는 어디든지 다 같게 퍼
　　질지라도
　　또한 일에 열중하는 사람들은 듣기가 어려우니
　　한가하게 노는 사람들은 그 소리를 먼저 들을 수 있다.

　매천은 14~15세에 이르면서부터 광주에서 열린 본도향
시에 나아갔다. 그가 붓을 잡고 글을 쓰면 바람이 일어 장
내에 있던 응시자들이 모여 광양의 황신동이라고 떠들 정
도였다고 한다. 그 소문은 호남의 전역에 널리 퍼졌다.

　17세에 해주 오씨와 결혼한 매천은 행동이 단정하였고

음성이 맑았으며 불의를 보면 참지 못하였다. 20세가 되던 해부터 서울을 왕래하면서 강위, 이건창, 김택영, 정만조 등과 가까이 사귀었다. 28세에 특별보거시라는 과거를 보았는데 그때 시험관 한미산은 매천을 장원으로 뽑았다가 그 태생이 시골인 것을 알고 차석으로 뽑았다. 그 사실을 안 매천은 곧바로 고향으로 되돌아와 초야에 묻혀 고금의 서적을 읽으며 지내고자 했다. 그러나 아버지 시묵의 마음은 그게 아니었다.

"과거에 급제하지 못하는 것은 비록 운수가 있는 것이나 내 생전에는 과거를 폐하지 말고 내가 죽은 후에는 네 마음대로 해라."

매천은 그해 아버지의 뜻에 따라 성균시를 보았고 장원 급제하였다. 그의 나이 34세였다. 매천은 박정양이 주미공사로 부임할 때 수행원으로 나갈 것을 추천받았으나 수행원이란 벼슬에 익숙지 못하다고 거절하였다. 또한 구례 군수 박항래가 성균관 박사시를 권유했으나

"나는 탕건을 잊은 지 오래일세."

라며 거절했다고 한다.

그가 스무 살을 갓 넘었을 무렵 기울어져 가는 나라 조선은 일본의 우세한 힘 앞에 병자수호조약을 체결하였다. 대원군과 민비가 첨예하게 맞서 있었으며 수구와 개화 사이의 갈등, 미국·영국·청 등 구미열강의 각축으로 위태롭던 시기였다. 갑신정변 이후 한성조약을 맺었고 영국 함선이 거문도를 점령했다.

병자수호조약

1876년(고종 13년) 조선과 일본 간에 체결한 수호조약으로 강화도조약 또는 한·일수호조약이라고도 한다. 운요호 사건의 결과로 일본의 강압 아래 맺어진 최초의 불평등 조약이라는 데 특징이 있으며 그 내용에는 일본의 정치적·경제적 세력을 조선에 침투시키려는 의도가 반영되어 있다.

한성조약

1884년(고종 21년)의 갑신정변 뒤처리를 마무리 짓기 위하여 일본과 맺은 조약이다. 갑신정변은 국내의 정치적 사건이었지만 일본이 혁명 세력과 연결하여 지원을 하였고 결국 실패하여, 궁중에 있던 일본군이 청군에게 쫓겨나는가 하면, 일본 공사관은 민중의 습격을 받아 불타고 일본 거류민이 피살되는 등 일본측이 피해를 당하는 사건으로 확대되었다. 이에 일본은 조선을 압박하여 한성조약을 체결함으로써 일본측이 입은 피해를 보상받고 조선 정부에 강압할 수 있는 위세를 회복하는 계기를 마련하게 되었다.

을사보호조약

1905년(광무 9년) 일본이 한국의 외교권을 박탈하기 위해 한국 정부를 강압하여 체결한 조약으로 제2차 한일협약·을사오조약乙巳五條約·을사늑약乙巳勒約 등으로 불린다. 한국 외교권의 접수, 일본 통감부의 설치 등을 주요 내용으로 하는 이 조약의 체결 소식이 알려지자 장지연은《황성신문》에 「시일야방성대곡是日也放聲大哭」이라는 논설을 게재하였으며 국민들의 조약 체결에 대한 거부와 일제에 대한 항쟁이 전국 각지에서 일어났다. 민영환, 조병세 등이 순국하였고 의병운동이 전개되었으며 을사5적의 암살을 위한 거사도 일어났다.

한일합방

일제의 침략으로 국권을 상실한 1910년의 경술국치 전반을 이르는 말로 한일병합이라고도 한다. 일본은 1905년 을사조약(제2차 한일협약) 체결 후 한국군대를 강제로 해산하고, 1910년 6월 각서를 교환하여 종래의 사법·경찰권 이외에 일반경찰권까지 탈취하였다. 이어 1910년 8월 22일 이완용과 데라우치 마사타케 사이에 합병조약이 조인되었다. 8개조로 된 이 조약은 제1조에서 '한국정부에 대한 모든 통치권을 완전히 또 영구히' 일제에 양여할 것을 규정하고 있다. 이로써 한국은 조선 왕조가 건국된 지 27대 519년 만에 망하게 되었다.

매천은 스물에 구례군 광의면 수월리 월곡 마을로 거처를 옮겼다. 매천이 한양으로 올라오기를 권유하는 친지들의 요청을 무시하고 책을 읽고 쓰는 데만 온 정열을 쏟고 있자 서울의 친구들은

"나라가 위급한데도 은둔생활만 하고 있느냐?"

하고 다그쳤다고 한다. 그러자 그는

"자네들은 어찌하여 귀신나라 미친놈 속에 나를 끌어들여 함께 귀신이나 미친놈으로 만들려 하는가?"

하며 울분을 토했다고 한다.

죽을 때까지 이 마을을 떠나지 않았던 매천 황현은『매천야록』,『오하기문』 등의 저술에서 풍전등화의 위기에 놓인 조선의 실정을 낱낱이 서술했다. 을사년 음력 10월 을사보호조약이 체결되었다는 소식을 전해들은 매천은 식음을 전폐하고 통곡하기를 여러 날 끝에 「오애시」를 지었다. 국난을 당하여 순절한 민영환, 홍만식, 조병세, 최익현, 이건창을 추모하는 글이었다.

융희 4년 8월(1910년) 한일합방이 맺어지고 조선은 국권을 상실하고 말았다. 매천은 중대한 결단을 내렸다. 그 당시 매천의 근황을 동생이었던 석전 황원은 이렇게 기록하고 있다.

"경술년(1910년) 음력 7월 25일 대한제국은 망했다. 시골에는 음력 8월 3일에 황제의 양국조서讓國詔書가 도착했다. 매천은 이 글을 반도 채 읽지 않아 기가 막혀 더 이상 읽지 못하고 기둥에 끼워 놓았다. 내가 밖에서 돌아와서

이를 읽자, 매천은 듣기 싫으니 밖에 나가서 읽으라고 쫓았다. 이때 나도 읽기를 중지하고 '오늘 이런 일을 당했으니 아모 아모를 죽여야 마땅합니다.' 했더니 매천이 말하기를 '자신은 죽지 않으면서 남이 죽지 않는 것을 책하는 것이 옳겠느냐? 종묘사직이 망하는 날에 사람마다 다 죽어야 할 것인데 어찌 몇몇 사람뿐이겠느냐.' 하였다."

8월 5일 매천이 손님과 바둑 다섯 판을 두고 밤에 《황성신문》을 읽고 있는데 이웃 노인이 와서 한방에서 자기를 청했다. 그러나 매천은 술을 내어 대접하고는 밤에 할 일이 있으니 아들 방에서 자라 하였다. 그러고 나서 문을 닫고 「절명시絶命詩」 4수와 「유자제서遊子弟書」를 썼다.

그는 이 글에서 "국가가 선비를 기른 지 오백 년에 나라가 망하는 날을 당하여 한 사람도 죽는 사람이 없다면 어찌 통탄스러운 일이 아니겠느냐. 너희들은 과히 슬퍼하지 말라." 했으며 또 "서책은 이것이 곧 나의 정력소재精力所在이니 잘 수호하라." 하며 세세한 가사 처리에 대한 것까지 언급하였다.

그런 뒤 아편을 마시고 혼절했다. 새벽에 집 사람들이 이 사실을 알고 해독을 서둘렀으나 매천은 이를 물리쳤다.

"세상일이 이와 같으니 선비는 마땅히 죽어야 한다. 하지만 약을 먹을 적에 입을 세 번이나 떼다니 나 자신이 참으로 어리석다."

오시五時에 이르자 정신이 점점 혼미해지기 시작하여 초이레, 닭이 두 번 울 때 절명했다. 이때 매천의 나이 56세

매천 황현의 「절명시」 4수

난리 속에 어느덧 백두가 되니
몇 번이나 삶을 버리려 해도 하지 못했네.
오늘이야말로 참으로 어찌할 수 없으니
바람에 날리는 촛불이 하늘에 비치고 있으니

요망한 기운이 가려서 재성宰星이 옮겨지니
대궐이 어두워서 시간도 더디구나.
이제부터는 조칙詔勅을 받을 길이 없으니
구슬 같은 눈물이 흘러 흘러 종이를 적시네.

새와 짐승도 슬피 울고 바다와 산도 찡그리니
무궁화 꽃 삼천리는 이미 망해 버렸네.
가을 등잔에 책을 덮고 천고의 일 생각하니
인간의 글자 아는 사람 되기 어렵구나.

일찍이 나라 지탱할 조그만 공도 없었으니
다만 인仁을 이룰 뿐이요, 충성은 아니었네.
끝맺음이 겨우 능히 윤곡尹穀을 따를 뿐이니
당시의 진동을 좇지 못하는 것이 부끄럽구나.

였다.

그의 유서와 같이 '위로는 황천에 떳떳한 아름다움을 지니고 아래로는 평일에 읽은 글에 어긋남이 없이' 눈을 감고 길이 잠에 드니 자못 통쾌함을 느꼈을 것이다. 매천은 이것만이 사대부로서 의당 갈 길이라고 여겼다.

그렇다면 당시 매천의 죽음

매천사 | 조선 후기의 문장가인 매천 황현이 살았던 구례군 광의면 월곡리에 세워진 매천을 모신 사당.

은 무슨 의미가 있는가. 그때 매천의 상황을 지식인의 한계라고 단정 짓는다면 매천 선생의 죽음에 누가 되는 말일까? 그러나 그의 죽음이 온 나라 민중들에게 용기를 불러 일으킨 것은 주지의 사실이었다.

매천이 살다가 순절한 구례 땅은 오늘날까지 절개의 고장으로 알려져 있고 그가 썼던 『오하기문』이나 『동비기략』은 오지영의 『동학사』나 여타의 저작들처럼 당시 상황을 이해하는 데 필수 불가결의 작품이라는 데 의의를 제기할 사람은 없을 것이다.

희로애락을 상징하는 네 마리의 돌사자, 화엄사

매천사를 나와 지리산 성삼재 쪽으로 올라가면 통일신라 흥덕왕 3년(828)에 덕운대사가 창건한 천은사가 자리잡고 있다. 본래 극락보전 앞뜰에 있던 샘이 감로와 같다고 하여 창건 이래 감로사라고 하였으나 중간에 여러 번 불을 만나는 동안 그 샘이 자취를 감추어 버린 뒤로 절 이름을 천은사로 고쳤다고 한다. 도선국사가 중창했다는 이 절은 한때 수도하는 중이 천 명을 넘었던 큰 절이었으나 지금은 가까운 곳에 있는 화엄사나 쌍계사에 가려 찾는 이가 많지 않은 조용한 절이 되고 말았다. 그러나 천은사 극락전 앞에 있는 300년 된 영산홍은 봄마다 진한 향기로 사람들의 마음을 설레게 한다. 이 절에서 화엄사까지의 거리는 4킬로미터쯤 된다. 산을 좋아하는 사람에게 월류봉을 넘어가는 맛은 평소에는 느끼지 못할 은근한 아름다움으로 다가온다.

연곡사를 창건한 연기조사가 일 년 뒤에 세웠다는 화엄사는 선덕여왕 11년 자장율사가 중창했다. 그 뒤 장륙전과 화엄석경을 의상대사가 만들었다는 등 여러 가지 창건설이 전해 오고 있지만, 1979년에 발견된 『신라화엄경사경新羅華嚴經寫經』에 의해 8세기 중엽 통일 신라 경덕왕 때 황룡사 소속의 화엄학 스님이었던 연기에 의해 창건된 절임이 명확히 밝혀졌다.

도선국사가 중창하여 조선 시대까지 번성했던 이 절은 임진왜란 때 불타 버린 뒤 인조 때 벽암선사가 일곱 해에 걸쳐 다시 지었다. 선종 대가람의 지위를 얻은 화엄사는 그 후 부분적인 중수를 거쳐 오늘에 이르렀다.

일주문, 천왕문, 금강문을 지나면 보제루에 이르고 보제루를 들어가면 동서 삼층석탑이 있다. 큰 마당 정면 위쪽

화엄사 | 연곡사를 창건한 연기조사가 일 년 뒤에 세웠다는 화엄사는 선덕여왕 11년 자장율사가 중창했다. 그 뒤 장륙전과 화엄석경을 의상대사가 만들었다는 등 여러 가지 창건설이 전해 오고 있다.

화엄사 석등 | 화엄사 각황전 앞에 서 있는 석등. 각황전의 웅장함과 짝을 이루는 것으로 세계에서 가장 크다고 한다.

으로 대웅전이 보이고 왼쪽으로 각황전이 보인다. 화엄사의 중심이 되는 법당은 대웅전(보물 제 67호)임에도 불구하고 국보 제67호인 각황전으로 인해 사람들의 관심권 밖으로 밀려나 있다.

각황전은 처음에는 장륙전이라고 불렀으며 지리산의 굳센 맥을 누그러뜨리려 세운 것이라고 한다. 정면 9칸, 측면 5칸의 육중한 건물로 조선 중기의 건축물 중 가장 큰 불전이며 고졸하면서 위풍당당한 모습 때문에 가장 뛰어난 솜씨를 보인다는 평가를 받고 있다.

그 웅장함이 지리산의 산세와 잘 어울리는 이 각황전의 네 벽면에는 해동의 '서성'이라고 불리는 명필 김생이 썼다는 화엄석경華嚴石經, 곧 돌에 새긴 화엄경이 있었다고 전해지는데 그것 역시 임진왜란 때 불타 버렸다고 한다.

각황전 앞에 서 있는 석등 또한 각황전의 웅장함과 짝을 이루는 것으로 세계에서 가장 크다고 한다. 석등과 나란히 서 있는 원통전 앞 사자탑도 흥미로운 석조물이다. 노주露柱라고도 하고 감로탑이라고도 하는데, 일반적 의미로 전각 앞에 세운 탑인지 아니면 다른 용도로 세운 석조물인지는 알 수 없다. 원통전 창방 아래 토벽에 그려진 주악비천·산신·동자·나한상 같은 벽화는 조선 중기에 그려진 것으로 알려져 있으며 채색과 묘사력이 뛰어난 작품이다.

내가 지리산 자락의 화엄사를 찾았을 때는 마침 석가탄신일이었다. 각황전을 지나 효대를 오르는 계단에는 철 늦은 동백꽃들이 하나 둘씩 떨어져 있었다. 화엄사 경내에는 수많은 석가모니불이 부르는 소리에 답하듯 사람들이 여기저기서 모여들고 연등을 다는 스님들의 손놀림이 바빠지고 있었다.

이곳 효대孝臺에 우리나라 이형석탑의 우수한 작품으로 경주 불국사의 다보탑과 쌍벽을 이루는 사사자 삼층석탑이 있다. 인간세상의 희로애락喜怒哀樂을 상징하는 네 마리의 돌사자가 탑의 몸체를 받치고 있는 이 탑은 연기조사가 세상을 떠난 어머니에 대한 효심으로 세운 것이라고 알려져 있으며 통일 신라 시대 탑의 우수한 본보기로 손색이 없다. 윤기가 자르르 흐르는 새순이 돋아난 소나무 아래에는 연푸른 빛깔의 진달래 꽃잎이 우수수 떨어져 있어 탑을 더욱 운치 있게 만들어 주고 있었다.

화엄사가 자리 잡은 터와 그 뒤에 있는 사사자 삼층석탑 자리는 오랜 세월에 걸쳐 명당자리로 알려져 있어 70여 년 전쯤만 하더라도 조상의 무덤을 쓰려는 사람들이 밤중에 몰래 와서 송장을 묻고 가는 일이 자주 일어났다고 한다.

문척교를 지난다. 이 다리는 1968년 놓기 시작하여 1972년에 완공되었다. 문척교 아래로 구성 서북쪽에서 구례읍으로 건너가던 문척 나루가 보인다.

다리를 건너자 구성 마을 입구에서 강 선생님이 새참을 준비해 기다리고 있다. 제방으로 나서자 바람이 제법 차다. 구례 읍내를 지나며 서시천을 받아들인 섬진강이 바람 앞에 출렁거린다.

"봄볕에는 며느리를 내보내고 가을볕은 딸을 내보낸다

사사자 삼층석탑 | 경주 불국사의 다보탑과 함께 우리나라 이형석탑의 우수한 작품으로 쌍벽을 이루는 사사자 삼층석탑은 인간세상의 희로애락喜怒哀樂을 상징하는 네 마리의 돌사자가 탑의 몸체를 받치고 있다.

고 하는데, 이번 답사에서는 얼굴을 한껏 태우고 갈 듯싶
네요."

하던 박준열 부장의 소망은 아랑곳없이 날은 자꾸 침침
해져 간다.

아무래도 내일 비가 내린다는 일기예보가 낭설이 아닌
듯싶다. 비 내리는 봄날 처량하게 강길을 걸어가는 것도
운치가 있을 것이다.

월전리 삼쟁이 서남쪽에 있는 절골에는 구멍에서 날마
다 한 사람이 먹을 만큼씩 쌀이 나왔다는 쌀난바우가 있
다. 그런데 욕심 많은 중이 쌀이 많이 나오도록 구멍을 넓
게 판 뒤로는 나오지 않게 되었다고 한다.

안지말 새미는 바위 틈에서 물이 나오는데 물맛이 좋기
로 인근에 소문이 자자하다. 옛날에 앉은뱅이가 이 물을
마신 뒤로 걸어갔다고 한다.

진천 남쪽에서 원평 서쪽으로 뻗은 등성이는 꽃이 많이
피어 꽃바댕이라고 부른다. 강 건너 토지면 용두리에 용
호정이 있는 것을 보니 '한바탕 놀아 볼 만한 데'라는 내
생각이 어긋나지 않았다. 섬진강 맑은 물이 용소를 이루
면서 흘러가고 강 건너에 넓은 들이 펼쳐져 있어 1917년
구례 고을 선비들이 정자를 세우고 풍류를 즐겼다고 하니
말이다.

웃뜸 동북쪽에는 논임자가 빚쟁이에게 시달리다 논을
뺏긴 다음 비상을 먹고 자살하였다고 해서 비상답이라는
논배미가 있고 물맛이 좋아 오봉산 밑에 사는 봉황새가 물

을 마시러 왔다는 예천새미가 있다.

큰뜸 남서쪽엔 할머니처럼 꼬부장하게 생겨 할미바우라 이름 붙은 바위가 있고 베틀제 서북쪽엔 비가 조금만 와도 물에 잠긴다는 무너미들이 있다.

강 우측으로 다섯 봉우리가 병풍을 치듯 쭉 늘어선 오봉산이 보이고 광양 백운산의 연봉이 아스라이 보인다. 금평리 월금 마을에서 박준열 부장은 전화 인터뷰를 하기로 하고, 그 틈에 우리는 차를 한 잔씩 마신다.

운조루 | 아흔아홉 칸의 대저택이었던 과거의 위세는 찾아볼 수 없고 집 관리마저 제대로 되지 않고 있다.

하늘에서 떨어진 금가락지 형국, 운조루

오봉산 밑으로 차는 쌩쌩거리며 지나간다. 강 건너 형제봉 밑으로 한가롭게 펼쳐진 마을이 구례군 토지면 오미리이다.

저 멀리 보이는 오미리 마을은 풍수지리상으로 보면 노고단의 옥녀가 형제봉에서 놀다가 금가락지를 떨어뜨린 형상이라고 한다. 그곳을 찾아 집을 지으면 자손 대대로 부귀와 영화를 누릴 수 있다는 말이 몇백 년 전부터 전해 내려온다. 그래서 이곳이 남한의 삼대길지三大吉地로 알려진 것이다.

이곳에 삼수부사를 지낸 안동 사람 유이주가 아흔아홉 칸의 집을 지었다. 운조루雲鳥樓라고 불리는 이 집은 중요민속자료 8호로 지정되어 있는데 『조선의 풍수』를 지은 일본의 풍수학자 무라야마 지준의 글에도 소개될 만큼 조선에서 널리 알려진 명당이다.

금환락지 | 지리산에 살고 있는 선녀가 섬진강에서 목욕을 하고 돌아가다가 금가락지를 떨어뜨린 형국이라는 명당터.

운조루 입구의 안내 표지판에 따르면 이곳은 하늘에서 떨어진 금가락지인 금환락지金環落地의 형국을 이루고 있다고 한다. 구전에 따르면 위쪽에는 금구몰니金龜沒泥, 중간지대에는 금환락지金環落地, 아랫지역에는 오보교취五寶交聚의 세 개의 명당이 있다고 전하는데 금구몰니의 명당은 운조루가 이미 차지했고 나머지 금환락지와 오보교취의 명당을 찾기 위해 사람들이 몰려들었다고 한다. 조선총독부가 실시한 호구조사 통계에 따르면 1918년 70호에 350명이던 인구가 불과 4년 후에는 148호에 744명으로 불어났다.

금환락지 형국이라면 문자 그대로 주변의 지세가 원형의 금반지 모양으로 되어 있어야 하는데 운조루에서 주위를 아무리 둘러봐도 금반지 모양의 산세는 찾아볼 수 없다.

운조루는 1,400평(4628.12제곱미터)의 대지에 건평 273평(902.4834제곱미터)인 99칸(현재는 70여 칸) 저택으로 문중 문서에 따르면 한때는 883마지기의 농토가 있었고 조선 후기만 해도 농사를 짓기 위해 한 해에 200~400여 명의 노동력이 조달되었다고 한다. 그러나 지금은 과거의 위세는 찾아볼 수 없고 집 관리마저 제대로 되지 않고 있다.

그 뒤를 따라서 이 마을 일대에 집을 지었던 사람이 몇십 명에 이르렀으며 일제가 패망하고 해방이 될 무렵에는 300여 채의 집이 들어섰다고 한다. 그러나 지금 남아 있는 것은 주인이 거처하였던 운조루와 손님을 맞았던 귀래정 그리고 그 아랫마을 환동에 금가락지 같은 형국으로 높은 담벼락을 두른 채 대숲에 싸여 있는 기와집(박부잣집) 한 채뿐이다.

이곳 구례 역시 동학농민운동 당시 수많은 농민군들이 활동하였다. 운조루의 주인 유제양이 쓴 『구례 유씨 가의 생활일기』에는 "동학교인들이 부적을 차고 주문을 외웠으며, 신분의 고하를 가리지 않고 행동하였다."고 기록되어 있다. 농민군들은 스스로 접장接長이나 포사砲士라고 부르면서 군수물자를 조달하러 다녔으며 특히 말과 철환, 총, 화약 등을 징발하였는데, 구례의 경우에는 주로 남원의 농민군이 들어와 군수물자를 징발한 것으로 보인다.

구례지역 농민군의 활동은 일부 양반 계층의 호응을 얻기도 하였다. 구례현감을 지낸 남궁표와 조규하가 대표적인 인물이다. 남궁표는 구례 접주 임전연의 권유로 동학에 입도하였을 뿐만 아니라 구례 주민들에게 입도를 권유하여 많은 사람들을 교인으로 만들었다. 특히, 그가 『동경대전』을 열심히 읽었다는 점으로 보아 진실로 동학의 사상을 매우 높이 평가하였음을 알 수 있다.

조규하는 현감으로 재직할 때부터 농민군들에게 호의적이었다. 그는 다른 지방의 농민군일지라도 맞이하고 전송하는 일에 정성을 다했다. 더욱이 그는 임실 성수산의 상이암에서 김개남을 만나 자기 사촌의 아들을 그에게 딸려보냈다. 또한 자신도 동학에 입도하여 김개남과 서로 '접장'이라고 불렀다. 김개남도 조규하에게 편지를 보낼 때에는 자신을 낮추고 '접'이라고 지칭하였다. 이처럼 양반신분에 속하는 사람들도 동학에 들어간 경우가 많았는데, 유

섬진강의 한 풍경 | 마 포대에 나무를
해 가지고 가시는 할머니.

달리 구례지역이 두드러졌다.

운조루에 도착하기 전에 있는 사도리는 도선국사가 어떤 기인에게 풍수지리를 배울 때 모래를 이용하여 산세도를 만들어 배웠다고 해서 사도리로 이름 지었다고 한다.

오봉산 건너편에 있는 능주촌은 금환락지형의 명당이라는 소문에 화순군 능주면 사람들이 집단 이주를 했던 마을이다. 문천면 화정리(꽃정이)에서 금내리로 건너가던 나루터 이름은 김남정이 나루터이다. 오봉산의 신선대에는 달 밝은 밤이면 강 이쪽에서 저쪽으로 사람이 타지 않은 작은 배가 건너다녔다는데 그곳에 살고 있는 신선이 지리산을 왕래하고 다닌 것이라고 전해진다.

간문천을 딛고 건너 토지면으로

잔잔하게 흐르는 섬진강가에 몇 사람이 낚싯대를 드리우고 있다. 광양 간전으로 가는 861번 도로에서 아무도 타지 않은 구례여객 버스가 앞을 스쳐 지나간다. 농사철이 다가와도 사람이 없는 시골 마을에 어디 승객이 있기나 하겠는가.

산수유꽃 우거진 동산 너머로 지리산은 옅은 안개에 싸여 있다. 파밭이 싱싱하다. 어린 시절 푸른 파를 송송 썰어 넣은 파 간장에다 김이 모락모락 나는 밥을 비벼 먹으면 얼마나 맛있던가. 생각하는 사이에 침이 꼴깍 넘어간다. 그 앞으로 할머니 한 분이 갈퀴나무를 해서 지고 가신다. 옛 날과 달라진 점이 있다면 큰 마 포대에 솔잎을 가득 쟁여지고 가는 것뿐이다. 갈퀴도 옛날 그대로이고 저녁 무렵 돌아오던 우리 할머니의 모습도 그대로다.

멀리 간전교가 보이고 뒤돌아보니 오봉산이 한 폭의 그림 같다. 이곳에서 산동면 위안리에서 발원한 서시천西施川이 28킬로미터의 여정을 마치고 섬진강에 합류한다. 전설에 따르면 진나라 시황제의 사신으로 불로초를 캐러왔던 서시가 동남동녀 2백 명을 데리고 이곳을 지나갔다고 한다.

간문교 아래로 간전천이 흐르는 곳에서 어쩌면 돌아가야 할지도 모르겠다. 그러나 다행히 간문천은 물이 얕아 그냥 돌을 딛고 건넌다. 간문교 다리 아래에 정박해 있는 돛단배에는 쓰레기들이 쌓여 배 전체를 덮고 있다.

다리를 건너 토지면에 접어든다. 19번 국도의 길섶에는 노란 산수유꽃이 피어 있고 '산불조심' 깃발이 바람에 펄럭인다.

'하동 28킬로미터, 남해 68킬로미터'라고 쓰인 표지판 아래로 차들이 속도를 높이고 지나간다. 송정리 월송 마을 앞의 강은 여울목이라는 이름답게 여울져 흐른다. 소나무 정자가 있었기 때문에 송정리라고 이름 지은 이 마을에 얼마 전만 해도 서른 집쯤이 살았다는데 지금은 아홉 집 정도가 남아 있다.

모퉁이를 돌아가니 사적 106호로 지정된 석주관이 나타난다. 석주관은 전라도와 경상도를 연결하는 중요한 요새다. 함양의 황석산성, 진안의 능치, 운봉의 팔량치와 더불어 4대 관문 중 하나였던 이곳은 왜적을 막던 곳이다.

정유재란 때 이곳에서 치열한 싸움이 벌어졌다. 왜군들이 들이닥치자 이곳을 지키고 있던 만호 이원춘은 남원으로 후퇴하여 싸우다 죽었다. 그 사실을 전해 들은 광의 사람 왕득인을 비롯한 몇 사람이 석주관에서 왜군들과 싸웠으나 다시 패배했다. 다시 왕득인의 아들 왕의성과 의병 몇백 명, 승병 150여 명이 재래식 무기를 들고 일본군의 조총에 맞서 싸웠으나 역부족으로 모조리 전사하고 말았다. 그러한 사실이 잊혀졌다가 200여 년이 지난 순조 때에야 알려졌고 뒷날 일곱 의사 순절비가 그곳에 세워지게 되었다. 그때 골짜기에서 흐르는 맑은 물을 피로 붉게 물들였다고 해서 내의 이름을 혈천血川이라 부르게 되었다고 한다.

지리산 영봉사에서 목탁소리, 염불소리가 들려온다. 강가에는 배 한 척이 매여 있다.

"배가 있었네. 작은 배가 있었네. 아주 작은 배가 있었네."

문득 조동진의 노래 한 구절이 떠오른다. 홍매화, 청매화가 벙긋벙긋 벌어져 있는 송정리 천송 마을에서 날은 저문다. 마을 뒤쪽에 있던 토지초등학교 분교는 폐교가 되어 쓸쓸하게 서 있다. 섬진강에 어둠이 드리운다. 늦은 밤 검게 물든 강 위로 여수를 향해 달리는 열차의 불빛들이 내려앉는다.

매화꽃 핀 강변을 따라가며

화사하고 해맑은 강물을 따라 지리산으로

밤새 내리던 비는 멎고 섬진강은 구름에 싸여 있다. 비 내
린 섬진강은 박준열 씨 말대로 화장하지 않은 조선 여인네
의 얼굴을 보는 것처럼 화사하고 해맑다. 산성리 전골을
답사하고 어제 일정을 마감한 지점에 도착한다.

'하동 25킬로미터, 남해 65킬로미터.'

오늘도 60리가 넘는 길을 걸어가야 한다. 서영숙 씨의
아픈 다리는 오늘도 무사하다.

강 건너 백운내 마을은 평화롭기 그지없다. 산기슭에는
푸른 빛깔의 제비꽃이 무더기로 피어 있고 강 건너 당그래
산이 강물 위에 그림자를 드리우고 있다. 공주의 유재열
씨와 이대원 씨가 구례를 통과하고 있다는 전화가 온다.
서울보다 먼 공주에서 불편을 마다하지 않고 새벽차에 몸
을 싣고 오는 그 정성이 고맙다. 지원군이 오고 있다는 소
식에 발걸음도 가벼이 연곡천에 도착한다.

만개한 산수유 꽃밭 아래 푸른 남새밭이 펼쳐져 있고 소나무 사이로 산수유꽃 만발한 마을이 평화롭게만 보인다. 밤새 내린 빗물이 흙탕져 흐르고 있는 저 골짜기는 연곡사燃谷寺가 있는 피아골이고 그 고개 너머가 뱀사골이다.

길옆으로 펼쳐진 다랑이 논들마다 이 땅에 살다 간 수많은 사람들의 한이 오롯이 배어 있을 것이다. 피밭골 또는 피아골로 알려져 있는 저 골짜기엔 어떠한 사연들이 숨죽이고 있는가?

'피아골 연곡사 9킬로미터(여기는 지리산 국립공원입니다.)'라고 쓰인 골짜기로 들어선다. 이 골짜기를 따라 올라가면 나라 안에서 단풍이 가장 붉게 타오른다는 피아골이 있고 그 길목에 연곡사가 있다.

이곳은 박경리의 대하소설 『토지』의 배경이 되기도 했다. 『토지』에서 서희의 할머니 윤씨 부인이 불공을 드리러 간 곳이 바로 연곡사이다. 그곳에서 김개주라 명명된, 동학 접주 김개남을 만나 아이를 배고 구천이(김환)를 낳게 된다. 구천이는 김개주의 형으로, 우관스님의 슬하에서 어린 시절을 보내다가 평사리에서 최치수의 아내와 함께 지리산으로 숨어들고 만다.

'피아골' 이름만 들어도 섬뜩했던 피아골은 임진왜란, 동학농민운동, 한말 의병전쟁 당시 결전의 현장이었다. 더구나 한국 전쟁 직후 빨치산의 아지트였기 때문에 이곳에서 토벌대 및 군경과의 치열한 접전이 수없이 벌어졌다.

연곡사 | 통일신라 진흥왕(545년) 때 연기조사가 창건하였으며 나말 여초 시기에 수선도량으로 이름이 높던 사찰이다.

그때 죽어 간 사람들의 피가 골짜기, 골짜기를 붉게 물들였기 때문에 피아골이라는 이름이 붙여졌다고도 하며 그들의 넋이 나무마다 스며들어 피아골의 단풍이 유난스레 붉다고도 한다. 하지만 예부터 이 지역에서 오곡 중 하나인 피를 많이 가꾸었기 때문에 피밭골이라고 부르던 것이 어느 순간 피아골로 바뀐 것이라는 설도 만만치 않다.

연곡사에서 산길을 4킬로미터쯤 오르면 오랜 세월 동안에 다져진 원시림이 골짜기를 지나 반야봉, 임걸령, 불무장까지 이어진다. 시월 하순의 단풍은 산을 불태울 듯 아름다운데 불타는 단풍잎으로 산도 불도 사람도 빨갛다는 뜻에서 이 삼홍소 일대를 홍류동이라고 부른다. 지금은 새순이 올라오기 시작하는 봄이라 단풍잎의 잔해들만 뒹굴고 있다.

연곡사는 통일신라 진흥왕(545년) 때 연기緣起조사가 창건하였으며 나말 여초 시기에 수선도량으로 이름이 높던 사찰이다. 임진왜란 때 왜구에 의해 불탄 뒤 인조 5년(1627년)에 소요대사 태능이 다시 지었다. 연곡사는 영조 21년 무렵 왕실의 신주목(神主木 : 위패를 만드는 나무)을 만드는 밤나무를 대는 율목봉산지소로 지정되었으며 1895년까지 왕실에 신주목을 봉납하였다고 한다. 그러나 밤나무의 남용으로 문제가 생겼고 그 때문에 절이 망하게 되자 스님들도 떠나고 결국 황폐화되었다고 한다.

그 뒤 1907년 전라도의 명장 고광순이 당시 광양만에 주둔하고 있던 일본 정규군을 격파하기 위해 의병을 일으

지리산에 관한 옛 문헌의 기록

"우리나라 모든 산의 으뜸이다."

"인간 세상의 영리를 마다하고 영영 떠나 돌아오지 않으려 한다면 오직 지리산만이 편히 은거할 만한 곳이다."

- 유몽인

"지리산은 창창蒼蒼하게 반공半空에 솟아 있으니 천암만학千岩萬壑에 물방울이 뿌리도다. 동중洞中의 청학靑鶴이 어찌하여 절의 종소리를 듣지 않는가 하고 조롱하리라."

- 양성지

연곡사 동부도 사진 | 도선국사의 것이라고도 알려져 있는 동부도는 8각 원당형을 기본형으로 삼은 부도로 형태가 우아하고 아름답다.

켜 이곳에 주둔했다. 그러나 정보를 입수한 일본 수군이 야간 기습을 하여 고광순을 비롯한 의병들은 모두 순절했고 절은 또다시 불타 버리고 말았다.

우리가 처음 연곡사를 찾았을 때만 해도 1965년에 세운 작은 대웅전과 요사채만이 남아 있는 쓸쓸한 절이었는데 지금은 여러 건물들이 들어서 있어 어딘지 낯선 느낌을 준다.

부도에서 부도로, 아름다운 부도들의 향연

대웅전을 지나 산길로 접어들자 부도 한 기가 눈에 띈다. 부도浮屠란 이름난 스님의 사리나 유골을 안치한 돌탑을 말한다. '부도 중의 부도', '바라볼수록 아름다운 부도'라 불리는 연곡사의 동부도는 신라 때 만들어졌다. 도선국사의 것이라고도 알려져 있지만 누구의 것인지는 정확히 알 수 없다.

동부도는 8각 원당형을 기본형으로 삼은 부도로 형태가 우아하고 아름답다. 네모난 지대석 위에 8각 2단의 하대석을 놓고 하단에는 운룡문을 얕게 조각하였다. 중대석은 낮은 편이며 각 면에는 안상과 팔부신중을 조각하였고 상대석은 두 겹 양련으로 연잎마다 국화 같은 꽃무늬를 돋을새김하였다. 윗면의 탑신림대에는 각 우각마다 중간에 둥근 마디가 있는 기둥을 세우고 그 안에 불교에서 말하는 극락조인 가릉빈가를 한 개씩 조각하였다.

탑신의 각 면에는 문비, 향로, 사천왕상 등을 조각하였다. 지붕돌은 목조건축의 지붕을 모방하여 연목과 기왓골을 모각하였으며 지붕돌 끝에는 풍탁을 걸어 두었던 구멍을 만들고 아랫면에는 구름문양을 장식하였다. 상륜부 앙화 위에 사방으로 날개를 활짝 펴고 날아가려는 가릉빈가네 마리가 있지만 아쉽게도 머리가 모두 떨어져 나갔다.

연곡사의 동부도 앞에 서서 이렇듯 아름다운 부도를 조각한 사람은 누구일까 생각한다. 돈 몇 푼 내놓고도 버젓이 자기 이름을 올리는 시대에 오로지 지극한 믿음과 정성으로, 천 년을 뛰어넘는 아름다움으로 사람에게 감동을 주는 그는 누구란 말인가.

국보 제53호로 지정되어 있는 동부도는 높이가 3미터에 이른다. 일제 강점기 때 일본인들이 동경제국대학으로 옮겨 가려 했으나 수개월 동안의 연구 끝에 산길로는 운반이 불가능하다는 결론이 나와 옮기지 못했다고 한다.

동부도 앞 서쪽에는 부도비가 자리 잡고 있다. 보물 제153호로 지정되어 있는 부도비는 높이가 130미터로 다른 부도비와 달리 거북등의 양쪽에 날개를 달았다. 이수 역시 일반적으로 볼 수 있는 것처럼 운룡으로 장식하지 않고 고부조의 구름 무늬만으로 조식하였으며 정상에는 화염보주 형태를 조각하였다.

동부도에서 북부도에 이르는 길은 제법 가파르다. 150미터쯤 숨이 가쁘게 올라서면 동부도와 거의 비슷한 형태의 북부도가 있다. 국보 제54호로 지정된 이 부도는 상륜부의 손상이 거의 없으며 앙화와 복발을 하나의 돌로 조각하였

북부도, 서부도 | 국보 제54호로 지정된 북부도는 상륜부의 손상이 거의 없으며 앙화와 복발을 하나의 돌로 조각하였다. 시기는 다소 차이가 있다 할지라도 동부도를 모방해서 만든 것임을 알 수 있다. 서부도는 연곡사를 크게 중창한 소요대사의 비이다.

현각선사 부도비 | 고려 초기의 승려인 현각선사의 부도비. 이수 앞면 가운데에 '현각왕사비명'이라는 글씨를 새긴 전액을 음각하였다.

다. 시기는 다소 차이가 있다 할지라도 동부도를 모방해 만든 것임을 알 수 있다. 북부도에서 서쪽으로 100미터쯤 내려오면 또 하나의 부도가 있다. 절에서 서부도라고 불리고 있지만 동부도나 북부도와 달리 주인이 정확한 부도이다.

탑신석 1면에 '소요대사지탑 순차육년경인'이라는 글귀 두 줄이 남아 있어 소요대사가 입적한 순치 5년(1648년) 다음 해에 세웠음을 알 수 있다. 소요대사는 서산대사 휴정의 제자로 그 문화의 4대파 가운데 한 파를 이룰 만큼 유명했고 불타 버린 연곡사를 크게 중창한 사람이다. 조선시대에는 부도와 탑비를 따로 세우지 않고 부도의 탑신석이나 다른 부재에 글자를 새기는 형태가 두드러지게 나타나는데 그 예가 바로 연곡사의 서부도이다. 보물 제154호로 지정된 소요대사비 아래 앞서 말한 고광순 순절비가 있고 그 아래에 비신은 없어진 채 귀부와 이수만 남은 현각선사 부도비가 있다.

보물 제152호인 이 탑비는 귀부 높이가 112센티미터, 이수 높이가 75센티미터이다. 조각 수법이 당대의 탑비 양식을 잘 따르고 있으며 몸체에 비해 큰 귀두나 비좌 그리고 4면에 새긴 안상의 귀꽃이 특색이다. 이수 앞면 가운데에 '현각왕사비명'이라는 글씨를 새긴 전액을 음각하였다. 19세기 초 비신이 깨졌을 때 남쪽 산이 3일 동안 울었다고 한다. 임진왜란과 한말을 거치며 철저히 파괴되어 흩어진 거북 조각을 모아 1970년에 한데 붙인 것이 지금의 모습이다.

기품이 서린 현각선사 부도비를 지나 연곡사에 접어들면 나말 여초의 것으로 보이는 삼층석탑(보물 제151호)이 있다. 봄꽃이 피기 시작하는 연곡사를 나오니 다시 섬진강이다.

강가의 매화나무에 꽃이 활짝 피어 있다. 강변에는 산수유꽃이 만발했고 강물에 몸을 드리운 봄 산은 싱그럽기 그지없다.

화려하던 화개장터엔 쓸쓸함만 남아

'안녕히 가십시오. -구례군'이라고 쓰인 표지판을 넘어 우리들의 여정은 전라도에서 경상도로 접어든다. 강 건너 산에 밤나무 숲이 앙상하다. 밤꽃이 피는 5월 말이나 6월 초쯤 이 강변을 지날라치면 야릇하게 퍼져 있는 꽃향기에 정신을 잃을 정도다. 강가에 매인 염소 몇 마리가 한가롭게 풀을 뜯고 있다.

여정은 드디어 경상남도 하동군 화개면 화개장터로 접어든다. 화개는 옛 시절 전라도와 경상도의 물산이 만나 흥정이 이루어지는 중요한 장터였다. 그러나 지금은 화려했던 옛 모습은 온데간데없이 다리 건너에 새로 만들어진 초가집도 아니고 콘크리트 집도 아닌 집 몇 채가 지나는 길손들에게 손짓할 뿐이다.(지금은 화개천 옆에 음식과 녹차, 매실 등 특산물을 파는 풍물시장을 조성해 놓았다. ─편집자 주)

『토지』의 월선네가 주막을 열었던 곳은 어디쯤일까. 그 월선네가 장이 서는 아침마다 용이를 기다렸던 화개장터는 어디로 가 버렸는가. 초하루 엿새 장이 섰던 화개장터

소설 속의 화개장터

지리산으로 들어가는 길이 고래로 허다하지만 화개협 시오리를 끼고 앉은 화개장터의 이름이 높았고 경상 · 전라 양도 접경이 한두 군데일리 없지만 또한 이 화개장터를 두고 있었다. 장날이면 지리산 화전민들의 더덕, 도라지, 두릅, 고사리들이 화개골에서 내려오고 전라도 황화물 장사들의 실, 바늘, 면경, 가위, 허리끈, 족집게, 골백분들이 또한 아랫길에서 넘어오고, 하동길에서는 섬진강 하류 해물 장사들의 김, 미역, 청각, 명태, 간조기, 간고등어들이 들어오곤 하여 …… 그러나 화개장터의 이름은 장으로 하여서만 있는 것이 아니었다. …… 가끔 전라도 지방에서 꾸며 나오는 남사당, 여사당, 협률協律, 창극, 신파, 광대들이 마지막 연습 겸 첫 공연으로 여기서 반드시 재주와 신명을 떨고서야 경상도로 넘어간다는 한갓 관습과 준례가 이 화개장터의 이름을 높이고 그립게 하는지도 몰랐다.

─ 김동리, 『역마(驛馬)』

는 서너 칸만 남았고 강 건너로 가기 위해 줄배를 탔던 목넘이 나루는 한적하다.

화개천의 맑은 물길을 따라, 쌍계사와 칠불암

황현의 『오하기문』에 기록된 불태워 버렸다는 500여 채의 민가는 어느 곳에 있었을까. 옛 기억들은 회상할 길이 없고 푸른 대숲과 차나무, 푸른 섬진강은 아무 일도 없다는 듯 유유하다.

김부식이 지은 『삼국사기』에 따르면 신라 흥덕왕 때 당나라에서 가져온 차를 처음 심은 곳이 지리산 기슭 화개동이라고 한다. 그런 연유로 이곳 화개 인근에는 산자락마다 차나무가 띠처럼 펼쳐져 있다.

가탄 마을 동남쪽에는 선비가 춤을 추는 형국이라는 무산봉이 있고 북쪽으로는 위장병과 피부병에 특효라는 화개약수장이 있다.

맑디맑은 화개천의 물길을 따라 올라가 화개 골짜기에 이른다. 『진양지』 「불우」조에 따르면 "화개면 일대에 암자와 절이 53개 있었다."고 한다. 『동국여지승람』 「진주목」편 '산천'조에도 역시 "이름난 사찰을 이루 다 기록할 수 없다."고 씌여 있다.

그러나 그렇게 많던 절은 다 사라지고 현재 쌍계사와 칠불암을 비롯한 몇몇 절만 남아 있을 뿐이다. 화개장터에서 쌍계사에 이르는 십 리 벚꽃길만이 그 명맥을 잇고 있다.

"화개장터에서 쌍계사까지는 시오리가 좋은 길이라 해

도 굽이굽이 벌어진 물과 돌과 장려한 풍경은 언제 보아도 길 멀미를 내지 않게 하였다."

소설가 김동리가 그의 단편 소설 『역마』에서 표현한 것처럼 꽃 피는 봄날 쌍계사로 가는 길은 그윽하고 화사하기 이를 데 없다.

하동군 화개면 운수리에 위치한 쌍계사는 신라 성덕왕 23년(724년) 의상의 제자 삼법이 창건하였다. 삼법은 당나라에서 '육조 혜능의 정상을 모셔 삼신산(금강산, 한라산, 지리산을 일컬음) 눈 쌓인 계곡 위 꽃 피는 곳에 봉안하라.' 는 꿈을 꾸고 귀국하였고 현재 쌍계사 자리에 이르러 혜능의 머리를 묻고 절 이름을 옥천사라 하였다.

이후 문성왕 2년(840년) 진감선사가 중창하여 대가람을 이루었으며, 정강왕 때 쌍계사라는 이름을 얻었다. 임진왜란 때 크게 소실되었으나 인조 10년(1632년) 벽암 스님에 의해 중건된 이래 오늘에 이르고 있다.

좌우 골짜기에서 흘러 내려온 물이 합쳐지므로 절 이름을 쌍계사로 지은 이 절의 초입에는 신라 때 사람 고운 최치원이 지팡이 끝으로 쓴 글씨라는 '쌍계'와 '석문'이라는 글씨가 새겨져 있다. 또한 이곳에는 고운의 화상이 있으며 시냇가 석벽에는 고운이 쓴 큰 글씨가 많이 새겨져 있다. 이 절도 대다수의 다른 절과 마찬가지로 지금까지 남아 있는 건물은 임진왜란 때 불타 버린 것을 이후에 하나씩 세운 것인데 대웅전·화엄전·명부전·칠성각·설선당·팔영루·일주문 등이 그것이다. 대웅전은 광해군

화개천에 관한 옛 문헌의 기록

시내를 따라 의신·신흥·쌍계의 세 절이 있고 의신사에서 서쪽으로 꺾어 20리 지점에 칠불사가 있다. 쌍계사에서 동쪽으로 재 하나를 넘으면 불일암이 있고 그 나머지 이름난 사찰은 이루 다 기록할 수 없다. 아주 산꼭대기에 있는 향적사 등 몇 절은 모두 나무 판자로 덮었고 거주하는 중이 없다. 오직 영신사는 기와를 사용했으나 거주하는 중은 한두 사람에 불과하니 산세가 아주 험준하여 사람 사는 마을과 서로 닿지 않았으므로 높은 선사가 아니면 안주하는 자가 드문 것이다. 물 근원은 영신사 작은 샘물로부터 이 신흥사 앞에 와서는 벌써 큰 냇물이 되어 섬진강에 흘러드는데 여기를 화개동천이라 한다.

– 『동국여지승람』「진주목」편 '산천' 조

쌍계사 | 쌍계사는 신라 성덕왕 23년
(724년) 의상의 제자 삼법이 창건하였다.

아자방 | 칠불암에서 가장 널리 알려
져 있다. 이 건물은 스님 50여 명이 한
꺼번에 들어가 벽을 보고 참선을 할 수
있는 건물이라 하여 원래 이름이 벽안
당이었으나, 불을 때는 구들 모양이 한
자의 '아亞'자 모양이라서 아자방이라
불린다.

12년(1620년)에 세워진 것으로 정면 5칸, 측면 4칸의 기둥이 높은 아름다운 건물이며 현재 보물 제458호로 지정되어 있다.

쌍계사의 여러 문화유산 중 가장 돋보이는 것은 국보 제47호로 지정된 진감선사대공탑비이다. 경주 초월산의 대승국사비, 문경 봉암사의 지증대사부도비, 보령 성주사의 낭혜화상백월보광탑비와 더불어 최치원의 사산비문 중 하나인 이 비는 쌍계사를 세운 스님 진감선사의 공덕을 기리기 위해 신라 정강왕 2년(887년)에 세운 것으로 높이 3.63미터, 폭이 1미터의 검은 대리석 비이다. 당대의 문장이었던 최치원이 짓고 쓴 이 비는 특히 그 글씨가 빼어나다는 평가를 받는다. 하지만 임진왜란 때 왜군들에 의해 수난을 입어 지금은 옆구리에 쇠판을 댄 채 서 있다.

쌍계사에서 산길을 10킬로미터쯤 올라가면 칠불암이 모습을 드러낸다. 가락국의 시조인 김수로왕이 부처가 된 아들들을 위해 지었다는 칠불암의 전설에 따르면 김수로왕은 왕자가 아홉 명이나 되었다고 한다. 그중에 일곱 명이 아유타국(인도) 공주인 어머니 허황후와 함께 온 중 장유를 따라 지리산으로 들어가 중이 되었다. 그 소식을 전해 들은 수로왕과 허황후가 아들들이 부처가 되었음을 기리고자 이 자리에 절을 지었다는데 고구려 소수림왕 4년에 불교가 전래되었다는 기존의 학설보다 훨씬 더 거슬러 올라간 시점이기 때문에 여전히 의문으로 남아 있다.

원래 이름이 운수원인 칠불암에서 가장 널리 알려진 것

이 아자방일 것이다. 이 건물은 스님 50여 명이 한꺼번에 들어가 벽을 보고 참선을 할 수 있는 건물이라 하여 원래 이름이 벽안당이었으나, 불을 때는 구들 모양이 한자의 '亞'자 모양이라서 아자방이라 불린다. 신라 화공왕 때 운공이라는 중이 놓았다는 구들은 불을 한번 지피면 한 달 반가량이나 온기가 남아 있었다고 한다.

이 아자방에 들어가 참선을 시작하는 스님은 세 가지 규칙을 엄격히 지켜야 한다고 전해진다. 첫째로 눕지 말아야 하고 둘째로 말을 하지 말아야 하며 셋째로 한 끼만 먹어야 한다는 것이다. 아자방에서는 말을 할 수가 없으므로 벙어리 '亞'자를 써서 아자방이라고 쓰기도 한다. 엄격한 참선을 했던 연유인지 아자방에서 참선을 했던 스님들 중에는 큰 스님이 된 사람이 여러 명 있다. 서산, 무휴, 금당, 대은, 초의, 용성, 추울 등이 그들인데 그중 조선 말기의 초월 스님은 이 아자방에서 선 채로 참선하여 도를 깨친 것으로 유명하다. 아자방은 한국 전쟁 때 다른 건물들과 더불어 불타 버린 뒤 버려져 있다가 몇 년 전에야 다시 지었지만 예전 같지는 않다고 한다.

매화 향기 은은하게 코끝을 스치고

전에는 이곳 화개까지 황어가 올라오고 은어가 많았다는데 지금은 매운탕 집의 수족관 속에서나 볼 수 있을 뿐이다.

다리를 건너 길 위에 서서 내려다보니 길 아래로 울긋불

진감선사대공탑비 중 쌍계사를 중창하는 대목

드디어 기이한 지경을 두루 선택하여 남령의 산기슭을 얻으니 높고 시원함이 제일이었다. 사찰을 창건하는데 뒤로는 노을진 언덕을 의지하고 앞으로는 구름이 이는 시내를 굽어보니 안계를 맑게 하는 것은 강 건너 산이요, 귀를 서늘하게 하는 것은 돌구멍에 솟는 여울이다. 더욱이 봄에 피는 시내의 꽃과 여름에 그늘지는 길옆의 솔이며 구령을 비추는 가을의 달과 봉우리를 덮는 겨울의 눈들이 사시 변하고 만상이 빛을 번갈으며 백 가지 울림 소리가 어울려 읊조리고, 수천 개의 바위들이 다투어 빼어났다. 일찍이 서토(중국을 일컬음)에 놀던 자가 와서는 모두 보고 깜짝 놀라 이르기를 "혜원의 동림사(경치가 뛰어났던 중국의 절)를 바다 건너 옮겨 왔구나. 연화세계는 범인의 상상으로 비겨 볼 바 아니로되 항아리 속에 별천지가 있다더니(한나라 비장방이라는 사람이 신선을 따라 항아리 속에 들어갔더니 그 속에 금오구각의 별천지가 있었다는 고사에서 인용) 정말인가 한다." 했다. 대로 홈을 만들어 시냇물을 끌어다가 축대를 돌아가며 사방으로 물을 대고 비로소 이름하여 옥천이라고 현판을 붙였다.

굿 화사한 꽃밭이 펼쳐져 있다. 이곳에서부터 마을과 강변마다 매화꽃, 산수유꽃, 푸르디 푸른 해장죽이 얽히고설켜 있다. 홍매화와 백매화 그리고 푸른 대나무 너머로 흐르는 섬진강까지, 우리들은 넋을 잃고 풍경에 빠져든다.

덕은리 영당 마을에 닿는다. 이 마을은 특히나 바위가 많다. 상덕 북쪽에 거북바위, 기차바위가 있고 남쪽에는 꼭두바위가 있다. 영당 동쪽에 닥바위, 북쪽에 기신바위, 서쪽에는 엇비슷하게 엎어져 있는 듯하다는 엎진바위가 있다. 애기바위, 자제바위, 여는바위, 조각바위 등 이름이 붙은 바위도 있지만 이름 없이 집 한 켠이나 밭 가운데 들어앉은 바위도 많다. 저 바위들은 얼마나 많은 세월을 이곳 사람들과 함께했을까.

사람들은 저렇게 바위가 우뚝우뚝 솟은 논과 밭에 여러 곡식들을 심었을 것이다. 지금은 매화나무와 차나무뿐인 땅에서 봄이면 보리가, 가을이면 콩이며 잡곡들이 익어 갔으리라.

영당 서쪽에는 도깨비가 살았다는 도깨비둔병이 있고 상덕 동쪽에는 불을 때면 굴등산까지 연기가 난다는 전설이 서린 대호급이굴이 있다.

도사가 지나다가 명당터라 하여 신을 벗어 두고 말뚝을 박아 놓았다는 신말등도 고운 최치원 선생의 사당이 있었다는 영당도 한갓진 봄날의 아름다운 풍경 때문에 관심을 끌지 못한다.

덕은리 공동묘지에는 무연고 유골 96기를 십 년 동안 모셔 두고 있다는 공동 납골당이 있다. 푸른 섬진강을 바라보며 지리산을 등지고 누운 이 영혼들은 죽어서나마 행복할까?

대나무를 스치는 바람소리, 날아가는 새소리를 벗 삼아 걷는다. 덕은리 신기 마을 앞 섬진강에는 나룻배 한 척이 떠가고 있다. 날은 점점 맑아지고 꽃향기는 더욱더 은은하게 코끝을 스치고 지나간다.

발길은 어느새 부춘동에 이른다. 이곳은 본래 진주목 옥화개현으로 고려 희종 때 녹사 한유한이라는 사람이 최충헌의 권세가 하늘을 찌를 듯하자 처자를 데리고 숨어들었던 곳이라고 한다. 그가 동구 밖을 나가지 않았으므로 사람들은 이곳을 불출동 또는 부춘동이라 하였다.

물방아가 있었다는 물방아실거리 마을에도 어디서 왔는지 모를 바위들이 가득하다. 호랭이사랑바우, 토까니바우, 장수바우, 꼭두바우 …… 그 속에 내 이름자 들어간 바위는 없을는지.

강 건너 다압면 금천리에는 검두 나루가 있다. 직금내들에는 꽃쟁이라는 백일홍나무 정자가 있었다. 너마지깃고랑이라 부르는 골짜기 북쪽에는 비렁갯골이 있고 그 뒤편에 서 있는 산이 매봉산(867미터)이다.

『토지』의 광활한 무대, 악양면 평사리

강은 검두 나루 근처에서 여울져 흐른다. 어느새 여정은 악양면에 접어든다. 여기서부터 하동까지가 15킬로미터,

『토지』의 시작 부분
1897년의 한가위
까치들이 울타리 안 감나무에 와서 아침인사도 하기 전에, 무색옷에 댕기꼬리를 늘인 아이들은 송편을 입에 물고 마을길을 쏘다니며 기뻐서 날뛴다. 어른들은 해가 중천에서 좀 기울어질 무렵이래야 차례를 치러야 했고 성묘를 해야 했고 이웃끼리 음식을 나누다 보면 한나절은 넘는다. 이때부터 타작마당에 사람들이 모이기 시작하고 들뜨기 시작하고— 남정네 노인들보다 아낙들의 채비는 아무래도 더디어 지는데 그럴 수밖에 없는 것이 식구들 시중에 음식 간수를 끝내어도 제 자신의 치장이 남아 있었으니까. 이 바람에 고개가 무거운 벼이삭이 황금빛 물결을 이루는 들판에서는 마음 놓은 새 떼들이 모여들어 풍성한 향연을 벌인다.
"후우이이— 요놈의 새 떼들아!"

'평사리 가는 길'이라는 식당 밑에는 바오밥나무 같은 팽나무 한 그루가 서 있다. 악양들은 넓디넓다. 상중대 마을 동북쪽에서 청암면 목계리 청학동으로 넘어가는 고갯마루가 아스라하다.

한국문학사상 가장 방대한 소설 『토지』의 주무대인 평사리의 행정구역명은 경상남도 하동군 악양면 평사리다. 조선 말에서 광복에 이르는 최 참판 댁 4대에 걸친 가족사가 『토지』란 제목으로 씌었다. 평사리에서 북간도, 진주, 서울 등을 넘나들며 펼쳐지는 『토지』의 이야기 속에는 동학, 무속, 유학 사상과 기독교적 윤리관들이 자연스럽게 얼크러져 있다.

소설가 박경리 씨는 자신이 묘사한 평사리를 한 번도 가보지 않았다고 한다. 단지 1960년대 말 『토지』를 구상할 무렵 지금 김지하 시인의 아내가 된 김영주 씨와 함께 이곳을 스쳐 지나갔을 뿐이다. 그럼에도 평사리를 무대로 설정한 이유를 이렇게 말하고 있다.

"내가 경상도 안에서 작품의 무대를 찾으려 했던 이유는 언어 때문이다. 통영에서 태어나 진주에서 성장한 나는 『토지』의 주인공들이 쓰게 될 토속적인 언어로 경상도 이외의 다른 지방 말을 구사할 능력이 없었다.

그러나 '만석꾼'의 토지란 전라도 땅에나 있었고, 경상도 안에서 그만큼 광활한 토지를 발견하기는 어려웠다. 평사리는 경상도의 어느 곳보다 넓은 들을 지니고 있었으며, 섬진강의 이미지와 지리산의 역사적 무게도 든든한 배경이 돼 줄 수 있는 것이었다. 나는 그래서 평사리를 『토지』의 무대로 정했다."

우리가 평사리에 처음 갔던 때는 1989년 가을이었다. 악양 벌판에는 누런 벼이삭들이 고개를 숙이고, 섬진강변의 대숲은 가을 바람에 흔들리고 있었다.

우리는 아랫마을에 차를 세우고 평사리로 걸어 올라갔다. 대하 드라마 「토지」의 최서희가 한혜숙에서 최수지로 얼굴이 바뀌어 두 번째 방영이 끝난 직후였다. 전봇대마다 인조 나무껍질이 씌워져 있었고 전선줄은 드러나지 않게 감겨 있었다. 슬레이트 지붕은 볏짚을 얹어 초가지붕이 되었고 담벼락 안은 온갖 나무들로 아름다웠다.

우리는 임이네와 강청댁이 머리카락을 움켜쥐고 싸우던 그 집 마당가에서 악양 벌판을 바라보았었는데, 그때의 드라마 세트는 이제 아무것도 남아 있지 않다.

풍요와 아름다움의 상징, 악양 벌판

고갯마루를 넘어서서 조금 올라가면 고소성이 있다. 사적 제151호로 지정된 이 성은 이곳이 신라와 백제의 접전지였음을 알려 준다. 지리산의 여맥인 형제봉 중턱에서 평사리를 내려다보며 쌓은 성은 지금은 허물어진 성벽이 군

박경리 『토지』
1969년 《현대 문학》에 연재되기 시작하여 여러 차례 지면을 옮겨가며 연재되어 1994년 9월 제16권이 발간되면서 완성된 박경리의 대표적 대하소설이다. 『토지』는 한국 현대 문학 100년의 역사상 가장 훌륭한 소설로 손꼽힌다. 구한말에서 8·15까지 경남 하동 평사리 대지주 최씨 가문의 4대에 걸친 비극을 다루고 있는 이 작품은 한국의 개인사·가족사·생활사·풍속사·역사·사회사 등을 모두 포괄하는 총체소설이라 할 수 있다. 인물로는 서희와 길상을, 공간적으로는 평사리를 각각 중심으로 하여 수많은 동심원을 그리는 확대 구조를 통해 식민지 시대 한국인의 보편적 혹은 총체적 삶을 재현하고 있다.

데군데 남아 있을 뿐이다. 『하동읍지』에는 신라 때 쌓은 성이라고만 기록되어 있으나 하동 사람들 사이에 전해 오는 말로는 신라의 김유신과 당나라의 소정방이 백제를 치기 위한 전진기지로 삼으려고 쌓은 성이라고 한다. 그렇지만 증명할 만한 기록은 발견되지 않았다.

형제봉 정상은 바위로 이루어져 있다. 백운산이 지척인 듯 눈앞에 있고, 풍요의 상징인 악양 벌판과 섬진강이 평화롭게 펼쳐져 있다. 악양 벌판에는 아름다운 경치를 뽐내는 악양 팔경이 있다. 상시청풍 · 어촌낙조 · 원포귀범 · 소상야우 · 동정추월 · 평사낙안 · 강촌모설 · 한산오총이 그것인데, 그중 하나인 한산모종은 한산사에서 해가 질 무렵에 치는 종소리라고 한다.

내려다보니 드넓은 악양뜰 너머의 섬진강은 더 이상 강이 아니다. 남해가 되기 위해 마지막 단말마의 비명을 지르는 듯한 섬진강을 넋 놓고 바라본다.

이곳에는 기름지고 풍요로운 들판에 걸맞은 이름난 부잣집이 몇 채 있다. 악양 소재지 첫 마을에 강부잣집이 가장 알려졌고, 상신 마을에 있는 조부잣집이 두 번째다. 우리는 가끔 『토지』의 최 참판 댁을 찾아가듯 상신 마을 조부잣집을 찾아갔다.

170여 년 전에 지었다는 조부잣집은 대지만도 1천여 평이 넘었다는데 지금은 소슬대문과 행랑채, 몸채만 남아 있을 뿐이다. 12월이나 1월이 되면 곶감이 마루 가득 걸려 있어 우리는 그곳에서 눈치껏 곶감을 빼먹고 즐거워하곤 했다.

평사리에서 내려다본 악양 벌판 | 형제봉 아래 자리 잡은 평사리에서 바라본 악양 벌판과 섬진강.

섬진강 답삿길에 빼놓지 않고 들르는 조부잣집에 가기 전, 먼저 악양 소재지 삼미식당에서 봄내음 가득한 점심을 먹는다. 쑥국에다 취나물과 깻잎, 마늘장아찌 등이 어우러진 점심 반찬에다 맛있기로 소문난 악양 막걸리까지 한 잔씩 걸친다. 포만감으로 길을 나서 조부잣집을 찾아가니 조성한 씨는 기꺼이 저녁잠을 재워 주겠다고 한다. 그래 한나절만 열심히 걷고 저물 무렵 돌아와 오랜만에 조선집 군불 지핀 방에서 잠을 자 보자.

보리가 심어진 악양 벌판에 엷은 봄 햇살이 내려앉는다. 19번 국도에는 자동차들이 쌩쌩거리며 지나간다. 2급 하천수 악양천이 합류하는 악양면 미점리는 미장이가 쓰는 흙손을 만들던 사람이 살았기 때문에 미점리라고 부른다고 한다. 개치 마을은 입구부터 축사에서 나는 냄새가 코를 찌른다. 마을 한쪽에 무너져 가는 집 한 채가 눈에 띈다. 한때는 좋았을 법한데 냉장고 등 온갖 가구들이 그대로 썩어 가고 있다. 시계가 정각 6시에 멈추어 버린 저 집은 언젠가 헐리고 말 텐데, 이를 아는지 모르는지 산수유나무는 노란 꽃을 활짝 피우고 있으니.

개치 남쪽에 있는 등성이인 갈미정은 목마른 말이 물을 마시는 형국이라고 한다. 악양산에는 악양루 터가 있다. 이곳엔 옛날 중국 명승지의 하나인 악양현을 본따 지은 악양루가 있었다는데 그 또한 세월 속에 사라지고 빈 터만 덩그러니 남아 있다. 큰 팽나무가 늘어진 거리를 지나 하동읍 흥룡리에 접어든다.

조부잣집 | 악양면 상신 마을의 조부잣집. 대지가 1천여 평에 이르는 거대한 저택이었으나 지금은 소슬대문과 행랑채, 몸채만 남아 있을 뿐이다.

하동이 보이는 섬진강 | 섬진강의 하구로 강폭이 넓다. 이제 하동이 멀지 않았다.

깊고도 넓은 강을 따라 하동으로

하동까지 8킬로미터를 앞두고 깊고 넓게 흐르는 강물 위로 새 한 마리가 날아오른다. 마을에는 우윳빛으로 빛나는 매화꽃이 흐드러지게 피어 있고 대나무 숲은 오후의 바람을 받아 살랑거린다. 흥룡횟집에서 길은 두 갈래로 갈라진다.

용소에서 용이 하늘로 올라갔다 하여 흥룡이 된 이곳 지명에는 용이 들어가지 않은 것이 별로 없다. 와룡폭포, 와룡산, 용소, 용옥골, 용추, 흥룡에다 용 세 마리가 등천했다는 삼룡동까지 있으니 환상 속의 동물인 용이나 봉황을 그리워했던 옛 사람들의 절박한 소망을 알 법도 하다. 저 건너 쫓비산 뒤쪽으로 억불산이 있고 그 뒤편에는 백운산(1,217미터)이 늠름하게 펼쳐져 있다. 다압면 고사리는 옛날에 절이 있었던 곳이라 하여 고사리라고 부른다고 한다. 고삿골에는 비나 눈이 내려 날씨가 궂으면 근처에서 귀신이 나온다는 귀신바우가 있다. 매산바우 서쪽에 있는 버지골 마을에는 버드나무 가지에 꾀꼬리가 집을 짓는다는 '유지앵소혈'의 명당이 있다고 한다.

길가에는 웬 재첩국집들이 그리도 많은지. 섬진강에서 갓 잡아 올렸다는 재첩도 알고 보면 우리나라 것이 별로 없고 값이 싼 중국산이 대다수라고 한다.

포장도로를 멀리 두고 제방으로 올라선다. 그런데 가다보니 길은 금방 끊어지고 배나무 과수원으로 접어든다. 가도 가도 끝없는 이곳을 언제쯤 벗어날 수 있을까. 생각하는 사이 뒤따라오던 일행들이 보이지 않는다. 내려가다 보면 만날 수 있을 테지. 강가로 내려가는 길은 대나무 숲이 가로막고 있고 그 아래는 낭떠러지라 엄두조차 낼 수가 없다.

길에는 버려진 배와 거무튀튀하게 썩은 밤들이 쌓여 있다. 온갖 새들이 지저귀고 강물 소리는 저렇게 청청하게 들리는데 겨우 숲을 헤치고 내려가자 강가에는 누군가가 차에 싣고 와서 버린 폐건축 자재들이 수북하다.

강 건너 매화 마을은 매화 축제가 열리는지 멀리서 보아도 북적거린다. 섬진 나루에는 여남은 척의 배들이 떠 있다.

날은 서서히 저물어 가고 그윽한 매화꽃 향기가 내 가슴을 파고든다. 마을에서는 밥 짓는 연기가 모락모락 피어오르고 있다.

지형이 꽃 속처럼 생겼다는 이곳 화심리에는 섬진 나루로 건너던 돌티미 나루터가 있었다. 서나무가 있어 서나무끼리, 돌 사이에 길이 나 있어 돌티미, 가재가 많아 가자골이라 부르던 옛 이름들은 아직 변함없는지. 흐드러진 매화꽃만 바람에 흩날리고 있다.

달이 지는 하동 포구 팔십 리

멀리 하동대교가 보이고 하동은 희미한 운무 속에 잠들어 있다. 하동대교 아래에는 섬진강변 매화 축제 행사장을 알리는 애드벌룬 몇 개가 떠 있고 판소리 한 대목이 구성지게 흘러나온다. 나는 제방에 등을 기대고 누워 지나온 길들을 더듬어 본다. 연곡사 들머리에서 이곳 하동까지 나는 그저 꽃밭 속을 걷고 또 걸었을 따름이다.

섬진강에는 재첩 잡는 배 몇 척이 매여 있고 하동 포구 못미처에 하동 포구 노래비가 서 있다.

"하동 포구 팔십 리에 달이 집니다."

'하동 포구 팔십 리'라고 이름 지은 이 뱃길은 어디서부터 시작되는가. 이 뱃길은 임진왜란 때 명장 이순신이 일본군을 격파한 노량 해전의 자취가 서린 하동군 금남면 노량리의 노량 나루에서 섬진강을 거슬러 올라가 하동읍을 거쳐 화개면까지 이어지는 뱃길이다. 그 길은 팔십 리보다 2킬로미터가 더 많은 32킬로미터쯤 되지만 사람들이 그 뱃길을 팔십 리 뱃길이라고 부른 것이다.

『신증동국여지승람』「형승」조에 "산을 지고 바다에 임했다."라고 씌어 있고 "습속이 검소하고 솔직함을 숭상한다."고 알려진 하동의 하동장은 전라남북도 일원과 경상남도 서부에서 나는 물산의 집산지 역할을 하던 곳이다. 조선 말까지 하동읍의 5일장은 나라 안에서 다섯 손가락 안에 꼽힐 정도로 큰 장이었다. 하동문화원의 초대 원장이 증언한 바로는 장이 서기 전날에는 하동 나루에 거룻배, 돛단배, 발동선 등이 40~50척이나 닿아 장꾼과 물건들을 내려놓았다고 한다. 그 배들은 여수, 삼천포, 남해 등 하동과 가까운 항구를 떠나 섬진강을 거슬러 올라왔다. 항구에서 온 배들은 도시에서 나오는 공산품과 바다의 해산물을, 섬진강가 마을에서 온 배들은 지리산 기슭에서 나는 산중 물건을 싣고 왔다고 한다. 하동장이 번성하자 이 일대의 진교장, 옥종장 등이 더불어 북적거리며 객줏집들이 생겨나 한몫 보기도 하였다.

그러나 한국 전쟁이 끝나고 지리산 토벌작전이 시작되면서 지리산 일대의 물산보급이 끊어져 버렸다. 설상가상으로 상류에서 밀려 내려온 모래와 흙 때문에 큰 배가 하동 포구까지 올라올 수 없게 되었다. 그뿐인가 차량 통행이 늘어나고 경전선이 개통되고 나서는 '하동 포구 팔십리'는 노랫말로만 남은 채 이곳은 한적한 읍으로 전락하고 말았다. 저물어 가는 하동 읍내를 바라보며 바람결에 실려 오는 매화 향기에 취해 하동 연가 한 토막을 떠올린다.

가고 오는 것들이여. 저물고 다시 시작되는 하루하루의 일상이여. 하루 해는 이렇게 저물어 가는데 강물은 아무렇지도 않다는 듯 무심히 흐르고 있다.

한 번 오르면 한 번 내리는 화합의 도

이제 피곤에 전 몸을 누일 상신 마을 조부잣집으로 돌아갈 것이라고 생각하니 마음부터 부자가 된 듯 넉넉하고 몸이 노곤하게 풀어진다. 하지만 어디 일이 생각대로만 되는가. 조 선생님 댁에 전화를 하니 아무리 불을 때도 따뜻해지지 않는다고 다른 데서 잤으면 한단다. 올해같이 유난히 추운 날씨에 묵혀 두던 방에 불을 몇 시간 지핀다고 따뜻해질 턱이 있겠는가.

어떻게 해야 할지 난감하다. 먼저 도착한 양병완 선생과 통화를 해 그냥 그 집에서 자기로 결정한다. 공주에서 여남은 명이 더 와 일행이 스무 명 남짓으로 불어났지만 어

하동 연가

큰 애기 홀 목은 개살구란가
잡았다 놓아도 눈이 살살 감긴다.

얼시구 저절시구
시화 연풍에 돈 잘 쓴다.

산중 귀물은 머루 다래
야지 귀물은 처녀 총각

강물
정호승

그대로 두어라. 흐르는 것이 물이다.
사랑의 용서도 용서함도 구하지 말고
청춘도 청춘의 돌무덤도 돌아보지 말고
그대로 두어라. 흐르는 것이 길이다.
흐느끼는 푸른 댓잎 하나
날카로운 붉은 난초잎 하나
강의 중심을 향해 흘러가면 그뿐
그동안 강물을 가로막고 있었던 것은
내가 아니었다. 절망이었다.
그동안 나를 가로막고 있었던 것은
강물이 아니었다. 희망이었다.

쩔 수 없다. 하룻밤 지내는 것이 무에 그리 대수랴.

저녁을 준비하는 사이 나는 답사의 3대 수칙 이야기를 꺼낸다.

"아무렇게나 자고 아무렇게나 먹고 바라보는 모든 것들에 감탄하라!"

그래 놓고도 마음이 개운치 않다. 공주대에서 온 지수걸 선생 내외는 딸까지 데리고 왔으니 여자들은 칼잠을 자야 할 듯싶다.

저녁을 먹은 후 뒤풀이 자리에서 유재열 씨에게 섬진강을 따라 걸으며 느낀 것에 대해 물었다.

"금강은 더러운데 여기는 깨끗해요. 섬진강을 본 게 80년대예요. 그때 부녀회에서 쌍계사를 와 가지고 손을 담긍게 백반석 같이 하얬어요. 지금도 그래요. 물이 파랗잖어요. 금강은 물이 파랗지가 않혀요. 그런디 섬진강은 정말 파래요."

그렇다. 유재열 소장의 말대로 아직까지도 섬진강은 푸르고 맑다. 남한의 4대 강이나 우리나라 10대 강 중에서도 가장 오염이 심하지 않은 강이 섬진강일 것이다. 그런 의미에서 박준열 씨의 이야기도 일리가 있다.

"대청댐은 대청댐 유역 사람들을 살리는 데 반해 섬진강은 섬진강 유역 사람들만 살리는 게 아니라 우리나라에서 제일 큰 곡창지대인 징게맹경, 외애밋들 즉 호남평야 사람들을 살리는 거예요."

하지만 후덕하고 인정 많은 섬진강 역시 새만금과 전라

북도권 여러 도시로 물을 내보내다 보면 그만큼 환경 문제가 심각해질 것이다. 그렇기 때문에 섬진강 중·하류의 자치단체들은 옥정호에서 내려 보내는 유수량을 현재보다 두 배쯤 증가시켜야 하류 지역 환경오염도가 낮아질 것이라고 주장한다.

"자연의 도에는 명예도 비방도 없다. 용이 되었다가 뱀이 되는 것처럼 걸림이 없고 때의 움직임과 함께 변화하여 무엇에 집착하지 않는다. 한 번 오르면 한 번 내리고 화합하는 것을 도량으로 삼는다. 만물의 근원에 노닐어 만물을 부리되 어느 한 사물에 사로잡히진 않는다. 그러니 무슨 화를 입겠는가. 그러나 만물의 참모습이 인간의 습속이 되면 그렇지가 못하다. 만나면 헤어지고 이루면 부수고 모가 나면 깎이고 신분이 높아지면 비방을 받으며 일을 성사시켜 놓으면 모함을 당하고 어리석으면 속임을 당하니 어찌 화가 없겠는가. 슬픈 일이다."

우리는 언제쯤 자연에 대한 '장자'의 말에 귀를 기울일 것인가. 언제쯤 자연의 일부인 인간들이 지구 자원의 80퍼센트를 독점하고 있는 현실을 부끄럽게 여기며 자연과 더불어 살게 될 것인가?

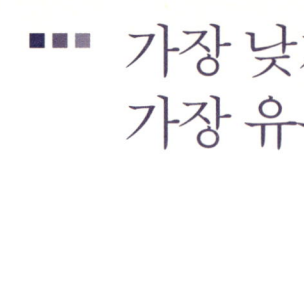

가장 낮게 흐르는 물이
가장 유용하게 쓰이더라

향기로운 매화는 푸른 강을 감싸 안고

날은 구름 한 점 없이 맑다. 악양천 제방에는 시베리아로 돌아갈 날을 기다리는 갈까마귀 떼가 수도 없이 앉아 있다.

먼저 다압면 섬진리의 청매실 농원부터 들른다. 규모가 40만 평쯤 되는 이곳은 매실 명인 홍쌍리 씨 일가가 40여 년을 두고 일구어 왔다. 청매실 농원의 매화꽃을 보기 위해 전국 각지에서 밀려온 차량들이 아침부터 줄을 잇는다. 마을 입구부터 청매실 농원까지 집집마다 내놓은 매실장아찌며 매실로 담근 온갖 술과 반찬들이 그득그득 펼쳐져 있고 농원으로 올라가자 셀 수 없이 많은 장독들이 마당을 가득 채우고 있다. TV 드라마 「허준」에서 매실이 만병통치약처럼 좋다고 알려진 뒤로는 없어서 못 팔 정도가 되었다고 한다.

활짝 피어난 매화꽃들이 푸른 물감을 풀어 놓은 듯한 섬진강을 감싸고 있다. 농원 옆 새로 만든 식당에는 아침밥

을 먹는 사람들이 가득하다. 아무래도 여기 있다간 빠져나가기조차 힘들지 모른다는 생각에 서둘러 내려온다.

하동읍으로 건너가던 섬진 나루터는 조선 숙종 31년 통영통제사 오경주가 군사 요충지라고 조정에 보고해 별장한 사람을 두고 지키게 하던 곳이다. 섬진리에는 섬진 동헌 터가 남아 있고 섬진 나루 앞 길가에는 수월정이 있다. 앞에는 섬진강이 흐르고 뒤편에는 높고 낮은 산들이 둘러싸고 있어 경치가 아름답다. 이곳에서 조선 선조 때 나주 목사를 지낸 정설이 시를 읊으며 지냈으며 송강 정철이 「수월정기」란 가사를 지어 그 아름다운 경관을 칭송하였다고 한다.

단군 조선 때 섬진강은 모래내 또는 모래가람이라 불렀다고 한다. 그 이후에도 모래가 자주 쌓여 다사강이라고 하였다는데 실제로 지금도 하동 부근에는 모래가 많다. 고려 초에는 두치강이라고 부르다가 고려 말인 1385년에 섬진강으로 고쳐 불렀다. 섬진강은 중·상류 지역에 민둥산이 많아 여름이면 홍수가 나고 물이 범람해 붉덩물 투성이가 되어 적강이라는 별명을 갖기도 했다. 섬진강의 '섬' 자는 두꺼비 '섬蟾' 자 이다. 고려 때 어느 한여름 장마철에 두꺼비가 줄을 지어 몰려들었는데 그 수효는 헤아릴 수가 없고 늘어선 길이가 자그마치 십 리에 달했던 것에서 유래되었다고 한다. 일설에는 고려 때 왜구가 이 지역에 침입하자 두꺼비들이 몰려들어 시끄럽게 울어 대니 불길함을 느껴 쫓겨 갔다고 하며 이때부터 사람들은 다사강 또는 대사

송강 정철鄭澈, 1536~1593

당대 가사문학의 대가로 시조의 윤선도와 함께 한국 시가사상 쌍벽으로 일컬어진다. 어린 시절 아버지가 유배당할 때 배소에 따라다니다가 1551년 특사되어 고향인 창평으로 이주하여 본격적으로 수학하였다. 기대승 등 당대의 석학들에게 배우고 이이·성혼 등과도 교유하였다. 1561년 진사시에, 다음 해 별시문과에 각각 장원, 전적 등을 역임하고 여러 관직을 두루 거쳐 승지에 올랐으나 뇌물사건에 얽혀 동인의 공격을 받아 사직하고 고향으로 돌아왔다. 1580년 강원도 관찰사로 등용, 3년 동안 강원·전라·함경도 관찰사를 지내면서 시작품을 많이 남겼는데 『관동별곡關東別曲』, 『훈민가訓民歌』 등이 그것이다. 1585년 관직을 떠나 고향에 돌아가 작품 생활을 하면서 『사미인곡思美人曲』, 『속미인곡續美人曲』 등 수많은 가사와 단가를 지었다. 1589년 우의정으로 발탁되어 정여립의 모반 사건을 다스리게 되자 서인의 영수로서 철저하게 동인 세력을 추방했고, 다음해 좌의정에 올랐으나 1591년 건저문제建儲問題를 제기하며 광해군의 책봉을 건의하여 왕의 노여움을 사 파직, 유배되었다. 1592년 임진왜란 때 다시 부름을 받았으나 얼마 후 동인들의 모함으로 사직하고 강화의 송정촌에서 만년을 보냈다. 문집으로 『송강집』, 『송강가사』, 『송강별추록유사松江別追錄遺詞』, 작품으로 시조 70여 수가 전한다.

청매실 농원의 장독대 | 매화 농장으로 이름난 청매실 농원에는 셀 수 없이 많은 장독들이 마당을 가득 채우고 있다.

강이라는 이름 대신 섬진강이라 불렀다고 한다.

섬진강은 삼국 시대 이전에는 백제와 가야의 싸움터였고 삼국 시대에 들어서 섬진강 물목을 경계로 삼은 백제와 신라의 치열한 싸움터가 되었다. 고려 때에는 왜구가 섬진강 물길을 거슬러 올라와 침략하였고 임진왜란 때에도 수많은 왜군이 섬진강을 지나갔다.

하동과 광양을 잇는 다리를 지나 논두렁길을 걸어 강변으로 나간다. 저 건너 푸른 소나무 밭이 하동송림이다. 하동은 흰모래와 푸른 소나무가 어우러져 백사청송의 고장이라 불린다. 정예는 자신의 시에서 "일면은 넓디 넓은 창해에 연했고, 삼면은 높고 높은 벽산碧山이 솟아 있다."고 노래하고 있다. 아침 햇살에 졸고 있는 듯 평화로운 저 하동에는 동학농민운동 당시의 가슴 아픈 사연들이 숨겨져 있다.

혼령들이 고시랑거리는 소리가 들린다

갑오년 당시 경남 하동과 전남 광양 지방에서는 금오산, 섬거역, 고성산 전투 등 큰 전투가 곳곳에서 일어났다. 얼마나 많은 사람들이 죽었으면 죽은 혼령들이 고시랑거리는 소리가 들린다고 고성산을 고시랑산이라고 불렀다.

영호대접주 김인배는 전라도 금구현에서 태어났다. 그

는 스물넷의 나이에 영남과 호남을 모두 관할하는 영호대접주가 되어 동학농민군 10대 접주의 한 사람으로 크게 활약하게 되었다. 김덕명과 함께 백산 봉기에 참여하였는데 그때를 전후해 김개남의 측근세력으로 활동하다가 진주성 화약 이후 전라좌도 남동부 지역을 관할하는 책임을 맡게 되었을 것으로 추정된다.

김인배는 10월 22일 밤 억수같이 비가 내리는 가운데 8만여 명의 농민군을 이끌고 섬진강을 건너갔다. 엿새 뒤 다시 좌수영을 공격했고 그 후로도 몇 번에 걸쳐 공격을 시도했으나 끝내 실패하고 말았으며 붙잡혀 광양객사에서 효수되었다. 언제 죽었는지 제삿날을 알 수 없는 후손들은 쌀가루에 새 발자국이 뚜렷이 나타난 12월 9일을 기일로 정했다고 한다.

우리들의 여정은 이제 섬진강 530리 길 끄트머리를 향한다. 하동에서 광양으로 건너가는 다리에 서서, 섬진강과 하동 송림을 바라본다. 신라와 백제의 사신들이 모여 앉아 군사동맹을 맺었던 장소가 저 소나무 우거진 송림이었다.

오지영은 『동학사』에서 이렇게 적고 있다.

"광양 섬진강 아래에서 강물에 빠져 죽은 자가 삼사천 명에 이르렀다."

그때 살아남은 자들은 더러는 지리산으로 더러는 백운산으로 숨어 들어가 화전민도 되고 의병도 되었을 것이다. 그들이 흘린 피와 눈물이 단풍잎처럼 떨어져 남해로 흘러갔을 것이다.

영호대접주 김인배의 활약상을 담은 기록

9월 초하루. 금구의 적 김인배가 광양·순천 지방의 적과 합세하여 하동을 함락하였다. 이 무렵 하동 지방의 적 가운데 광양에 숨어 있던 자들은 처지가 궁핍하여 돌아갈 곳이 없었으므로 매우 분하고 원통해 하며 보복하고자 하였다. 이들은 마침내 인배를 끌어들이고 여러 포들에게 8월 그믐 무렵에 하동에 모이라고 하였다.

부사 이채연은 적에게 원한을 사고 있었으므로 겁이 나 대구로 도망쳤다. 일이 이렇게 되자 사람들은 주부 벼슬을 지냈던 김진옥을 민포대장으로 추대하는 한편, 통영에 급히 사람을 보내어 대완포 12좌를 얻어와 강변에 매설하고 죽음을 무릅쓰고 사수할 계획을 세웠다.

인배는 순천 적 유하덕과 함께 만여 명을 이끌고 강가에 진을 쳤다. 적들은 하동의 방비가 엄중한 것을 보고 겁을 집어먹고 강을 건너지 못하였다. 인배는 부적 한 장을 그려 수탉의 가슴에 붙여 백 보 앞에다 놓고 자신의 심복 포졸에게 총을 쏘도록 하였다. 이에 큰 소리로 사람들에게 "닭은 반드시 총알을 맞지 않을 것입니다. 여러 접장들께서는 저의 부적을 믿으십시오."라고 하면서 연달아 세 번 총을 쏘았는데 하나도 맞지 않았다. 적들은 환호성을 지르며 부적의 효험을 칭송하였다. 그리고 부적을 옷에다 붙이고 앞을 다투어 강을 건넜다.

— 황현, 『오하기문』

어딜 그렇게 걸어간다요?

푸른 섬진강을 따라 줄지어 선 매화꽃은 흐드러지게 피었다 진다. 매화꽃잎은 바람에 날리고 강물에 떨어지는 꽃잎 위로 저 멀리 경전선 열차가 지나간다.

사람들은 이렇게 아침 강변에서 피어오르는 물안개를 바라보는 여유, 조각배 한 척이 유유히 노 저어 가는 것을 바라보는 신선놀음이 주는 지극한 즐거움을 왜 모를까? 왜 그리도 수많은 금金과 권력에만 혈안이 되어 있는지 모르겠다. 재물을 얻는다는 것은 무엇이며 높이 오른다는 것은 또 무슨 의미인가.

이곳 신원리에는 섬진원이 있었다. 교통의 요지나 인가가 드문 곳에 공무로 여행하는 사람을 위한 집을 지어 놓고 숙식을 제공하던 원집은 터만 남아 있다.

길은 제방으로 이어진다. 하지 나루터의 배들은 햇살 아래 졸고 있고 강가에 지어진 비닐 하우스 속에선 푸르디푸른 양상치들이 소담하게 자라고 있다. 강 아래에는 폐타이어들이 모래 속에 반쯤 묻혀 있다. 온 나라 강줄기마다 저렇듯 산발한 머리처럼 내던져져 있는 쓰레기들을 어찌 할 것인가.

강 건너 궁항은 지형이 활목처럼 휘었기 때문에 할미기라고 부른다. 중골이라 부르는 골짜기에는 예전에 중들이 모여 살았다고 한다.

섬진강은 이제 마지막 여정인 진월면에 접어든다. 이곳은 광양에서 하동군으로 가는 관행길의 아랫길이 되므로 하도면이라 부르다가 1914년 행정구역 통폐합 때 진하·월포 두 개 면의 이름을 따서 진월면이라고 이름 지었다. 진월면 송금리 금동 마을은 걸망개, 금동리, 겨울망포로 불린다. 섬진강의 물가로 지형이 휘어서 굽은 곳이고, 앞에 개가 있으며, 말의 형국인 마현 밑이므로 안장의 중재 형상이 되었다고 해서 붙인 이름이라고 한다.

제방을 걸어가고 있는데 마을 사람들이 농사일을 준비하고 있다가 "어디를 그렇게 걸어간다요?" 하고 묻는다. 이러저러해서 망덕 포구까지 걸어간다고 하자 "아이고 고생 혀요. 다리도 안아풍개비." 하고 걱정스런 눈빛으로 우리를 바라본다. 측은해하고 안쓰러워하는 그 마음이 남도의 변하지 않는 포근한 정일 것이다.

문도 나루터 못미처 수문이 있었다는 수문갯들이 있고 수문갯들 동쪽에는 이천 서씨의 정자인 은포정이 서 있다. 금동 마을 뒷산에는 깊이 패인 자국이 남아 있는데 힘센 장군이 나막신을 신고 밟은 자국이라고 한다. 수문갯들에는 황새처럼 생긴 황새배미가 있었다. 왼고개 동쪽에 있는 등성이 쪽으로 구멍이 나 있는데 온기가 있어 '따신 곱테기'라고 부른다.

강 건너 홍천강은 섬진강의 지류 중 마지막 지류이다. 이제 돋아나기 시작한 찔레잎을 따서 나누어 먹다 보니 강가에 웬 숭어 떼가 수도 없이 올라오는 것이 아닌가. 바닷물이 들어오지도 않는데 어째서 저렇게 숭어가 떼지어 올라오는 걸까? 봄이라서 산란을 위해 올라오는 걸까? 어떻

섬진강은 내 몸을 지나가기도 한다
송재학

봄은 비밀을 섬진강에 알렸네.
봄은 어디서부턴가 풀잎과 사람,
물의 힘 같은 온통 눈물인 것들과
섬진강流水을 일치시키네.

봄날이 날 보고 말한 것은
섬진강 계곡뿐

햇빛들이 일제히 일어나
섬진강 뒤따라 아우성치네.
반짝이고 글썽이는 것들 내 몸을 지나
가네.

섬진강 하류의 하룻밤 심사란
하동이나 화개에서
오래 기다리는 간곡함과 다르지 않네.

갈대밭 | 섬진강의 하구 주교천에 펼쳐
진 갈대밭이 그림처럼 아름답다.

게 그 먼 길 530리 섬진강 물길을 따라 오셨느냐고 환영하기 위해 나온 걸까? 재미있는 상상을 하며 고적한 산길을 돌아가자 오사리 나루터가 나타나고 송재학 시인의 시 한 편이 물결 속에 떠오른다.

경남 하동군 고전면 신월리로 건너가던 나루터에서 세상을 다 잃어버린 듯한 할머니 한 분이 강 건너를 굽어보고 있다. 봄이 풀리면 온다던 그 누군가를 기다리고 있는 걸까? 아니면 타관에 나가서 오지 않는 자식들을 기다리는 걸까?

우리가 지나온 거북등은 거북이 엎드린 형국이라고 하고 거북등 북쪽에 있는 산은 열두 모퉁이로 되어 있어서 열두 모정이라고 부른다. 돈태의 남쪽 벌판은 모래가 많아서 사평들이다. 순천댁이 빠져 죽었다는 순천둠벙이 있었으며 장이 섰다는 장터는 사라지고 없다. 사평리에 있는 신방촌 나루터에는 물빛만 번쩍거리고 어디서 어디까지 가는지 알 수 없는 유람선 한 척이 지나간다.

제방 아래로 푸른 보리밭이 일렁거린다. 강 건너 신방촌은 푸른 대나무 숲에 둘러싸여 있다. 멀리 석진대교가 아스라이 보이는 곳에서 주교천의 갈대는 그림처럼 아름답다. 노란 배추장다리꽃이 피어난 길가에 선 오리나무는 푸른 새 열매를 달고 있다.

고갯마루를 넘어서자 다리가 아파온다. 오랫동안 누적되어 있던 피로가 한꺼번에 밀려오는 듯 한 발 한 발이 힘겹다. 아래로는 남해 고속도로가 펼쳐져 있고 강 너머로 망덕산이 보인다. 망덕산 아래 망덕 포구는 아스라이 멀고 망덕산을 오르고자 했던 마음은 어느새 온데간데없이 산을 바라만 봐도 다리가 아프다.

우리는 강가에 앉아 아직 오지 않은 일행들을 기다린다. 섬진강 휴게소 담 바깥으로 "재첩 사이소. 삼천 원입니더이." 하는 재첩 파는 아낙네들의 목소리가 들려온다.

운명처럼 걷고 또 걷고

천릿길 금강에 이어 섬진강 530리 길을 따라 걷는 여정에 올랐던 것이 엊그제 같은데 벌써 종착지가 멀지 않다. 그래 나는 나그네였다. 정처 없고 기약 없는 나그네가 아니라 섬진강이 바다로 빠져드는 광양의 망덕 포구까지 강길을 따라가도록 운명 지어진 나그네였다. 한 곳에 머무르지 않고 산자락 · 논두렁을, 제방길을, 모래사장을 걸어 수많은 사람, 수많은 마을을 지나온 것이다.

"나는 절대적이란 말을 싫어한다. 절대적이란 것은 이 세상에는 존재하지 않는다. 가령 도덕률은 끊임없이 변화해 가는 것이다."라는 버트런드 러셀의 말처럼 내가 가는 그 길은 순간순간 다른 모습으로 나를 기다리고 있었다. 다리가 아파서 쉬고 싶을 욕망이 '저 산모퉁이를 돌아가면 무엇이 있을까?' 하는 호기심과 설렘을 잠재우지는 못했고 결국 나는 절뚝거리며 미지의 그 세계를 향해 걸어온 것이다.

한 걸음 두 걸음 걷는다. 10분, 20분, 30분을 넘어 50분쯤 걷는다. 한 시간 정도 걷고 10분을 쉰다. 한 걸음에 70센티미터 정도라고 치면 1킬로미터는 1,500걸음을 걸어야

나그네. 내가 좋아하는 한마디 말

이청준은 「나그네. 내가 좋아하는 한마디 말」이라는 산문에서 나그네를 다음과 같이 묘사했다.

"내가 무엇보다도 '나그네'라는 말을 좋아하는 것은 그의 삶을 다시 만나고자 하는 피곤한 구도求道의 모험 길에서도 그는 어느 곳에서나 자신의 신전神殿을 짓지 않기 때문이다. 그는 애초부터 자신의 신을 위한 신전을 지을 수가 없는 사람인 것이다. 그 길에서 수많은 사람들을 만나고 그 사람들의 삶을 만나도 그는 언제나 다시 떠나야 하는 사람이기 때문이다. 수많은 만남과 당도가 있어도 그는 언제나 당도와 만남 속에서 새로운 떠남을 준비하고 있기 때문이다. 그는 헤어지기 위해 만나고 다시 떠나기 위해 당도하는 언제나 도중途中의 사람이기 때문이다. 어느 곳에나 자신의 신전을 지을 수 없는 대신 자신의 신전을 자신의 등에 짊어지고 다니는 사람의 삶, 어쩌면 그 자신이 차라리 자신의 삶을 신전으로 끊임없는 구도의 길을 떠나고 있는 사람, 나는 나그네란 말에는 그런 사람의 허허한 삶의 무게가 연상되기 때문에 이 말을 좋아하고 있는 것이다."

하고 4킬로미터는 6,000걸음을 걸어야 한다.

한 시간에 5킬로미터, 네 시간을 걸으면 20킬로미터, 여덟 시간을 꼬박 걸으면 40킬로미터를 걷는다는 계산이 나오지만 그것은 계산일 따름이다. 배낭을 등에 멘 채 드러누워 잠시 쉬다 보면 20여 분은 훌쩍 지나가고 차가운 물에 발을 담그고 있다 보면 시간에 대한 개념을 잊어버리기 일쑤이다. 그뿐인가. 길이 끊어지면 돌아가고 산길을 오르고 가파른 길을 내려가다 보면 시간은 금세 지나간다.

물론 처음엔 다 아프다. 발바닥에 물집이 잡히고 발가락이 아프고 발목이 붓는다. 또 쉬었다 일어날라치면 허리고 다리고 안 아픈 데가 없다. 강길을, 그것도 평지를 걸었을 따름인데 왜 아플까 사람들은 의아해한다. 그러나 강길을 따라간다는 것이 만만치 않음은 걸어 보면 알게 된다. 하루 종일 딱딱한 강길을 열흘에서 스무 날까지 마음 다잡고 걷는다는 것이 쉬운 일은 아니다. 시간과 체력과 끈기가 없는 한 가능하지 않다. 특히 장시간을 걷고도 버틸 수 있는 체력이 없는 한은 말이다.

"살아 나간다는 것은 체념하는 것이고 양보를 거듭하다가 결정적인 포기에 이르는 것이다. 그것이 모든 사람들이 밟는 과정이다."라는 니체의 말을 확인이라도 하듯 나 역시 얼마나 오랜 세월 그 혼돈의 바다, 체념의 바다 속에 빠져 있었던가. 나는 어떤 보이지 않는 운명에 의해 산과 강을 떠돌기 시작했고 오늘도 운명처럼 걷고 또 걷고 있는 것이다. 그러한 내 삶을 부러워하며 '자유인'이라 말하는 사람도 많지만 내 삶은 실상 그렇지가 못하다. 김수영 시인의 시 구절처럼 '나는 이렇게 가련한 놈'까지는 아닐지라도 나는 가끔 나 자신이 충분히 한심하게 여겨져 스스로에 대한 연민을 느끼기도 한다.

고자告者는 이렇게 말한다.

"인간의 본성은 맴도는 여울물과 같다. 동쪽으로 터놓으면 동쪽으로 흐르고, 서쪽으로 터놓으면 서쪽으로 흐른다. 사람의 본성에 선악의 구분이 없는 것은 마치 물 그 자체에 동쪽으로 흐르는 물, 서쪽으로 흐르는 물의 구분이 없는 것과 같다."

하지만 사람들은 다르다. 더 높이 오르기 위해 오르고 올라갈 뿐이다. 오르다 오르다 막다른 곳에서 내려다보면 눈앞이 아찔한 절벽에 도달할 것이다.

누군가가 '메이저'를 '자기방어를 위해 특별한 편견에 사로잡힐 필요가 없는 사람'이라고 풀이했다는데 나는 그 '메이저'에 들기엔 멀고 그저 좋아하는 일을 하면서 살 뿐이다.

망덕산 너머로 광양제철이 보인다

드디어 망덕산 너머로 광양제철이 보인다. 얼마나 오랫동안 나는 저 망덕산과 남해를 그리워했던가.

알베르 카뮈가 『티파사의 혼례』에서 아침 햇살과 푸른 바다를 노래한 것처럼 강물과 바다가 합류하는 그곳, 그 푸른 물살 속으로 정신과 육체를 들이밀고 싶다.

푸른 바다를 노래하다

"아침 태양 아래 커다란 행복이 하늘 가운데서 흔들거린다. …… 나는 여기서 소위 영광이 무엇인지 이해한다. 그것은 무한히 사랑하는 권리를 뜻한다. 세상엔 단 하나의 사랑밖에 존재하지 않는다. 여인의 몸을 껴안는다는 것 그것은 하늘에서 바다로 내려오는 신비한 기쁨을 가슴에 껴안는 일이다. 이 삶을 사랑하며 그것을 자유롭게 말하고 싶다. 그렇지만 사람들이 흔히 이야기하듯이 뽐낼 필요는 없다. 만약 뽐낼 것이 있다면 그것은 이 태양, 이 바다, 젊음으로 고동치는 이 가슴, 소금 냄새 나는 이 육신, 애정과 영광이 황색과 적색으로 융합되는 이 무한대한 풍경이다."

– 알베르 까뮈, 『티파사의 혼례』

망덕 포구 | 전남 광양시 진월면 망덕리에 자리 잡은 섬진강의 하구 망덕 포구. 바다 건너에 광양제철이 들어서 있다.

중앙에 빨간 지붕을 한 팔각정이 서 있는 망덕산은 왜적의 침입을 경계하기 위해 망을 보던 곳이다.

산 위에 오르면 정상에 있는 덕석바위 아래로 한려 수도의 여러 섬들이 한눈에 들어온다. 이 산 어딘가에 조정에 나가 천자를 받드는 천자봉조형의 명당이 있다고 알려져 와 요즘에도 풍수지리설을 공부하는 사람들의 발길이 끊이질 않는다고 한다.

망덕 못미처에 있는 선소리는 배를 만들던 관청인 선소가 있었다고 하며 선소 동쪽에는 군량미를 쌓아 두던 무적섬이라는 섬이 있었다고 한다. 망덕산의 꽃밭등과 마주 보고 있어 꽃밭등의 꽃을 보고 나비가 춤을 추는 형국이라고 한다.

우리가 도착하는 것을 시샘했는지 바닷바람은 더욱 드세게 분다. 망덕 포구 진일횟집에 마음을 풀어 놓은 나는 바닷가 시멘트 기둥에 앉아 출렁이는 물결을 바라본다.

점심으로 재첩국을 먹으면서 유재열 소장이 말을 꺼낸다.

"50년, 100년 후에도 섬진강 재첩국을 먹을 수 있으면 되는 게 아닌가요?"

그렇다. 유재열 소장의 말처럼 오랜 세월 후에도 이렇게 섬진강 맑은 물에서 잡은 재첩국을 먹을 수 있다면 좋으련만. 인간이 과학이라는 이름으로, 개발이라는 이름으로 자연 파괴를 지속하는 한 섬진강이고 지리산이고 그대로 남아나지 않을 것이다. 그래서 레이첼 카슨이 『침묵의 봄』에서 노래했던 것처럼 "소리가 들리지 않는다. 매일 아침 당신과 우리의 귀를 즐겁게 해주던 비둘기, 여치, 굴뚝새 그리고 그 밖의 수십 마리 새들의 새벽합창도 이젠 들리지 않는다. 침묵만이 밭에 흐르고 숲에 쌓이고 연못에 널려 있다. 닭은 알을 품고 있어도 부화되지 않는다. 사과꽃은 피었는데 벌은, 꽃나비는 날지 않는다. 그래서 꽃가루가 옮겨지지 않고 열매도 맺어지지 않는" 시절이 머지 않아 도래할지도 모른다.

"섬진강이 짧아도 볼 것 다 봤네."

"이 바람이 강바람이디야, 바닷바람이디야. 이 다리가 강 다리냐, 바다 다리냐."

혼잣말을 늘어놓고 있는 유 소장의 뒷모습 너머로 배알섬이 푸르게 떠 있다.

이 망덕 포구에 벚꽃이 피는 3~4월 무렵 가장 많이 나고 맛이 좋다는 벚굴이 있다. 일반 양식 굴보다 30~40배가량 큰 벚굴은 맛이 담백하고 시원해서 언제 목구멍으로 넘어갔는지 모를 정도라고 한다.

"가장 낮게 흐르는 물이 가장 유용하게 쓰이더라."라는 누군가의 말처럼 우리들의 삶도 역시 흘러가는 강물과 같지 않은가. 나는 섬진강과 남해가 몸을 섞는 늦은 오후 산타야나의 『회의와 동물적 신앙』이라는 글 속의 한 구절을 떠올린다.

"나는 불멸하는 것은 없다고 믿는다. …… 물론 우리들 속에서 작용하고 있는 것은 마치 바다가 하나하나의 작은 물결에 의해 움직이는 것처럼 세계의 영혼이며 에네르기

바다
김지하

가겠다.
나 이제 바다로
참으로 이제 가겠다.
손짓해 부르는
저 큰 물결이 손짓해 나를 부르는
망망한 바다
바다로

없는 것
아득한 바다로 가지 않고는
끝없는 무궁의 바다로 가는 꿈 없이는
없는 것
검은 산 하얀 방 저 울음소리 그칠 길
아예 여긴 없는 것

나 이제 바다로
창공만큼한
창공보다 더 큰 우주만큼한
우주보다 더 큰 시방세계만큼한
끝간 데 없는 것 꿈꿈 없이는
작은 벌레의
아주 작은 깨침도 있을 수 없듯
가겠다.

나 이제 가겠다.
숱한 저 옛 벗들이
빛 밝은 날 눈부신 물속의 이어도
일곱 빛 영롱한 낙토의 꿈에 미쳐
가차 없이 파멸해 갔듯
여지없이 파멸해 갔듯
가겠다.
나 이제 바다로

백방포에서 가겠다.
무릉계에서 가겠다.
아오지 끝에서부터라도 가겠다.
새빨간 동백꽃 한 잎

아직 봉오리일 때
입에 물고만 가겠다.
조각배 한 척 없이도
반드시 반드시 이젠 한사코
당신과 함께 가겠다.
혼자서는 가지 않겠다.

바다가 소리 질러
나를 부르는 소리 소리, 소리의 이슬
이슬 가득 찬 한 아침에
그 아침에
문득 일어서
우리 그날 함께 가겠다.
살아서 가겠다.
죽어 넋이라도 가겠다.
아아
삶이 들끓는 바다, 바다 너머
저 가없이 넓고 깊은, 떠나온 생명의 고향
저 까마득한 화엄의 바다

가지 않겠다.
가지 않겠다.
혼자서라면
함께가 아니라면 헤어져서라면
나는 결코 가지 않겠다.

바다보다 더 큰 하늘이라도
하늘보다 우주보다 더 큰 시방세계라도
화엄의 바다라도
극락이라도.

이다. 그러나 이 영혼은 우리를 거쳐서 우리가 아무리 소리를 치더라도 앞으로 앞으로 전진할 것이다. 우리의 특전은 이것이 움직이는 것을 알 수 있다는 것뿐이다."

나는 이제 섬진강 하구에 이렇게 멍하니 서 있다가 다시 상류로 거슬러 올라갈 것이다. 가서 내가 흘러왔던 그 강줄기를 다시 떠올리고 그 길들을 그리워할 것이다.

언제 다시 한 번 그 길을 걸어 보리란 우리의 소망은 소망으로만 끝날지도 모르는데 망덕 포구의 바다는 봄바람에 저렇게 자꾸만 출렁거린다. 하늘에 구름이 뭉실뭉실 피어나고 바다가 잔잔하게 일렁이는 것을 바라보며 나는 이제 돌아가기 위해 이렇듯 둘러보고 또 둘러볼 따름이다. 530리 섬진강 물길은 첫날 보았던 대로 지금도 푸르지만 그 푸른 물이 여기선 짜디짠 바닷물일 따름이다. 하지만 온갖 질곡의 세월과 모진 풍파를 헤쳐 오면서도 기어이 바다에 와 닿은 섬진강은 그 어떤 고난의 세월이 다시 온다고 할지라도 저렇게 푸르게 흘러올 것임을 나는 믿는다.

프랑스의 시인 폴 발레리가 "끊임없이 새로 시작하는 것"이라고 노래했던 바다는 저렇게 출렁거리고, 출렁거리는 물결 위로 김지하 시인의 시 한 편이 내려앉는다.

섬진강 따라 짚어가는 우리 역사

1판 1쇄 인쇄 2007년 11월 12일
1판 1쇄 발행 2007년 11월 16일

지은이 | 신정일
발행인 | 박근섭
펴낸곳 | 민음사출판그룹 (주) 황금나침반

출판등록 | 2005. 6. 7. (제16-1336호)
주소 | 135-887 서울 강남구 신사동 506 강남출판문화센터 4층
전화 | 영업부 (02)515-2000 / 편집부 (02)514-2642 / 팩시밀리 (02)514-2643
홈페이지 | www.gdcompass.co.kr

값 10,000원

ISBN 978-89-92483-28-5 03900